债法各论

Zhai Fa Ge Lun

陈华彬 著

中国法制出版社
CHINA LEGAL PUBLISHING HOUSE

序　说

本书为一部关于"债法各论"的著作，系以民法中的合同、侵权行为、无因管理、不当得利为主要内容而予以展开。这五种制度中，"合同"和"侵权行为"与我们的日常生活密切相连，是支撑全部民法的最基本的法律制度之二。至于后两种制度，即"无因管理"和"不当得利"，也同样与我们的日常生活存在密切关联，它们是我们生活中不可或缺的必要法律规则。由此我们可以说，读者研习和掌握了本书的内容，也就大体掌握了民法的核心部分、核心内容。

迈入 21 世纪后，我国民法学界编撰的《中国民法典草案》（社科院稿和中国人民大学稿）均对我国未来制定民法典时，如何编排学理上属于债法各论的各项重要债法制度提出了建议或构想。按照中国社科院编撰的民法典草案建议稿①，关于债的规范共

---

① 　本书作者为中国社会科学院《中国民法典草案建议稿》起草小组的重要成员，参与了《中国民法典草案建议稿》的"物权"编（第二编）和"债权总则"编（第三编）的起草和撰写。对此请参见中国民法典立法研究课题组（课题组负责人梁慧星学部委员）：《中国民法典草案建议稿》（法律出版社 2005 年第 1 版、2011 年第 2 版），以及《中国民法典草案建议稿附理由·债权总则编》（法律出版社 2006 年版）和《中国物权法草案建议稿：条文、说明、理由与参考立法例》（社会科学文献出版社 2000 年版）。

涵括三编，即"债法总则"编、"合同法"编和"侵权行为法"编，无因管理与不当得利置于"债法总则"编中规定。这一编排体例的设计与传统的《德国民法典》、《法国民法典》、《日本民法典》、台湾"民法"及今日世界上主要国家的民法典关于债法规范的编撰思路均有不同。之所以如此，是因为考虑到当代合同法规范、侵权法规范已经发生了极度膨胀，如果仍然固守传统的编撰思路，则与当今的实际情况不合。并且在我国，现今已经有了条文数量很大的合同法规范和侵权责任法规范，故不宜仍然按照传统的思路而将合同（契约）、侵权行为法的规范置于像德、日民法典的债法编中。若采取这样的编排体例，则与民法典的总则、物权、亲属、继承等各编不协调、不和谐。基于这些分析考量，可以认为，中国社科院的民法典草案建议稿对于合同和侵权行为法的处理和对待是妥当的。至于无因管理与不当得利，因关于它们的规则在比较法上较为定型，且数量不多，故可将它们纳入到"债法总则"编中规定。

本书是对上述各项债法制度予以研讨的著作。旨在以尽可能简明的文字阐释合同、侵权行为、无因管理、不当得利等引起债之关系发生的法律规则的内容。尤其需要说明的是，关于合同，将主要阐释其"总则"部分，至于其"分则"，则不涉及。对于该"分则"的释明，将留待以后以专题的形式展开。

民法是调整民间社会中的人与人之间的财产关系与人身关系的，是以权利、义务这样的概念来具体加以规范的。如下图所示①，民间社会是由自由、对等且独立的人而构成。人所有自己的财产并予以占有或用于交换。自近代以来，民法调整的民间社会关系可以概括为人与其所有的物的关系，交换自己所有的物而发生的人与人之间的交易关系，以及因对他人的身体、财产施加侵害而发生的加害人与受害人之间的关系。这三类关系，概而言之就是：人对物的权利的物权关系、合同关系及侵权行为。如前述，本书主要阐释后二

---

① ［日］内田贵：《民法Ⅱ债权各论》，东京大学出版会2011年版，第2页。

者。不过，引起债权债务关系发生的原因并不仅限于合同和侵权行为，此外还有不当得利、无因管理等。因此，对于这些引起债之关系发生的原因，本书也将展开讨论。

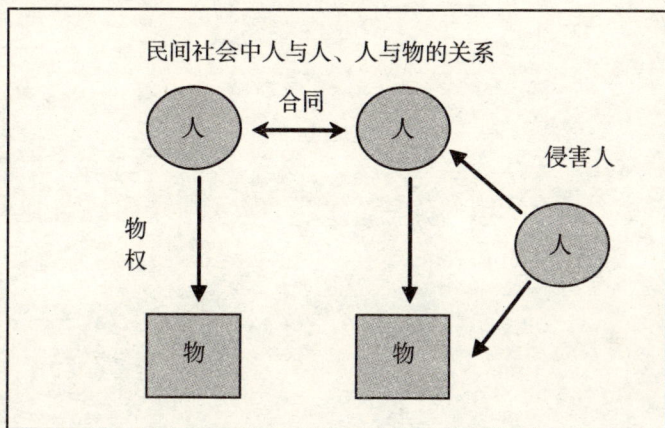

需要说明的是，本书的写作很多部分主要是参考（主要是译述）日本学者的相关著述而底于成。我国今日虽已有合同法、侵权责任法，且民法通则对无因管理、不当得利作出了简略规定，但引用、译介外国（如日本）的立法与学理解释成果来检视、完善及建构我国的债法分则的各项制度仍然是必要而不可或缺的。之所以如此，是因为完善我国民商法律体系的立法论与解释论工作是永无止期的。

本书的内容有些部分（如特殊侵权责任部分）写得较略，这主要是因为这些部分我国学界已有较成熟的研究成果。而关于无因管理、不当得利及合同总则的一些内容，则写得相对详一些。债法各论这一书名，来源于日本学者的著述所使用的名称，其囊括的内容广阔、浩大。本书作为我国国内第一部将合同、侵权行为、无因管理及不当得利一并予以研讨、介绍的著作，无疑是一种尝试。作者希冀这一尝试能为我国学界带来一丝清新之风。若如此，则幸甚！

以上数言是为序说！

陈华彬

2013 年 10 月 9 日于北京

目　录

第一部分　合同

第二部分 侵权行为

第三部分 无因管理

第四部分 不当得利

第一部分 合同

第一章　合同法总论——走向合同的世界

第一节　合同的涵义与对合同关系的规律

一、什么是合同

（一）合同的含义

合同是今日生活中最常见、最广泛使用的法律概念之一。人们去商店购买食品系买卖合同，发包人将建筑工程发包给承包人系建筑工程承包合同，租赁他人的房屋而供自己居住系房屋租赁合同，等等，均无一不是"合同"。在这些合同中，存在着当事人双方的合意，由此它们被称为合同或契约。

不过，应注意的是，在现代社会中存在着各种各样的合意，但并非所有的合意均为合同，只有那些法律上负担给付义务的合意才是合同。作为具有价款、对价的受取财产的有偿交易是合同，存在为物或财产的给付的合意而即使是无偿的，也被认为是合同，如赠与。但是，为他人的利益而无偿受为某行为或某事的约束的合意，其为单纯的社会生活中的合意抑或法律上的合同，判定时往往会发生困难。此时通常需要依通常的一般社会观念而做出判定。①

（二）债权合同与物权合同

以买卖合同为例，买卖合同是出卖人与买受人之间以一定价款购买房屋等标的物的卖与买的合意。基于此合意，产生如下两项效果：②

1. 债权的效果（效力）。即出卖人负有交付标的物，若是不动产则还有协助进行移转登记的义务，买受人则负支付价金的义务。这样，基于买卖合同，在当事人之间即产生债权债务。取得履行请求权与负担履行义务的法律效果，具有相对性，仅在当事人之间发生。

2. 物权的效果（效力）。另一方面，出卖人的所有物基于买卖合同而变成买受人的所有物。此从法律上看，是标的物的所有权作为买卖合同的效果而发生移转。

据上所述，基于买卖合同，应同时发生两个不同的效果，即：（1）使债权、债务得以发生的合意，此系债权契约、债权行为；（2）以物权的移转为目的的部分，此系物权契约、物权行为。③

另外，须指出的是，债权契约、债权行为是使当事人之间产生债权债务的关系的概念，而物权契约、物权行为则基本上是作为债务的履行而实施的使产生物权变动的行为。与这些法律行为相对，债权的让与是与债权契约同时发生的、与所有权的移转相同的移转作为财产权的债权的行为，由此与物权行为相区别，但又是与物权行为相类似的法律行为，由此称为准物权契约、准物权行为。而且，作为对应于债权契约的概念，物权契约与准物权契约的上位概念是处分行为。换言之，物权契约与准物权契约均为处分行为，即处分自己权利的行为。具体言之，前者是处分自己的物权的行为，后者是处分自己的债权的行为。应注意的是，处分行为不仅是物权法上

① ［日］平野裕之：《民法Ⅴ契约法》，新世社2011年版，第1－2页。
② ［日］平野裕之：《民法Ⅴ契约法》，新世社2011年版，第2－3页。
③ ［日］平野裕之：《民法Ⅴ契约法》，新世社2011年版，第3页。

的物权权利人处分自己物权的行为，而且它也是物权乃至物权法以外的引起财产权发生、变更、消灭的行为，除引起财产权移转的债权让与外，更改契约、和解契约等也属于处分行为。此外，担保权的设定、抵押权的设定以及债权质权的设定合同等，也为处分行为；最后，债务免除、抵销等所谓单独行为也为处分行为。①

二、对合同关系的规律

合同要成立，须有当事人的合意。但是，这并不意味着所有的合同内容均由当事人的意思而规律。应指出的是，在今日合同法上，如下述，合同关系在以合意为中心的同时，也存在诸多规范对其予以补充，由此形成对于它的规律。

（一）当事人的合意优先，是为根据合同而进行的规律

在今日合同法上，除违反公序良俗、强制规定等的合意不能于当事人之间产生有效的合同关系外，原则上，合同内容应根据合意而进行自由的规律。当事人之间依法成立的合同，具有相当于法律的效力（《法国民法典》第1134条第1项）。于当事人之间的合同关系出现纠纷时，应探求当事人基于合致而形成的主观意思。②

（二）补充规定、习惯法——基于合同外的规范而进行的规律

当双方当事人之间发生的纠纷或出现问题之处没有任何合意，而法院又必须解决该没有合意的部分或问题时，就需要国家介入合同关系。此时，法院即须创设作为裁判规范的补充规定。另外，应注意的是，若存在与任意法规不同的习惯法，而只要当事人存在明示或默示依习惯法的合意，则习惯法就应优先被适用③。④

---

① ［日］平野裕之：《民法Ⅴ契约法》，新世社2011年版，第3页。
② ［日］平野裕之：《民法Ⅴ契约法》，新世社2011年版，第4页。
③ 比较法上的规定，参见《日本民法》第92条。
④ ［日］平野裕之：《民法Ⅴ契约法》，新世社2011年版，第4页。

（三）合意、补充规定及习惯法没有的情形

当依当事人之间所有的合意不能规律合同关系，或所有的合同关系在法律上不能被完全规律，当事人之间就出现问题的事项达不成合意，且又无补充规定或习惯法时，又应怎样解决或处理？对此，比较法上采取如下方法应对：

1. 以依法解释的方法处理，即进行类推适用解释等

没有恰当的规定，须在某一法解释的层面解决问题时，可通过类推适用民法的任意规定或进行扩大解释，通过进行修正、扩大适用于该问题的作业来解决要处理的问题。

2. 通过对合同本身的解释来应对或处理

合同关系依类推适用、扩大解释而不能发现或找到适当的任意规定时，可透过对合同本身的解释来予以应对或处理。尤其是通过解释当事人默示的意思表示来实现。

3. 依诚实信用原则对合同进行补充

诚实信用原则是近现代及当代私法领域的帝王规则。因合同关系是受该原则支配、统领的信赖关系，所以合同当事人对于合同条款没有规定的某特定内容可以根据诚实信用原则而直接规律。当然，这样的方法是最后不得已才采取的解决手段，只要根据合同解释、实定法规定的类推适用而可以使问题解决，则就应依它们而解决，而不宜采用以诚实信用原则解决。①

三、合同自由原则

合同自由曾是近代以来一项古典的私法原则。按照合同当事人的自由的意思而形成合同关系这一合同自由原则，与所有权绝对原则及过失责任原则被一道称为近代私法的三大原则。而合同自由原则，其内涵包括：（1）当事人是否缔结合同的自由；（2）选

---

① ［日］平野裕之：《民法Ⅴ契约法》，新世社2011年版，第6页。

择合同的对象方的自由；（3）决定合同内容的自由；（4）决定缔结合同的方式的自由。以合同自由的这些内容为前提，近代民法的"人像"是可以相互对等交涉的古典的自由人。合同自由原则其意即没有自己的意思就不负担债务，但同时它又意即基于自己的自由的意思得负担债务，而这正是合同内容的合理性的保障。①

但是，伴随市场经济的发展，当事人的经济的、社会的关系丧失均衡和对等，合同自由原则的形式上的利用成为经济上的强者将自己所希望的合同内容强加给经济上的弱者的道具。由此，此前的合同自由原则发生变容。为应对此变容，在现代于是恢复被剥夺了的弱者的实质的合同自由，并对古典的合同自由原则加以修正。② 例如，关于合同缔结、对象方选择的自由，在一定情形即加以强制。例如，供用水、燃气、热力、电等的合同，即实行所谓"强制缔约"，对处于优势地位的一方的合同自由加以限制。

四、格式交易条款的合同

（一）格式交易条款的合理性与问题

在今日，于保险合同、运送合同及银行交易等人们的诸多日常交易中，大多采取按事先做成的统一的交易条件来进行或运作。这种由一方事先做成的交易条款，即被称为格式交易条款。采用此种格式交易条款的交易，一方面可以大量、迅速、统一地处理与多数的利用人的（合同）交易。由此，即使说不利用格式交易条款就不能实现现代的交易，也是一点不过分的。但是另一方面，因格式交易条款由处于优势地位的企业一方拟定或做成，其内容

---

① ［日］藤冈康宏、矶村保、浦川道太郎、松本恒雄：《民法Ⅳ债权各论》（第3版补订），有斐阁2011年版，第9页。

② ［日］藤冈康宏、矶村保、浦川道太郎、松本恒雄：《民法Ⅳ债权各论》（第3版补订），有斐阁2011年版，第10页。

往往对做成或拟定的单方面一方有利，其包含了诸多对利用人一方不利的内容的情形是不少的。在这种情况下，利用者因通常无选择是否缔结合同的自由，其就格式交易条款的交涉或变更的社会、经济、法律的力量通常不具备之。而且，如前述，当企业一方的给付是生活的必需品时，欲缔结合同的一方往往是没有拒绝缔结（订立）合同的自由的。由此在这里，合同自由原则即没有了、丧失了。①

（二） 对格式交易条款内容的规制

由此，在理论上产生了如下质疑：由一方做成或拟定的格式交易条款之约束其利用者的法律根据何在？它与一般的合同性质相同或只能产生独自的法律关系？另外，更具有实质意义的争论在于，如何规制对利用者不合理的格式条款？在比较法上，对此在公法上予以规制，是对格式交易条款的做成、变更需要获得政府有关部门的许可或认可，或者格式交易条款的内容首先应当予以开示；私法上的效力，有学者认为，格式交易条款之所以有约束力，是因为其本身具有相当于法律的效力。不过在今日，将格式交易条款视作合同或系基于当事人的合意而形成的合同，格式交易条款的利用者存在依格式交易条款而为交易的意思的考量，是有力的。②

在学理上，格式交易条款又称附合合同或格式合同。指当事人一方依附于他方的意思而成立的合同。其特色在于合同的内容由一方当事人决定之，常见的情形是预先拟定好定型化的一般条款，而相对人对该内容无讨价还价的余地，仅有缔结与否的自由。因此，对基于合同自由原则而生的不公平的格式交易条款如何予以规制，以使合同自由原则的精神不至于被扭曲而得以真正实现，已成为国

---

① ［日］藤冈康宏、矶村保、浦川道太郎、松本恒雄：《民法Ⅳ债权各论》（第3版补订），有斐阁2011年版，第10－11页。

② ［日］藤冈康宏、矶村保、浦川道太郎、松本恒雄：《民法Ⅳ债权各论》（第3版补订），有斐阁2011年版，第11页。

际上面临的当代契约法的重要课题之一。① 今日学说与实务多通过限制合同自由原则来加以导正。② 我国《合同法》也有格式交易条款即格式合同的规定，并对其效力的限定及解释设有规定，值得注意。

五、合同的拘束力

（一）合同拘束力的根据

"契约（合同）应予严守"，这是近代以来民法确立的重要规则之一。它也是市场交易与法律交易中不言自明的前提。有疑问的是，合同（契约）对双方当事人产生拘束力的根据是什么？它是由来于当事人的意思还是当事人的约束本身，抑或对约束的社会信赖之保护的需要所使然等等，均有必要予以思考。对于这些问题的回答，今日的多数说或有力说认为，合同（契约）的拘束力是由实定法的政策所决定的，离开实定法的解释而抽象谈论合同（契约）的拘束力是不妥当的③。

（二）情事变更原则

情事变更原则是当代合同法的一项重要原则。当合同缔结之际以之为前提的情事于事后明显或显著地超越了当事人预想和设定的范围（即发生了显著的变化），继续维持当初合同（契约）约定的内容对一方当事人非常不公平时，该当事人可以解除或变更原来的合同（契约）。由此可见，情事变更原则是在特殊情形下否定合同（契约）的拘束力。实务中，尤其在继续性合同（契约）关系中，

---

① ［日］石外克喜编：《契约法》，法律文化社 1996 年版，第 28 页以下；［德］Palandt/Heinrichs，BGB，Einfv§145 Rn.7ff.；邱聪智：《新订民法债编通则》（上），台湾 2000 年自版，第 40－41 页；姚志明：《契约法总论》，台湾元照出版公司 2011 年版，第 34－35 页。

② 姚志明：《契约法总论》，台湾元照出版公司 2011 年版，第 35 页。

③ ［日］藤冈康宏、矶村保、浦川道太郎、松本恒雄：《民法Ⅳ债权各论》（第 3 版补订），有斐阁 2011 年版，第 15 页。

合同在事后的履行中多多少少会出现与最初订立合同时的不同情况。由此，就有可能出现适用情事变更原则的情况。需指出的是，应当将情事变更原则与正常的商业风险乃至不可抗力加以区别。我国《合同法》未对情事变更原则作出规定，但《最高人民法院关于适用〈中华人民共和国合同法〉若干问题的解释（二）》（以下简称《合同法司法解释二》）已认可了该原则，由此使实务中遇到此类问题时可以获得解决。如前述，适用情事变更原则的法律后果是：一方当事人享有解除或变更合同的权利。

第二节　合同的分类

一、典型合同与非典型合同

（一）典型合同

依合同是否为民法（《合同法》）所明定为标准，可以分为典型合同、非典型合同及混合合同。我国《合同法》所规定的合同为典型合同，未被其规定的合同为非典型合同与混合合同。唯应注意的是，特别法所定的合同，例如保险法上的保险合同，海商法上的海上运送合同等，也属典型合同。

我国《合同法》上规定的合同（典型合同，Typische Verträge），又称有名合同（Benannte Verträge）。《合同法》于"分则"自第九章至第二十三章分别规定了 15 种典型合同（有名合同）。这些合同类型是我国作为合同（或契约）加以考量的给付的基本形态，代表了合同的基本特色或特性，由此被称为典型合同。

（二）非典型合同

在现实生活中，于典型合同之外，尚有非典型合同与混合合同。这些合同尽管《合同法》未设其规定，但基于民法意思自治原则，只要其不违反公序良俗、强制性规定及禁止性规定，它们就应视作有效。例如，入大学学习的入学合同，就是一种非典型合同。具体言之，在比较法上，学生与大学等的"在学合同（在学契约）"就是一种非典型合同（非典型契约）。①

1. 非典型合同（无名合同）的含义

非典型合同（非典型契约，Nicht typische Verträge）的特征是，作为该种合同的内容的给付，与《合同法》中规定的典型合同的给付并不相当或相同，以这样的给付为内容的合同就其与《合同法》中规定的典型合同相比较而言之时，也就是非典型合同或无名合同（无名契约，Nichtbenannte Verträge）。如前述，在比较法上，学生与大学等的"在学合同"即属之。非典型合同系因民法一方面采取合同自由原则，另一方又列举典型合同所生的产物。②

2. 非典型合同的类型

非典型合同依其内容，可以分为以下三种：③

（1）狭义非典型合同

合同的任何部分均不属于任何典型合同的构成分子为内容的合同，为狭义非典型合同，或纯粹非典型合同，例如广告中使用他人的姓名与肖像的合同即属之。

（2）混合合同

一个合同的构成分子由复数的典型合同的构成分子所成立的合同，为混合合同。例如，混合租赁、雇用、寄存、买卖等典型合同的旅店住宿合同即属之。又如，借用某饭店的一间房屋召开会议，而同时又接受饭店提供的饭食供应的情形，就是由两个典型合同共同构成的一个混合合同。需注意的是，在今日社会，新类型的交易

---

① 在学契约，是"具有有偿、双务契约性质的私法上的无名契约"，"于无特别规定时，其自学生完成包括缴付入学期间内的各项费用等手续后成立"。参见日本最判平成19.11.27 民集第60卷第9号第3597页。

② 曾隆兴：《现代非典型契约论》，台湾三民书局股份有限公司1988年版，第1页。

③ 曾隆兴：《现代非典型契约论》，台湾三民书局股份有限公司1988年版，第1-2页。

形态不断涌现，因此不易判断究竟属于狭义非典型合同还是混合合同的事例在不断地增加。①

（3）准混合合同

合同的一部分虽属典型合同，但其他部分则不属于任何典型合同的，称为准混合合同。例如小费制的服务员雇用合同，其合同中有关雇用部分虽属雇用合同，但就雇用人并不给付报酬，而由客人给付小费的合同内容而言，则不属于任何典型合同。此种合同即属于准混合合同。

二、双务合同、片务合同及有偿合同、无偿合同

依一方所为的给付是否伴有对方之支付对价为标准，合同可以分为双务合同与片务合同，前者又称为有偿合同，后者又称为无偿合同。

（一）双务合同（有偿合同）

双务合同与有偿合同基本为同一概念，但二者又并不完全一致。首先，所谓有偿合同，是指对于一方的给付，他方应给付对价的合同；其次，双务合同是合同的双方当事人相互负有为具有对价意义的给付的合同。双务合同虽然通常是有偿合同，但存在着有偿合同并不是双务合同的情形，例如附利息的消费借贷合同即属之。②

（二）片务合同（无偿合同）

首先，所谓无偿合同，是一方当事人对另一方当事人所为的给付，其并不支付对价的合同；而所谓片务合同，则是对当事人一方的给付，另一方并不负有立于对价关系而为给付的义务的合同。③

---

① ［日］平野裕之：《民法Ⅴ契约法》，新世社 2011 年版，第 9 页。
② ［日］平野裕之：《民法Ⅴ契约法》，新世社 2011 年版，第 10 页。
③ ［日］平野裕之：《民法Ⅴ契约法》，新世社 2011 年版，第 9 页。

三、诺成合同、要式合同及要物合同

近代以来，合同通常依双方当事人之间的要约与承诺而成立。要约与承诺达成一致，称为合意。仅依合意而成立的合同，为诺成合同。在今日合同法上，合同系以诺成合同为原则，此于立法论上称为诺成主义。与此不同，合同也有须做成书面或经公证、登记等方可成立者，在当事人的合意之外尚须完成这些形式方可成立的合同为要式合同。例如我国《担保法》上的保证合同即属于典型的要式合同。另外，合同的成立，也有须以交付标的物为必要的，而这就是要物合同。在现行法上，保管合同、质权设定合同、加工承揽合同、无利息的消费借贷合同、使用借贷合同（借用合同）等属于要物合同。需注意的是，在比较法上，依《日本民法》第587、657条的规定，附利息的消费借贷与有偿保管并不适用要物合同的规定，原则上应作为诺成合同对待。①

四、一时合同与继续性合同

（一）基本概要

一时合同，指实施一次给付即完成对合同的履行、达到双方当事人订立合同的目的的合同。一般的合同，于双方当事人履行终了即达到并实现合同的目的，从而为一时合同。与此不同，在社会生活中，有些合同的给付、履行具有连续性（继续性），从而合同履行、给付的时间具有长期性。这样的合同，理论与实务上称为继续性合同。

继续性合同关系是一种尤其强调以信赖关系为基础的合同关系。一时合同虽然双方当事人之间也有信赖关系，但它却未必是信赖对

---

① ［日］平野裕之：《民法Ⅴ契约法》，新世社2011年版，第11页。

方当事人而缔结合同。一般言之，当事人是否出卖自己的物或是否购买对方的物，他们之间是无须询问或追问对方的。而与此不同，在继续性合同，因其合同关系要长期继续存在，因此当事人之间的信赖关系得非常强烈地成为继续性合同的基础。①

基于上述，因继续性合同是一种以信赖关系为基础的长期的法律关系，所以具体言之，其具有以下几点在法律处理上的特性：②

1. 关于继续性合同的解除

依当代合同法，合同的解除须满足债务不履行及信赖关系遭到破坏。而继续性合同的解除只要信赖关系遭到破坏，即使不存在债务不履行，也是可以解除的。

2. 依诚实信用原则予以规律

在继续性合同，因信赖关系是其基础，所以要求当事人按照诚实信用原则而行动。尤其是因继续性合同关系中合同系长期的，所以当事人未能预想到的情况有可能发生，由此要求当事人依照诚实信用原则予以应对或处理。

（二）继续性合同关系的分类

继续性合同关系，可以分为以下几类：

1. 作为合同内容的给付是继续性（连续性）给付的合同。例如在租赁合同，出租人应为的给付就并不是买卖中作为出卖人的卖主之交付标的物、买主之支付价金那样的一时性（一次性）的给付，而是将可以使用、收益标的物的状态继续性（连续性）地给予承租人，即是一种继续性地向承租人提供的给付。除租赁合同外，雇用合同与前述"在学合同"等也都属于此类合同。③

2. 使产生继续性拘束的合同。例如，继续的供给水、煤气、电、热力等的合同，即属之。

---

① ［日］平野裕之：《民法Ⅴ契约法》，新世社2011年版，第12－13页。
② ［日］平野裕之：《民法Ⅴ契约法》，新世社2011年版，第13－14页。
③ ［日］平野裕之：《民法Ⅴ契约法》，新世社2011年版，第11－12页。

五、消费者与经营者间的消费合同

个人与经营者之间缔结的消费合同在今日的生活中日益重要，并彰显其重要地位。所谓经营者，如法人（公司）等，它们成为今日交易社会的中心。法人（如公司）等经营者与个人的合同中往往利用其压倒性的有利立场，有时甚至为获得自己单方面的利益，而将不当的内容让作为个人的合同另一方当事人承受。因此在当代民法上，除市民这一概念外，消费者、经营者这些概念登场了。它们通常由专门的消费者合同法予以规制。例如日本于 2000 年即制定了《消费者契约法》，简称"消契法"。依据该法，所谓消费者并不将其限定为进行财产或服务之消费的"个人"（第 2 条第 1 项），而是也包括"经营者"（如作为公司的法人等）。而且，其将个人与经营者之间的合同定格为消费者合同。也就是说，在今日社会中，合同已被分为个人间的合同、个人与经营者间的合同以及经营者之间的合同。在采民商分立的国家（如日本、法国、德国），还有所谓"商事合同"①。

事实上，消费者合同及比较法（如日本法）上的消费者契约法，是基于合同（契约）当事人的非对等性而产生并予以利害考量的。消费者与经营者（厂商、商场、公司等法人）在信息、交涉能力等方面都存在质和量的差异，由此对消费者与经营者之间订立的合同的效力就必须予以特别规制或管控。这无疑体现了对传统普通民法的一般原则所作的修正。《日本消费者契约法》对于消费者合同（契约），作出了以下特别规定：（1）合同（契约）约束力的缓和。即经营者为不适当的劝诱行为时，即使不存在《日本民法》第 96 条所定的欺诈、胁迫的情形，消费者也可撤销契约的要约、承诺的意思表示。（2）合同（契约）条款的无效。即消费者可否定一定的合同

---

① ［日］平野裕之：《民法Ⅴ契约法》，新世社 2011 年版，第 15 页。

（契约）条款的效力。对此，《日本消费者契约法》第8、9条定有明文。且此明文规定系一种强行规定。（3）消费者团体诉权制度。此为日本于2006年修改其《消费者契约法》时所新增加的规定。①

第三节　合同的成立——合同的缔结

一、基于要约与承诺的合致而成立合同

（一）基本概要

基于要约与承诺而成立合同，是当事人缔结合同的基本方式。例如A向B发出要约，购买B的《债法各论》一书。A发出的意思表示称为要约，B受领A的意思表示并作出承诺的意思表示后，A、B双方之间的买卖《债法各论》一书的合同得以成立。图示如下即是：②

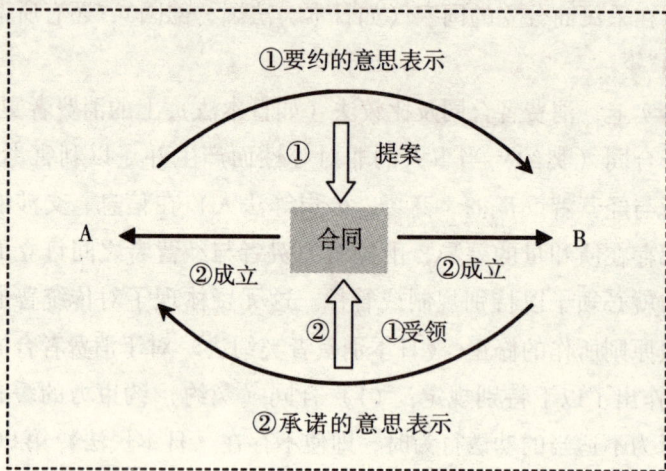

①要约的意思表示

① 提案

A ← 合同 → B

②成立　②成立

② ①受领

②承诺的意思表示

---

① ［日］藤冈康宏、矶村保、浦川道太郎、松本恒雄：《民法Ⅳ债权各论》（第3版补订），有斐阁2011年版，第12－14页。

② ［日］平野裕之：《民法Ⅴ契约法》，新世社2011年版，第16页。

（二）要约

1. 要约的含义与要约的成立

要约（Angebot）又称为报价、发价或发盘，是希望和他人订立合同的意思表示。发出要约的人称为要约人，受领要约的人，称为受要约人或者相对人。要约须具备如下要件：①（1）须是由特定人（要约人）所为的意思表示；（2）须向受要约人（相对人）发出；（3）要约必须具有缔结合同的目的；（4）要约的内容须具体确定。依我国《合同法》到达主义（英美法采取"发信主义"）规则，要约到达受要约人（相对人）时生效。受要约人（相对人）一经承诺，双方当事人之间的合同即得以成立。

具体言之，要约（Angebot，Antrag）指以订立合同为目的，唤起相对人承诺（Annahme）所为的意思表示（Willenserklärung）②，或者是指打算缔结合同的意思表示③。作为一种意思表示的要约，民法有关意思表示的规定对其应予适用。要约并非独立的法律行为，但要约一经承诺，则构成一个法律行为（Rechtsgeschäft），其即是合同（契约）④。换言之，要约经对方的承诺而成立合同（契约）⑤。

要约为一种意思表示，对其成立的要件，分析如下：⑥

（1）须特定人向相对人为之。通常情况下，要约为特定人对特定人所为的意思表示，例如甲向乙表示，欲出售其《债法各论》一书给乙，价金 30 元。不过，对于不特定的相对人所为的要约也属有效。对于不特定的相对人所为的要约为非特定的要约，其典型例子

---

① 参见崔建远：《合同法总论》（上卷），中国人民大学出版社 2008 年版，第 98 - 99 页。

② ［日］加藤雅信：《契约法》，有斐阁 2008 年版，第 29 页。

③ ［日］藤冈康宏、矶村保、浦川道太郎、松本恒雄：《民法Ⅳ债权各论》（第 3 版补订），有斐阁 2011 年版，第 19 页。

④ Erman/C. Armbrüster, BGB, §145 Rn. 1.；姚志明：《契约法总论》，台湾元照出版公司 2011 年版，第 56 - 57 页。

⑤ ［日］藤冈康宏、矶村保、浦川道太郎、松本恒雄：《民法Ⅳ债权各论》（第 3 版补订），有斐阁 2011 年版，第 19 页。

⑥ 姚志明：《契约法总论》，台湾元照出版公司 2011 年版，第 57 - 58 页。

是自动贩卖机的设置。其设置人为要约人，其有与任何投入所定货币的人成立合同（契约）的意思表示。另外，公共汽车、电影院也属于对不特定人为要约的情形。

（2）要约的内容须足以决定合同（契约）的内容。要约至少须具备足以决定合同内容的必要之点，而此必要之点须存在确定抑或可得确定的状态。必要之点一般指各合同中的主给付义务。例如，买卖合同的标的物与价金，承揽合同为完成一定的工作与报酬。例如，请电器工来家中修理电器，约定报酬 100 元，即为要约的内容确定。概言之，一个意思表示之可被视为要约，须其内容处于确定或可得确定的状态。而当相对人欲为承诺时，可仅由简单答复"要"或"是"时，合同（契约）即可成立。

2. 要约的生效①

（1）向特定人的要约。如为对话的要约则于相对人了解时生效，而非对话的要约则于通知到达相对人时生效。我国《合同法》第 16 条规定："要约到达受要约人时生效。采用数据电文形式订立合同，收件人指定特定系统接收数据电文的，该数据电文进入该特定系统的时间，视为到达时间；未指定特定系统的，该数据电文进入收件人的任何系统的首次时间，视为到达时间。"

（2）向不特定人的要约。此时仅有非对话要约的可能，盖要约的相对人非为特定人，原则上当无对话要约的发生。此时，该要约应于不特定人处于得了解要约的状态时生效。例如商场标价陈列的饮料乃于顾客进入商场看到该饮料时，该饮料的要约生效。要约作为一种意思表示，可予撤回。性质上，要约的撤回是以消灭要约的拘束力为目的的意思表示。② 经撤回后，即丧失要约的效力。"要约可以撤回。撤回要约的通知应当在要约到达受要约人之前或者与要约同时到达受要约人。"（《合同法》第 17 条）

---

① 姚志明：《契约法总论》，台湾元照出版公司 2011 年版，第 59 - 60 页。
② 史尚宽：《债法总论》，台湾 1990 年自版，第 24 页。

3. 要约的效力（要约的拘束力）

（1）基本概要

要约生效后发生两种效力：对于要约人的效力和对于相对人的效力。前者称为形式的拘束力，后者称为实质的拘束力①。

比较法上，罗马法不承认要约拘束力，德国普通法亦然。德国民法制定时对此争论激烈，最后认为要保护相对人的信赖与促进交易便捷，要约应具有拘束力，遂于《德国民法典》第 145 条定其明文。德国学说认为，所谓要约受拘束（Bindung），指要约到达相对人生效后，要约人不得撤回（widerrufen）该要约。《瑞士债务法》采《德国民法典》同样立场，于第 3、5 条设有同样规定；在法国民法，要约是否具有拘束力，由要约人决定。要约人未表示要约有拘束力时，于相对人承诺前，对要约可否撤销或变更，《法国民法典》并无明文。但判例学说肯定之。认为要约本身不拘束要约人，于承诺前可撤回。唯要约人撤回要约具有过失时，应负侵权行为损害赔偿责任。在英美法，要约原则上不具有拘束力，于承诺前可随时撤回，要约人即使表示不撤回，亦然。盖要约人既未受有对价（约因，consideration），不应单方面受其拘束。相对人欲使要约具有拘束力，须向对方支付对价，使要约人在约定期限内不得撤回其要约。②

我国《合同法》对于要约是否具有拘束力未表示明确立场，无明文规定。尽管如此，借鉴比较法理论与立法对其予以探讨分析，仍然具有积极意义。

（2）要约生效后对于要约人的效力（要约的形式拘束力）

形式的拘束力，指要约生效后，于其存续期间内，要约人不得将要约撤回或变更的效力。理论上又称为要约具有不可撤回性或不

---

① 王泽鉴：《债法原理》，台湾兴丰综合印刷有限公司 2012 年版，第 182 页。
② 王泽鉴：《债法原理》，台湾兴丰综合印刷有限公司 2012 年版，第 183－184 页。

可撤销性①。

(3) 要约生效后对于相对人的拘束力（要约的实质拘束力）

①要约实质拘束力的含义

要约生效后，受要约的相对人取得可承诺的地位，相对人取得该地位即可为有效的承诺。理论上称此为要约的实质拘束力或承诺适格②抑或承诺能力（Annahmefähigkeit）③。原则上，此得为承诺的地位并不因此使相对人受其拘束，换言之，其并不因此而负有必为承诺或为拒绝的义务④。此种相对人可对要约（人）为承诺的地位（承诺能力），学说上有人认为属于期待权（Anwartschaft），也有人认为属于形成权（Gestaltungsrecht）⑤。即使要约人单方表示"要约受领人于受领后未为任何表示时视为承诺的"，也对相对人不生任何法律拘束力⑥。因此，在现物要约（寄件人未得他人的同意，直接将物品寄至他人的处所）时，收件人也无为承诺的义务。不过，于例外情形，相对人有为承诺的义务，或是不为拒绝要约的表示时，具有承诺的效力。其情形包括：其一，订有预约。相对人有订立本约的义务，因此若相对人不为承诺的意思表示时，要约人得诉请相对人履行之；其二，强制缔约。于有法定必须为承诺的情形时，相对人有须为承诺的义务（如我国台湾地区"医师法"上有关规定）；其三，拟制承诺。不为表示拒绝承诺的，有拟制承诺的效力（如台

① 林诚二：《民法债编总论——体系化解说》，中国人民大学出版社 2003 年版，第 98 页；孙森焱：《新版民法债编总论》（上），台湾 1979 年自版，第 53 页；姚志明：《契约法总论》，台湾元照出版公司 2011 年版，第 60 页。

② ［日］平野裕之：《民法Ⅴ契约法》，新世社 2011 年版，第 17 页。

③ 史尚宽：《债法总论》，台湾 1990 年自版，第 20 页；王泽鉴：《债法原理》，台湾兴丰综合印刷有限公司 2012 年版，第 182 页；［日］加藤雅信：《契约法》，有斐阁 2008 年版，第 32 页。

④ 史尚宽：《债法总论》，台湾 1990 年自版，第 20 页；孙森焱：《新版民法债编总论》（上），台湾 1979 年自版，第 54 页；［日］加藤雅信：《契约法》，有斐阁 2008 年版，第 32 页；姚志明：《契约法总论》，台湾元照出版公司 2011 年版，第 61 页。

⑤ 王泽鉴：《债法原理》，台湾兴丰综合印刷有限公司 2012 年版，第 185 页。

⑥ 孙森焱：《新版民法债编总论》（上），台湾 1979 年自版，第 54 页。

湾地区"民法"第 530 条)①。

②要约实质拘束力的继承

要约受领人（相对人）死亡时，其继承人可否对要约为承诺而成立合同？对此学理上有两说：一是认为承诺的地位可继承，但要约人有反对的意思或合同（契约）注重相对人其人的性质时，则不得继承；② 二是认为承诺地位本身非属于财产上的权利，不得为继承的标的，因此要约受领人若死亡，其继承人不得主张继承（要约）关系而为承诺。若要约并非注重个人因素，则应认为要约系对不特定人为之，要约受领人的继承人即可以自己为要约受领人而为承诺③。

③实质拘束力的转让（让与）——要约（承诺地位）的让与性

要约受领人可否将其因要约而生的法律地位转让于第三人，使第三人可为承诺而与要约人成立合同？对此，通常认为，于要约人同意时，并无不可。

（4）要约拘束力的排除

要约拘束力的排除规定，系今日比较法上的多数做法，如《德国民法典》第 145 条但书，台湾地区"民法"第 154 条第 1 项但书等，均定有明文。我国《合同法》第 20 条也作出了规定："有下列情形之一的，要约失效：（一）拒绝要约的通知到达要约人；（二）要约人依法撤销要约；（三）承诺期限届满，受要约人未作出承诺；（四）受要约人对要约的内容作出实质性变更。"

4. 要约的消灭

要约的消灭，即要约丧失其效力，其包括下列情形：

（1）要约约定的存续期间（承诺期限）已过

依私法自治原则，要约人可自定要约存续期间（承诺期限）。要

---

① 姚志明：《契约法总论》，台湾元照出版公司 2011 年版，第 61 页。

② 此为德国目前之通说，参见 Schlüter, Erbrecht, 12. Aufl. 1986, S. 36。另外，郑玉波《民法债编总论》（中国政法大学出版社 2004 年版）也持此观点；参见王泽鉴《债法原理》，台湾兴丰综合印刷有限公司 2012 年版，第 185 页注释 6。

③ 孙森焱：《新版民法债编总论》，台湾 1979 年自版，第 40 页；王泽鉴：《债法原理》，台湾兴丰综合印刷有限公司 2012 年版，第 186 页。

约定有存续期间的，非于其期限内为承诺，即丧失其拘束力，要约消灭。① 要约定有承诺期限的，无论为对话要约或非对话要约，相对人须于其期限届至前为承诺，否则要约丧失其拘束力。此期限的设定可以明示或默示（例如依地方习惯）的方式为之。另外，该期限的设定既可与要约同时为之，也可单独为之。②

应注意的是，要约人表明承诺使用某种通知工具（如电话、传真），也不时有之。于此情形，应以通知工具计算回途期间。要约人虽未表示承诺须用快速通知工具，但依要约的通知方法可得推知的，于计算回途期间时，仍须斟酌。至于承诺是否须使用与要约相同的传达工具（如以快信通知时，以快信为承诺），应探求要约人真意而认定，有疑义时，应作否定解释③。

（2）要约的法定存续期间（承诺期限）已过

要约人未定存续期间时，应依法律的规定。不过，我国《合同法》对此并无规定。而于比较法上，则通常认为：对话要约，原则上非立时承诺，即丧失其效力；非对话要约，须依通常可期待的承诺的到达期限为承诺，否则要约丧失其拘束力。所谓到达期限，其为要约到达相对人的期间、相对人考虑的期间及承诺到达要约人的期间等三者之总和。另外，要约受领人如发生疾病或因罢工抑或交通中断等，则须将之算入整体期间计算的斟酌范围内。至于要约受领人如因暂时之不在要约到达之处，对于期间的计算是否须斟酌之，则应分别情形而定：当要约受领人不在其住处（如出外旅游）的情事为要约人所明知的，要约受领人不在的期间，应斟酌之，亦即属于合理考虑的时间范围内；反之，则不予斟酌之。④

（3）要约的拒绝

要约经相对人拒绝后，丧失其拘束力。此种要约拒绝的情形，

---

① 王泽鉴：《债法原理》，台湾兴丰综合印刷有限公司2012年版，第191页。
② 姚志明：《契约法总论》，台湾元照出版公司2011年版，第64页。
③ 王泽鉴：《债法原理》，台湾兴丰综合印刷有限公司2012年版，第192-193页。
④ 姚志明：《契约法总论》，台湾元照出版公司2011年版，第64页。

其仅可能发生在有相对人受领的要约。要约的拒绝的表示，应为意思通知。要约受领人（相对人）将要约扩张、限制或进行其他变更后而予以承诺的，也视为拒绝原要约而为新要约。①

（4）当事人死亡或丧失民事行为能力

其一，要约人死亡或丧失民事行为能力。

合同的内容可分为专属性的给付与非专属性的给付。要约为一种意思表示，要约人为要约后，该要约不会因其死亡或丧失民事行为能力而无效力，不过此应只限于非专属性的给付。若是专属性的给付，如歌唱家或钢琴家的表演、画家的画画，应不适用之。因为此时要约人或因精神状态而事实上无法为给付，抑或永远不可能为给付（死亡），而其代理人或继承人也无法就此专属性的给付而代为给付，由此要约应视为无效。②

其二，要约受领人（相对人）死亡或丧失民事行为能力。

①要约受领人（相对人）死亡

于有特定要约受领人的情形，如要约受领人于要约到达前已死亡，因要约无法被受领，故应认为要约无效；要约被受领后要约受领人死亡的，应依要约的解释论断该要约是否注重要约相对人的资格：如注重的，当不得继承之，故要约应为消灭；反之，要约对于继承人也生效力，继承人可为承诺。③

②要约受领人（相对人）丧失民事行为能力

要约受领人丧失民事行为能力时，解释上该要约并不丧失其效力，承诺与否应由要约受领人的法定代理人为之（台湾地区"民法"第75条以下）。④

----

① 姚志明：《契约法总论》，台湾元照出版公司2011年版，第64－65页。
② 姚志明：《契约法总论》，台湾元照出版公司2011年版，第65页；王泽鉴：《债法原理》，台湾兴丰综合印刷有限公司2012年版，第193页。
③ 姚志明：《契约法总论》，台湾元照出版公司2011年版，第65页。
④ 姚志明：《契约法总论》，台湾元照出版公司2011年版，第65页；王泽鉴：《债法原理》，台湾兴丰综合印刷有限公司2012年版，第194页。

（5）承诺

要约相对人为承诺的，因合同已成立，合同效力发生，由此要约也告消灭。①

5. 要约的具体方式

（1）商品标价陈列

我国合同法理论一般认为，商品标价陈列行为是一种要约。不过，须注意的是，商品标价陈列构成要约，应仅指柜台里陈列的或货架上放置的标价商品，而对商店临街橱窗里的陈列商品，即使附有标价，也不宜视为要约，因其更多地具有招徕顾客的广告宣传性质，应认定为要约邀请。②

（2）自动售货机出售商品

自动售货机出售商品，或者说自动售货机的设置，应评价为属于向不特定人发出的要约。在正常情况下，顾客投币应解释为依意思实现而成立合同，商品掉入取货口，系自动售货机的设置者履行给付义务，投入货币为交付行为，由自动售货机的设置者取得所有权。擅取因自动售货机发生故障而跳出的硬币，应构成侵权行为。合同成立后，若投币者取不出商品，构成自动售货机的设置者违约，产生违约责任。③

（3）悬赏广告

悬赏广告，是指广告人以广告的形式，声明对完成悬赏广告规定的特定行为的任何人，给付广告约定的报酬的意思表示。悬赏广告是要约，因为一旦某特定的人完成了悬赏广告指定的行为，合同

---

① 姚志明：《契约法总论》，台湾元照出版公司 2011 年版，第 65 页。

② 参见王家福主编：《中国民法学·民法债权》，法律出版社 1991 年版，第 284 页；参见王利明：《合同法研究》，中国人民大学出版社 2003 年版，第 214 页；参见崔建远：《合同法总论（上卷）》，中国人民大学出版社 2008 年版，第 102 页；参见韩世远：《合同法总论》，法律出版社 2008 年版，第 69 页。

③ 参见崔建远：《合同法总论（上卷）》，中国人民大学出版社 2008 年版，第 103 页；参见林诚二：《民法债编总论——体系化解说》，中国人民大学出版社 2003 年版，第 58 页；参见王泽鉴：《民法债编总论·基本理论·债之发生》，台湾三民书局 1993 年版，第 123 页。

即告成立，广告人有义务给付报酬。①

（4）反要约

即受要约人对要约内容进行扩张、限制或变更后所作出的意思表示。例如，要约人对一件货物要价 50 元，而受要约人还价 40 元的意思表示，即属于反要约②。

（5）交叉要约（cross-offers）

也称交错要约，指合同当事人双方互以对方为受要约人所发出的两个独立但内容一致（契合）的要约（意思表示）。它一般发生在异地之间且要约时间几乎在同时的场合。交叉要约是否成立合同，比较法上的规则不一。我国法律对此未有规定，而理论上有肯定与否定两说，但以肯定说为当。理论上认为，在交叉要约，由于后一要约并非承诺，因此应认为两个意思表示到达时合同成立。两个意思表示若非同时到达，则合同成立的时间以后一要约到达的时间为准③。

（6）现货要约

即商家邮寄货物为要约，顾客接受货物为承诺④。

（7）事实的合同关系

关于此，后文将予论及，兹不赘述。

（三）承诺

1. 承诺的含义

承诺又称接受、还盘、收盘，是受要约人（相对人）同意要约的意思表示（《合同法》第 21 条）。我国《合同法》规定的承诺包括两种：一是需要受领的意思表示，二是无须受领的意思表示。一

---

① 参见崔建远：《合同法总论（上卷）》，中国人民大学出版社 2008 年版，第 105 页；参见韩世远：《合同法总论》，法律出版社 2008 年版，第 70 页。

② 刘心稳：《债权法总论》，中国政法大学出版社 2009 年版，第 106 页。

③ 参见韩世远：《合同法总论》，法律出版社 2008 年版，第 90 - 91 页；刘心稳：《债权法总论》，中国政法大学出版社 2009 年版，第 106 页。

④ 参见崔建远：《合同法总论（上卷）》，中国人民大学出版社 2008 年版，第 103 页。

项有效的承诺须符合下列要件：① （1）承诺必须由受要约人（相对人）作出；（2）承诺必须向要约人作出；（3）承诺的内容应当与要约的内容一致；（4）承诺必须在承诺期限内到达要约人。《合同法》第25条规定："承诺生效时合同成立。"可见在我国，承诺生效，合同即告成立。

具体言之，承诺是指以订立合同为目的，而同意要约的意思表示（《合同法》第21条）②，或指要约的受领人，向要约人表示其欲使合同（契约）成立的意思表示③。其具有以下特征：

（1）受领要约人（承诺人）向要约人为之

承诺的表示仅限于要约受领人（承诺人）或其代理人方可为之。若是非要约受领人而对要约的内容表示愿意成立合同（契约）的表示，此时即发生主观的不合致（例如甲向乙为要约，而丙向甲表示愿意成立该合同的意思），而无法成立合同。而要约受领人的承诺意思也必须向要约人或其代理人抑或其继承人为之，否则也构成主观不合致而不生合同成立的效果。承诺可以明示或默示（如在自助餐馆，自己端餐盘取菜）的方法为之。此外，若是有特别约定或是法定的情形，单纯的沉默也可视为承诺。承诺以不要式为原则，但若有法定须为要式者，未依法定的方式为之时，原则上该合同为无效。若是约定须为一定方式的，要约受领人未依该约定为之时，该合同为不成立。④

我国《合同法》第22条规定："承诺应当以通知的方式作出，但根据交易习惯或者要约表明可以通过行为作出承诺的除外。"

（2）须在要约有效期间为之

要约受领人所为的承诺须在承诺期限未过之前为之。承诺期限

---

① 参见崔建远：《合同法总论（上卷）》，中国人民大学出版社2008年版，第113－115页；参见韩世远：《合同法总论》，法律出版社2008年版，第84－85页。

② ［日］石外克喜编：《契约法》，第69页；［日］加藤雅信：《契约法》，有斐阁2008年版，第29页；姚志明：《契约法总论》，台湾元照出版公司2011年版，第71页。

③ 王泽鉴：《债法原理》，台湾兴丰综合印刷有限公司2012年版，第195页。

④ 姚志明：《契约法总论》，台湾元照出版公司2011年版，第71－72页。

是否已经过则分两种情形观之：一是规定了承诺期限的情形。该承诺期限届至前未为承诺的意思时，该要约即丧失其拘束力；二是未规定承诺期限的情形，于相当期限已过的，要约也丧失其拘束力。在此两种情形，要约受领人于期限已过所为的承诺，视为新要约（《合同法》第28条）①。我国《合同法》第23条规定："承诺应当在要约确定的期限内到达要约人。要约没有确定承诺期限的，承诺应当依照下列规定到达：（一）要约以对话方式作出的，应当即时作出承诺，但当事人另有约定的除外；（二）要约以非对话方式作出的，承诺应当在合理期限内到达"；《合同法》第24条规定："要约以信件或者电报作出的，承诺期限自信件载明的日期或者电报交发之日开始计算。信件未载明日期的，自投寄该信件的邮戳日期开始计算。要约以电话、传真等快速通讯方式作出的，承诺期限自要约到达受要约人时开始计算"；此外，《合同法》第29条还规定："受要约人在承诺期限内发出承诺，按照通常情形能够及时到达要约人，但因其他原因承诺到达要约人时超过承诺期限的，除要约人及时通知受要约人因承诺超过期限不接受该承诺的以外，该承诺有效"。

（3）须与要约的内容一致

合同须双方当事人意思表示一致方能成立。此所谓"一致"，又称"合致"，包括主观的合致（当事人合致）与客观的合致（内容的合致）。因此，要约人已为合同的表示而为要约时，要约受领人也须对于该要约的内容为一致的承诺，合同方可成立。若要约受领人将要约扩张、限制或为其他变更而承诺的，视为新要约②。我国《合同法》第30条规定："承诺的内容应当与要约的内容一致。受要约人对要约的内容作出实质性变更的，为新要约。有关合同标的、数量、质量、价款或者报酬、履行期限、履行地点和方式、违约责

---

① 姚志明：《契约法总论》，台湾元照出版公司2011年版，第73页。我国《合同法》第28条规定："受要约人超过承诺期限发出承诺的，除要约人及时通知受要约人该承诺有效的以外，为新要约。"

② 姚志明：《契约法总论》，台湾元照出版公司2011年版，第73页。

任和解决争议方法等的变更，是对要约内容的实质性变更。""承诺
对要约的内容作出非实质性变更的，除要约人及时表示反对或者要
约表明承诺不得对要约的内容作出任何变更的以外，该承诺有效，
合同的内容以承诺的内容为准。"（《合同法》第 31 条）

承诺为一种意思表示，当其未生效前仍可予以撤回，尽管事实
上对话的承诺无撤回的可能。至于非对话的承诺则可撤回。我国
《合同法》第 27 条规定："承诺可以撤回。撤回承诺的通知应当在承
诺通知到达要约人之前或者与承诺通知同时到达要约人。"

2. 承诺的效力

要约受领人（承诺人）如于有效的要约拘束力期限内为承诺时，该
合同即为成立。《合同法》第 25 条规定"承诺生效时合同成立"，即指
此意。此属于适时承诺的情形所具有的效力。此外，还有迟到承诺、变
更要约内容的承诺及迟到通知时承诺的效力，前已提及，敬请留意。

二、引起合同之债的要约、承诺的特殊形式

（一）强制订立合同

关于此，前已述及，请参照之，兹不赘述。

（二）附合合同（定型化合同、格式合同）

如前述，在今日，银行、保险、电力、电信、邮政、自来水、
燃气、热力、旅游、家电用品、商品房预售、洗染等行业均使用附
合合同。此种合同的条款系由一方当事人预先拟定，对方只有附合
该条款合同才能成立。我国《合同法》及其实务，称为格式合同。

交易条件的定型化（固定化）一方面可以促进企业合理化经营，
另一方面消费者也可以不必耗费心力就交易条件讨价还价。不过，
企业厂商于订立合同条款，决定交易条件时，常常利用其优势的经
济地位而制定有利于己，不利于消费者的免责条款、失权条款及法
院管辖地条款等，并对合同上的危险及负担作不合理的分配。而一

般的消费者对此类条款多未注意，不知其存在，或虽知其存在，但因此种合同条款甚为冗长，字体细小，不易阅读；或虽加阅读，因文义艰涩，难以理解其真义；纵能理解其真义，知悉条款对己不利，也多无讨价还价的余地，只能在接受与拒绝之间加以选择。然而或因某类企业具有独占性，或因各企业使用类似的合同条款，其结果使消费者事实上并无选择的机会。由此，如何在合同自由的原则下维护合同正义，乃是当代合同法所面临的艰巨任务。①

（三）意思实现

1. 基本概要

意思实现是德语 Willensbetaetigung 的迻译。《德国民法典》第151 条第 1 项设有其明文，其规定："依交易习惯，无须期待承诺的表示，或要约人声明无须为承诺的表示者，契约即因承诺而成立，而无须向要约人为承诺的表示。"

在意思实现，承诺的意思必须通过某种方式表达出来，亦即必须使该意思显示于外部，但受要约人无须针对要约人表达或显示其承诺意思，且该承诺意思也无须到达要约人那里。意思实现的特征是：其一，承诺无须通知；其二，受有严格限制，要求须是根据交易习惯或者根据要约人预先的声明；其三，合同自出现认定承诺意思的事实或行为时（承诺意思实现时）成立。意思实现规则在《联合国国际货物销售合同公约》（CISG，第 18 条第 3 款）、《国际商事合同通则》（PICC，第 2.6 条第 3 款）以及《欧洲合同法原则》（PECL，第 2:205 第 3 款）中均有规定。我国《合同法》第 22 条肯定了承诺无须通知的情形，第 22 条第 1 款规定："承诺应当以通知的方式作出，根据交易习惯或者要约表明可以通过行为作出承诺的除外。"其中的但书句，即是意思实现的规定。②

---

① 参见马维麟：《民法债编注释书（一）》，台湾五南图书出版公司 1995 年版，第 9 - 10 页；王泽鉴：《民法学说与判例研究（7）》，台湾 1993 年自版，第 27 页。

② 参见韩世远：《合同法总论》，法律出版社 2008 年版，第 91 - 92 页。

综据上述，可知意思实现是依据交易习惯、要约人的预先声明等，无须发出承诺通知，受要约人实施足可构成承诺的行为（或事实）而使合同成立的情形。简言之，意思实现就是受要约人以实现要约内容的行为替代承诺，达到承诺的效果，系为"承诺通知原则"的例外，其旨趣在于简化、便利合同的成立。而所谓"足可构成承诺的行为（或事实）"，乃包括两种：① ①履行行为，即履行因合同成立所负担的债务。如寄送邮购的物品，或为履行合同而准备，如旅馆为顾客预留房间；②受领行为，即行使因合同成立所取得的权利。如拆阅现物要约寄来的杂志。此外，受要约人须在适当时间内为"足可构成承诺的行为（或事实）"，时间不适当者，不能发生意思实现的效果。详言之，要约中定有承诺期限的，应当守其期限；要约中未定承诺期限的，该行为的适当时间标准，"根据交易习惯作出承诺的行为时"。②

进一步将依意思实现而成立合同的情形归纳如下：意思实现是指依习惯或依其事件的性质承诺无需通知的，于相当时期内有可认为承诺的事实时，其合同为成立。今日通说认为，意思实现并非意思表示，而承诺为一种意思表示，其无论为明示或是默示，仍需到达才会生效，意思实现则无需通知要约人。由此，意思实现与意思表示的默示的承诺仍然有别。意思实现乃是取代承诺的地位，因此合同的成立仍须一方当事人先为要约，而相对人依意思实现的方式使合同成立。由于对话的要约须立即为承诺，故其不可能依意思实现而成立合同。换言之，意思实现应只针对非对话的要约（意思表示），其方具有意义。依意思实现成立合同，其旨趣在于简化和便利合同的成立。③

① 王泽鉴：《债法原理》，北京大学出版社 2009 年版，第 142 页。

② 参见刘心稳：《债权法总论》，中国政法大学出版社 2009 年版，第 107－108 页。另外，我国《合同法》第 26 条第 1 款规定："承诺通知到达要约人时生效。承诺不需要通知的，根据交易习惯或者要约的要求作出承诺的行为时生效。"

③ 姚志明：《契约法总论》，台湾元照出版公司 2011 年版，第 75 页；王泽鉴：《债法原理》，台湾兴丰综合印刷有限公司 2012 年版，第 201 页。

2. 因要约与意思实现而成立合同的要件

（1）要约无须承诺的情形

在今日比较合同法与实务上，要约无须承诺的情形仅限于如下三种情形：①依事件的性质。例如前述现物要约（以物品的送达要约）、紧急性的要约（如延医治病、要求紧急交送物品）、赠与的要约及为自动贩卖机的设置。②依习惯。例如于酒店订酒席、旅馆订房间、依价目表向书店订购书籍。③依要约人要约当时预先声明。此可以明示或默示为之。例如要约人（餐厅老板）向相对人表示如捕获鲢鱼，立刻送至其餐厅来，全数按市价收购，无须通知要约人。[1]

（2）于相当时间内有可认为承诺的事实

①权利行使行为、权利使用行为（Gebrauchshandlungen）或受领行为

行使因合同所取得的权利，例如开启现物要约送达的啤酒或拆开现物要约送来的书刊，或是在寄送来的书上签下自己的姓名等等，均属于权利行使行为、权利使用行为[2]，抑或受领行为[3]。

②债务履行行为或准备行为

其一，债务履行行为。

即履行因合同成立所负担的债务，例如寄送邮购的物品[4]。债务履行行为是否为一种意思实现，学说上存在争论，对此有肯定说、默示的承诺说等主张。本书认为，意思实现的特征系在于其承诺的意思无须到达要约人的了解范围内即使合同生效。因此，即使在无须承诺的情形，相对人仍以意思表示的方法为承诺，很难说他系非为承诺。由此，债务履行行为也可能为承诺或是意思实现。例如，相对人将订购的货物送交给要约人指定的第三人，此时要约人可能不知情，而产生并无意思表示的到达；相反，若债务履行系需要要

---

[1]　姚志明：《契约法总论》，台湾元照出版公司 2011 年版，第 76 页。
[2]　姚志明：《契约法总论》，台湾元照出版公司 2011 年版，第 76-77 页。
[3]　王泽鉴：《债法原理》，台湾兴丰综合印刷有限公司 2012 年版，第 202 页。
[4]　王泽鉴：《债法原理》，台湾兴丰综合印刷有限公司 2012 年版，第 202 页。

约人受领时，解释上应认为是默示的承诺。因此，将钱币丢入自动贩卖机为意思实现、送订购的文具或书籍至订购人住处为默示的承诺。概言之，因意思实现的承诺事实行为无须到达要约人，若该承诺事实的行为乃是到达相对人而展现其承诺的意思时，其应为明示或默示的承诺①。

其二，准备行为。

准备行为即为履行合同而做准备的行为②，例如旅馆为顾客在登记簿登记而预留房间③、餐厅为客人准备餐具④。

需注意的是，除如上所述者外，依意思实现而成立合同的，行为人主观上须有承诺的意思。⑤ 具体言之，意思实现在主观上仍须具有行为意思、表示意思及法效意思。此外，行为人为意思实现的行为时，其仍受意思能力的相关规定的规范。⑥

（四）合同的竞争性缔结

实务中，一方当事人并不是向特定的人提出订立合同的要约，而是使不特定或特定多数的人之间竞争，与其中提出的对自己最有利的条件的人缔结合同。此即合同的竞争性缔结。其包括两种方式：（1）竞争者知道其他的竞争者的条件的竞卖；（2）竞争者不知道其他的竞争者的条件的投标⑦。

（五）交叉要约

关于此，前文已述，兹不赘述。

---

① 姚志明：《契约法总论》，台湾元照出版公司 2011 年版，第 77 - 78 页；类似见解也可参见黄茂荣：《债法总论（一）》，中国政法大学出版社 2002 年版，第 178 页，注释 47。

② 王泽鉴：《债法原理》，台湾兴丰综合印刷有限公司 2012 年版，第 202 页。

③ Larenz/Wolf, Allgemeiner Teil des Bürgerlichen Recht, §30Rn. 10；［日］加藤雅信：《契约法》，有斐阁 2008 年版，第 36 页。

④ 姚志明：《契约法总论》，元照出版公司 2011 年版，第 78 页。

⑤ 王泽鉴：《债法原理》，台湾兴丰综合印刷有限公司 2012 年版，第 203 页。

⑥ 姚志明：《契约法总论》，台湾元照出版公司 2011 年版，第 79 页。

⑦ ［日］平野裕之：《民法Ⅴ契约法》，新世社 2011 年版，第 28 页。

第四节　合同的相对效力原则

一、合同的相对效力原则

(一) 基本概要

合同经当事人意思合致而成立时，当事人即受其拘束。"当事人依法缔结的合同，于当事人之间具有相当于法律的效力。"（《法国民法典》第 1134 条第 1 项）合同的效力，即基于合同而生的权利义务。合同之具有效力，以合同成立为前提，依法成立的合同通常于成立时即生效力（《合同法》第 44 条第 1 款），仅"法律、行政法规规定应当办理批准、登记等手续生效的，依照其规定"（《合同法》第 44 条第 2 款）。

合同的效力，例如以买卖合同为例，买卖合同一经生效，首先即使双方当事人负担债务（出卖人负交付标的物的义务，买受人负支付价金的义务），但同时作为其反面又使双方当事人取得债权（出卖人取得价金债权，买受人取得交付标的物的请求权）。这些均属于买卖合同的债权效力；其次，还发生物权的效力。即买卖标的物的所有权自出卖人移转至买受人。从私法自治原则的视角看，合同的法律效果就是相对效力原则。具体分析如下：①

其一，债权、债务及作为合同内容的权利的归属。首先，债权债务的取得、负担这一债权效力，以及作为取得合同内容（标的）的财产权的取得的物权效力，从私法自治原则的角度看，一方面不能擅自随意让第三人负担债务，另一方面也不能将债权乃至财产权归属于第三人（即便是利益，也是不能强制性地归属于他人的）。当然，关于债权与合同内容（标的）的财产权的取得，在为第三人利

---

① ［日］平野裕之：《民法Ⅴ契约法》，新世社 2011 年版，第 30 页。

益合同的场合，则是例外予以认可，第三人可以实施或为受益的意思表示而受取该利益。

其二，物权变动。即合同当事人依合同而发生的财产权的变动，其作为合同效力的法律后果，也仅在当事人（如出卖人与买受人）之间发生。换言之，买受人取得标的物的所有权，出卖人取得出卖标的物的价金的所有权。当然，当事人之间所发生的此种财产权的结果，当然也可对抗第三人，即得向第三人主张，第三人负有尊重此种财产权变动的结果的不作为义务。

（二）合同与"好意施惠关系"

1. 基本概要

好意施惠关系与合同的区别，在于当事人间就其约定欠缺法律行为上的法律效果意思，即无受其拘束的意思。例如搭乘便车，火车到某车站时请叫醒下车，回家时顺路为他人投寄信件，邀请参加宴会、郊游或舞会，邀请友人至家中吃晚餐，同意代为他人浇花以及同意代为他人照顾儿童等，均应认为属于"好意施惠关系"①。这种关系多基于人际交往的情谊或是基于善意为基础而成立，生活中又多称为"君子协定"②。

"好意施惠关系"既然非属于合同，无法律上的拘束力，自不发生给付请求权。例如甲与乙约定，于某日赴上海时允许乙搭便车，乙不得向甲主张有搭便车的权利。不过，此种"好意施惠关系"本身仍可作为受利益的法律上原因，即在本例中，甲让乙搭便车后，不得主张乙无法律上的原因受利益而成立不当得利③；另外，如受邀至他人家中吃饭，也不会构成不当得利④。

好意施惠不成立合同关系，不发生债权人履行请求权，也不发生债务不履行责任。合同由双方当事人意思表示之一致而成立，好

---

① 姚志明：《契约法总论》，台湾元照出版公司2011年版，第18页。
② 姚志明：《契约法总论》，台湾元照出版公司2011年版，第18页。
③ 王泽鉴：《债法原理》，台湾兴丰综合印刷有限公司2012年版，第223-224页。
④ 姚志明：《契约法总论》，台湾元照出版公司2011年版，第19页。

意施惠关系（例如让人搭便车）既然不成立合同，则被害人就无合同上的请求权，对于其因车祸所受的损害，不得依不完全给付规定请求损害赔偿。[①]

换言之，好意施惠关系与合同的区别在于，双方当事人有无意思表示的合意（合致），若有则成立合同，若无则可能成立好意施惠关系。具体言之，如前述，若当事人之间欠缺法律行为的效果意思（法效意思），如明白表示为所谓的"君子协定"时，即为好意施惠关系。若当事人间无此情形时，学说上认为可从当事人之间约定为有偿抑或无偿再加上交易习惯及当事人利益并基于诚信原则而进行综合考量，最终判定当事人之间的约定是否为存在两个相对的意思表示的合意或仅为单纯无法效意思的表示的合意。当事人之间的约定为有偿的，如上下班时同事搭便车，但约定收取一些费用或分担油费，此时应成立合同。反之，如为无偿的，当事人的合同除了法定的无偿合同（赠与合同等）外，一般言之，基于人际交往的情谊或是基于善意为基础而为表示及合意的，均应为好意施惠关系，并无合同上的拘束力。[②]

2. 好意施惠关系与《侵权责任法》上的请求权

（1）基本情形与实例

在好意施惠关系，好意施惠的一方不为履行或不为完全履行，对他方当事人所受损害应否负损害赔偿责任，可成为其请求权基础的，是《侵权责任法》关于侵权行为的一般规定（第6条）。例如，甲对乙允诺于京沪高铁经过济南站时叫醒下车，因过失未叫醒乙，致乙到达上海后再回到济南。乙就其所支出的费用不能向甲请求损害赔偿，盖其所受侵害的不是权利，而是纯粹经济上损失。但若甲作此允诺却不叫醒乙下车是出于故意以背于善良风俗的方法加损害于乙时，则应负损害赔偿责任。

---

① 王泽鉴：《债法原理》，台湾兴丰综合印刷有限公司2012年版，第224页。
② 姚志明：《契约法总论》，台湾元照出版公司2011年版，第18－19页。

（2）侵权责任的排除

在好意施惠关系，当事人可明示排除其侵权责任。不过，对于故意或重大过失的责任不得预先排除。至于对于默示排除责任，应从严认定，避免拟制当事人的意思。①

（3）侵权行为过失责任的排除

让人搭乘便车等既属好意施惠，由此是否有必要减轻或缓和其侵权责任？对此，有学说认为好意施惠既然属于无偿，就应使好意施惠之人仅就其故意或重大过失负责；也有学者认为，民法关于减轻债务人责任的优遇，应适用于侵权行为。台湾学者王泽鉴认为，好意施惠关系，尤其是在搭便车的情形，好意施惠之人原则上仍应就其"过失"不法侵害他人权利负损害赔偿责任，只是对于"过失"应就具体案件予以合理认定。对于他人生命、身体、健康的注意义务，不能因其为好意施惠而加以减轻，将其限于故意或重大过失。②

（4）被害人（受害人）存在过失时的过失相抵

被害人明知好意让其搭车之人酒醉或无驾照而仍愿搭其便车，于发生车祸身受伤害时，应认为其对损害的发生存在过失，由此而适用《侵权责任法》关于过失相抵的规定③。

（三）事实的合同（契约）关系

1. 基本概要

"事实的合同关系"，德语称为 Faktische Vertragsverhältnisse，系1941 年由德国学者豪普特（Günter Haupt）提出。其主张在某些情形，契约（合同）可因一定的事实过程（Tatsächliche Vorgänge）而成立，当事人的意思如何，在所不问。此种因一定的事实过程而成立的契约（合同），豪普特称为事实的合同（契约）关系，并强调此种事实上合同（契约）关系不是类似契约（合同）的法律关系，

---

① 参见王泽鉴：《债法原理》，台湾兴丰综合印刷有限公司 2012 年版，第 225 页。

② Larenz, Schuldrecht, 1, S. 292, 554f.；RGZ 145, 394；BGHZ 30, 46；王泽鉴：《债法原理》，台湾兴丰综合印刷有限公司 2012 年版，第 225 页。

③ 王泽鉴：《债法原理》，台湾兴丰综合印刷有限公司 2012 年版，第 225 - 226 页。

而是确实具有契约（合同）内容的实质，其与传统契约（合同）观念不同的，仅其成立方式而已，由此关于其内容，契约法（合同法）的规定可以全部适用之。①

豪普特将事实的合同关系类型化为三种②：其一，是基于社会接触而产生的事实的合同关系，包括缔约过失责任、司机对好意同乘人的责任，借用合同期届满后于标的物返还前的利用关系；其二，是基于团体关系而产生的事实的合同关系，其典型为事实上的合伙或公司（合伙合同或公司设立行为无效或被撤销的场合）、事实上的劳动关系或雇佣关系（劳动合同无效或被撤销的场合）；其三，是基于社会给付义务而产生的事实的合同关系，其典型为公用交通（电车、公共汽车等）的利用关系，供给电、气、水、热力的法律关系等，拉伦茨称之为因社会类型行为发生的债权关系。③ 以下着重分析基于社会给付义务而产生的事实合同关系与事实上劳动关系与合伙关系。

2. 基于社会给付义务而产生的事实合同关系

基于社会给付义务而产生的事实合同关系，又称为"因典型的社会行为而成立契约（合同）"。在今日，电气、电信、煤气、自来水、公共交通工具等，系经济生活中所不可或缺。它们多由大企业经营、掌控，关于其使用的条件与权利义务很少有选择自由。这些由大企业等所为的诸给付具有社会义务。应当毅然地认可利用大企业等的各给付的事实行为即足以成立契约（合同），发生契约法（合同法）上的权利义务关系，当事人的内心意思如何，可不必问。换言之，在当代社会，产生了一种特殊现象，即在一些情形，当事人无须为真正的意思表示，仅依事实行为，就能创设契约（合同）关系，任何人均可支付一定的费用而予利用。在此情形，事实上的提供给付与事实上的利用行为，取代了意思表示。此种事实行为并非

① 王泽鉴：《债法原理》，台湾兴丰综合印刷有限公司2012年版，第230页。

② 对此三种的详细说明，参见［日］加藤雅信：《契约法》，有斐阁2008年版，第37-41页。

③ 韩世远：《合同法总论》，法律出版社2008年版，第96页。

以发生特定法律效果为目的的意思表示，而是一种事实上合致的行为，依其社会典型意义而产生了与法律行为相同的法律效果。例如，乘坐电车或公共汽车，使用人（乘坐人）未先购票，直接登车，在此情形，乘客的通常意思是被运送至目的地，而并未想到应先缔结（订立）运送合同，同时也没有此表示。①

综据上述，基于社会给付义务而产生的事实合同关系，即指交通企业（机构）、电气、瓦斯、自来水、电信等提供的供给关系，以诚信原则、社会共通观念的规范力等为根据或基础，因乘坐电车或公交汽车、使用电气等是社会类型或社会典型的行为，即应认可契约（合同）有效成立，并发生合同（契约）的债权债务关系。换言之，利用公交车、自动贩卖机及供给电气、煤气、热力等产生的法律关系，并非系出于当事人意思表示的合意（合致），而是基于给付的请求这一事实行为而认可成立契约（合同）关系。由于它非基于意思而成立契约（合同），所以称为"事实上的契约（合同）关系"；又因为大企业等提供给付的行为具有类型性，所以又称为"社会类型的行为"理论。② 此即事实的契约（合同）关系的考量方法。而且，依此事实的契约（合同）关系的考量进路，在社会的类型行为（社会的典型行为），提供供给的大企业等具有很强的进行定型化给付或相关事宜之处理的必要性，所以应排除适用民法关于因当事人民事行为能力受限制而发生的撤销主张或意思表示错误等诸规定的适用。③④

---

① 王泽鉴：《债法原理》，台湾兴丰综合印刷有限公司 2012 年版，第 230 - 231 页。
② ［日］藤冈康宏、矶村保、浦川道太郎、松本恒雄：《民法Ⅳ债权各论》（第 3 版补订），有斐阁 2011 年版，第 24 - 25 页。
③ 例如在台湾地区，为使无行为能力人或限制行为能力人可使用电信、邮政等，其"法律"遂拟制这些人为有行为能力人。台湾地区"电信法"第 9 条规定："无行为能力人或限制行为能力人使用电信之行为对于电信事业视为有行为能力。但因使用电信发生之其他行为，不在此限"；其"邮政法"第 12 条规定："无行为能力者或限制行为能力者，关于邮政事务对邮政机关所为之行为，视为有能力者之行为"。不过在日本法上，并无排除适用的与台湾地区法类似的此等明文规定。
④ ［日］后藤卷则：《契约法讲义》，弘文堂 2013 年版，第 28 页。

上述事实上的契约（合同）关系理论的最大优点在于，其指出了当代经济生活中大量交易行为的事实规范性，但此也为其弱点。社会的类型行为（社会典型行为），如电信、自来水、煤气、热力、交通机构等大企业提供的供给关系虽可作为认定意思表示的标准，但传统民法中古典的"要约与承诺"缔约方式，是足以应对社会类型行为（社会典型行为）即事实上的契约（合同）关系理论所欲克服和解决的问题的。例如，搭乘公交车，可解释为是默示订立有偿契约（合同）的意思表示①。可见，如何评价此事实上的合同关系理论，是应慎重的。

3. 事实上劳动关系与合伙关系

劳动合同或合伙于进入履行阶段后才发现其无效、不生效力或被撤销的，基于民法规则，当事人所受领的给付丧失其法律上的依据，应依不当得利规则返还。对此，事实上劳动关系或合伙关系说的主张者（如豪普特）认为，劳务若已为一部或全部的给付，合伙的共同事业若已实施，无论在内部或外部既均已发生一定的法律关系，则此种法律关系业已存在的事实，即不容任意否认而置之不理。企业或合伙是具有团体性的组织，当事人既已纳入其内，则基此事实即应成立契约（合同），并依此事实上劳动关系（Faktische Arbeitsverhältnis）或事实上合伙（Faktische Gesellschaft）处理彼此间所发生的权利义务②。

4. 对事实上契约（合同）关系理论的评价

事实上契约（合同）关系理论的提出，对传统民法法律行为理论的功能与价值带来了重大冲击。其以"客观的一定事实过程"取代主观的"法律效果意思"，而创设新的契约（合同）概念。此做法曾一度受到重视和肯定，其后则受批评。但应当看到，尽管事实上契约（合同）关系理论未如莱曼（Lehmann）教授所忧虑的将以

---

① 王泽鉴：《债法原理》，台湾兴丰综合印刷有限公司 2012 年版，第 232 页。
② 王泽鉴：《债法原理》，台湾兴丰综合印刷有限公司 2012 年版，第 232 - 233 页。

原子弹的威力爆破传统的契约（合同）概念，但在许多方面它使现代和当代民法法律行为的理论更充实、更丰富，更能做合理①、客观的解释，由此以适应社会的发展需要②。③

二、涉他合同

（一）为第三人利益的合同（向第三人履行的合同）

1. 为第三人利益合同的含义

为第三人利益合同，又称"为第三人的合同"或"利他合同"，是指将合同所生的权利直接归属于第三人（合同当事人以外的人），是作为对合同的相对性效力原则之例外而认可的制度。我国《合同法》第64条规定了此制度。例如，甲以自己为被保险人而与人身保险公司乙订立人身保险合同，而让自己的妻子丙为保险金受取人，即属之。又如，甲去乙邮局汇款，约定由第三人丙收取该汇款，也属之。作为典型的第三人利益合同的人身保险合同中的被保险人、保险公司及受益人的法律关系可图示如下：

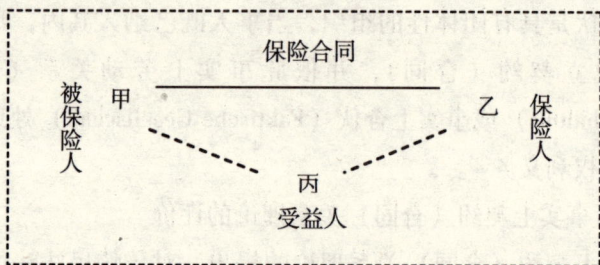

上述第三人利益合同的最大特色在于，第三人丙并非合同的当

---

① Larenz, AT. 7. Aufl. 1989, Vorwort；转引自王泽鉴：《债法原理》，台湾兴丰综合印刷有限公司2012年版，第234页。

② Lehmann, Faktische Schuldverhältnis, Jherings Jb. 90, 131；王泽鉴：《债法原理》，台湾兴丰综合印刷有限公司2012年版，第234页。

③ 王泽鉴：《债法原理》，台湾兴丰综合印刷有限公司2012年版，第234页。

事人，但其取得直接请求债务人（乙）为给付的权利。也就是说，第三人丙从当事人甲、乙订立的合同中直接受利益。① 再如，甲从乙处购买动产 A，同时打算将该动产赠与丙，甲从乙处受该动产的交付，可考虑采取甲、丙间订立赠与合同而予以履行的方法。不过在此场合，甲、乙间的合同应直接使第三人丙对乙有请求给付的权利。这样的情形，也属于第三人利益合同。其中，甲为要约人，乙为诺约人，第三人丙为受益人。此外，实务中为清偿债务也常常利用该制度。例如，甲将商品出卖给乙，此买卖中买卖价款的支付并不是向卖主甲为之，而是向其指示的第三人丙（该人可能是甲的债权人抑或甲自其处受有融资等）为之，该第三人丙取得价款债权。此三者间的法律关系，可图示如下：②

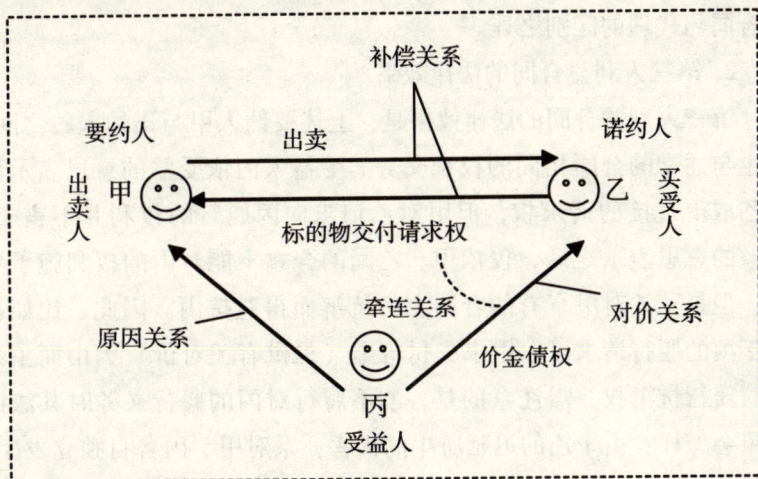

在上述场合中，甲、乙之间是补偿关系，甲、丙间是对价关系（也称"原因关系"），丙与乙间是给付请求权。因第三人利益合同旨在使第三人直接取得权利，所以在上述第 1 例动产 A 的买卖和赠与中，乙的履行地应是丙的住所地（自宅）。第三人利益合同的法律

---

① ［日］内田贵：《民法Ⅱ债权各论》，东京大学出版会 2011 年版，第 79 页。
② ［日］平野裕之：《民法Ⅴ契约法》，新世社 2011 年版，第 32 页。

构造可图示如下：①

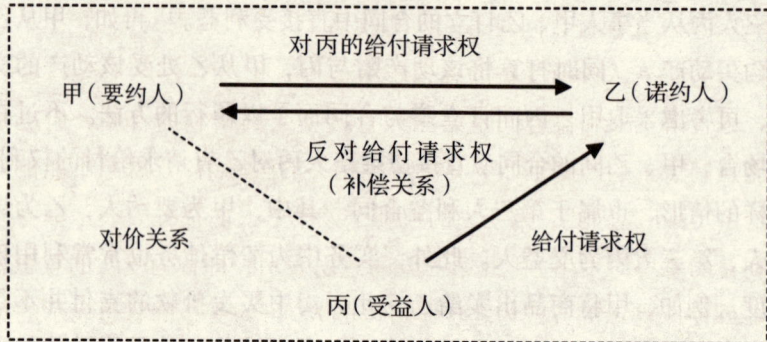

须指出的是，如前述，第三人利益合同（契约）仅限于第三人取得权利，而合同的所有法律效果对其并不及之。此点为第三人利益合同与代理的区别之处。②

2. 第三人利益合同的法律效果

第三人利益合同的法律效果是：上述要约人甲与诺约人乙之间，发生与通常的合同相同的权利义务。受益人丙依受益的意思表示而对乙取得直接的请求权，但甲对乙请求向丙履行的权利并不丧失。受益的意思表示之后，仅依甲、乙间的合意不能对丙的权利施予变更。但是，乙对甲享有的合同上的抗辩而得对抗丙。因此，比如乙对于丙的履行请求可以甲未支付价金（提供有关对价）为由而主张同时履行抗辩权。需注意的是，乙不履行对丙的履行义务时其法律效果会怎样？由于乙的迟延所生的损害，系对甲、丙各自独立发生，所以甲、丙享有固有的损害赔偿请求权；关于合同的解除，因其旨趣在于避免自己为对待给付，所以不应认为丙有解除权。③ 换言之，第三人丙因非合同的当事人，所以其无撤销或解除合同的权利（即

---

① ［日］藤冈康宏、矶村保、浦川道太郎、松本恒雄：《民法Ⅳ债权各论》（第3版补订），有斐阁2011年版，第37页。

② ［日］后藤卷则：《契约法讲义》，弘文堂2013年版，第99页。

③ ［日］藤冈康宏、矶村保、浦川道太郎、松本恒雄：《民法Ⅳ债权各论》（第3版补订），有斐阁2011年版，第38页。

无合同的撤销权和解除权)。①

3. 第三人利益合同对第三人的效果

(1) 第三人须有受益的意思表示

尽管第三人利益合同是第三人直接享受其权利的合同，但也是不能强制给予的。此正如罗马法与此相关的法谚谓："恩惠不能被强制给予。"正是因此，第三人的权利于该第三人向债务人表示享受合同利益的意思时发生。② 此第三人的意思表示，即称为受益的意思表示（即使以默示的方式为之也是可以的）。可为受益的意思表示的第三人的地位，是一种形成权。概言之，第三人利益合同是对第三人的一次性的效果：第三人为受益的意思表示而使权利归属于自己的形成权。第三人为受益的意思表示前（例如买卖合同中将商品给与第三人的合意的情形），对应于第三人的出卖人的标的物交付义务还不能成立。之后，若第三人拒绝为受益的意思表示，合同即不得不丧失其效力。③

(2) 第三人为受益的意思表示后合同当事人不得使第三人的权利变更、消灭

依受益的意思表示第三人取得权利的内容由合同当事人所约定的合同的内容决定；依受益的意思表示第三人的权利发生后，合同当事人不得变更合同的内容、不得使合同消灭。④ 由于第三人若为意思表示，则第三人即取得合同指向的权利，所以基于私法自治原则，合同当事人是当然不能随意变更或消灭合同的内容的。当然，立基于反对解释，第三人在为受益的意思表示前，当事人变更或消灭指向的权利则是可以的。⑤

另外，法律行为的对方的善意、恶意及有无过失等，只就要约

---

① 〔日〕后藤卷则：《契约法讲义》，弘文堂2013年版，第99页。
② 参见《日本民法》第537条第2项。
③ 〔日〕平野裕之：《民法V契约法》，新世社2011年版，第32-33页。
④ 参见《日本民法》第538条。
⑤ 〔日〕平野裕之：《民法V契约法》，新世社2011年版，第33页。

人而发生；意思的不存在、欺诈、强迫之有无，只就要约人与诺约人而发生。最后，虚伪表示、欺诈等中的第三人（如《日本民法》第 94 条第 2 项、第 96 条第 3 项），是以已经存在的法律关系为前提而加入到新的法律关系中的人。与此不同，第三人利益合同中的第三人，则是取得由合同所生的权利、为受益的意思表示而取得该权利的人。因此，为第三人利益合同中的第三人与虚伪表示、欺诈等中的第三人并不相同。①

4. 第三人利益合同中当事人的法律地位

（1）要约人的地位

要约人对诺约人有请求其应向第三人履行债务的权利。第三人为受益意思表示后，诺约人不履行债务时，第三人对诺约人可请求损害赔偿。唯有疑问的是，第三人的此损害赔偿是否与要约人之请求诺约人的损害赔偿并行？因诺约人对第三人负有履行的义务，所以原则上看，一般不会发生此项义务的不履行问题。但是，诺约人对要约人负有向第三人履行的义务，对第三人履行这一点对要约人具有特别的利益，因此对于要约人，于发生了损害时，其也可就该损害请求赔偿。②

另外，要约人作为合同的当事人，可行使合同的撤销权、解除权。第三人为受益的意思表示后，虽不能变更、消灭第三人的权利，但此系指合同当事人不能以双方的合意任意变更、消灭第三人的权利。因此，要约人在第三人为受益的意思表示后，也可以诺约人实施欺诈、胁迫为由而撤销合同。最后，要约人也可以诺约人的债务不履行为由而解除合同。③

（2）诺约人的地位

诺约人对于其与要约人的合同所生的债务，负有对第三人履行的义务。作为受益人的第三人的权利，是基于要约人与诺约人的合

---

① ［日］后藤卷则：《契约法讲义》，弘文堂 2013 年版，第 99 - 100 页。
② ［日］后藤卷则：《契约法讲义》，弘文堂 2013 年版，第 100 页。
③ ［日］后藤卷则：《契约法讲义》，弘文堂 2013 年版，第 100 页。

同而产生的。因此，如前述，诺约人基于与要约人的合同而可向第三人主张抗辩。此所谓抗辩，其不仅指同时履行的抗辩权，而且对于合同的无效、撤销，基于因要约人的债务不履行、担保责任的解除等，也可否认第三人的权利存在，甚至主张妨碍或影响第三人之行使权利的一切事实。①

（二）第三人负担合同（由第三人履行的合同）

第三人负担合同，又称"由第三人履行的合同"，抑或"担保第三人履行的合同"，指以担保第三人的履行为合同标的的合同，其目的在于确保他人的履行；债务人负担的义务是，在第三人没有按债务人与债权人合意的方式行为时，由债务人负赔偿责任。例如，甲与乙约定：由乙负责使丙为甲篆刻两枚印章。此时甲为债权人，乙为债务人，丙为第三人。②

我国《合同法》第65条规定："当事人约定由第三人向债权人履行债务的，第三人不履行债务或者履行债务不符合约定，债务人应当向债权人承担违约责任。"据此规定，第三人负担合同具有下列特性：③（1）合同在债权人与债务人之间订立；（2）合同的目的是确保他人（第三人）的履行；（3）债务人的债务是独立的主债务，而非像保证人的债务具有附从性；（4）由第三人履行的合同是双方法律行为，但通常仅一方（即债务人）负有义务。

此外，依我国《合同法》的规定，第三人负担合同的效力如下：④（1）第三人履行的合同只能在当事人之间有其效力，第三人并非合同的当事人，因此其不因之而直接负担义务。在上例中，甲与乙之间只能约定由乙使第三人丙向甲履行，而不能约定直接由丙负担履行的义务。（2）第三人履行与否纯属自由，若不履行，则不问其理由如何，债务人须向债权人承担违约责任。（3）债务人的违

① ［日］后藤卷则：《契约法讲义》，弘文堂2013年版，第100－101页。
② 韩世远：《合同法总论》，法律出版社2008年版，第241页。
③ 韩世远：《合同法总论》，法律出版社2008年版，第242页。
④ 韩世远：《合同法总论》，法律出版社2008年版，第243页。

约责任原则上为损害赔偿责任,所赔偿者为债权人的履行利益。(4) 在由第三人履行合同的情形,债务人向债权人承担了违约责任后,其对于第三人是否有补偿请求权,取决于二者间的具体关系,一般不成立追偿关系。

第二章　合同的效力

第一节　概说

如前述，合同是引起债权债务发生的一种原因。合同一方当事人之可向另一方当事人请求为一定行为（作为或不作为）的权利，称为债权。合同作为一种法律行为，其须具备法律行为的一般的生效要件，即合同内容的确定性、合同内容的实现可能性、合同内容的适法性以及合同内容的妥当性（不违反公序良俗等）。满足这些要件的合同即产生法律上的效力，即合同效力。

对于合同的效力而言，其最基本的问题是：当债务人不履行债务时，债权人可以做什么？在比较法上，对此通常规定了三种救济手段或方法：（1）使用（利用）国家权力强制实现债务的内容，称为现实的履行的强制；（2）因对方不履行债务的行为遭受损害时，遭受损害的一方可请求损害赔偿；（3）合同关系中的债权人于债务人不履行债务时，可解除合同。①

------

① ［日］内田贵：《民法Ⅱ债权各论》，东京大学出版会2011年版，第46页。

第二节 双务合同上债务履行过程中的牵连性

一、双务合同中债务的牵连性

(一) 双务合同中债务的三种牵连性

双务合同，是指合同双方当事人均负有义务的合同。例如，房屋买卖中，出卖人负有交付房屋及移转登记的债务，买受人则负有支付房款（价款）的债务。此种于双方当事人之间产生的具有对价意义的债务的合同，即为双务合同。在此例中，出卖人与买受人的债务因具有对价的关系，所以于此两个债务间发生特别的关系。试将出卖人的债务以 a 表示，买受人的债务以 b 表示，则 a 与 b 即存在双务合同上的债务的特殊关系（参见下图①）。此种关系称为牵连关系或牵连性，包括债务成立的牵连性、债务履行的牵连性以及债务存续的牵连性。②

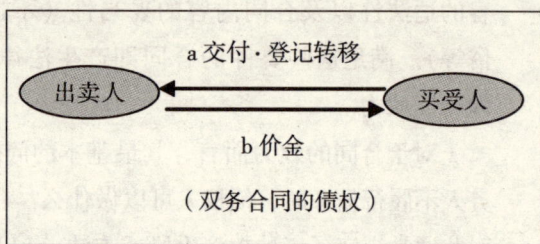

a 交付·登记转移

出卖人 买受人

b 价金

（双务合同的债权）

(二) 成立上的牵连性

1. 原始不能（自始不能）与合同的效力

原始不能，又称自始不能，指在合同成立时就存在的不能履行

---

① ［日］内田贵：《民法 II 债权各论》，东京大学出版会 2011 年版，第 47 页。
② ［日］内田贵：《民法 II 债权各论》，东京大学出版会 2011 年版，第 47 页。

（不能给付）的情况。① 例如，当事人虽然订立了买卖某名画的合同，但作为买卖标的物的该名画实际上于合同订立的前日于保管的画室中被烧灭（即因火灾而灭失）。此种情形，出卖人的债务（名画的交付）于买卖名画的合同成立之时即已不可能实现。这样的情形，即为原始不能。②

在比较法上，《德国民法典》旧第306条曾规定："以不能的给付为内容的契约为无效。"但是，这样的规定在德国受到批判。新近以来，国际性的契约规则多认为给付的原始不能不应导致合同无效。例如CISG、UNIDROIT国际契约（合同）原则及欧洲契约法原则等就持这样的立场。在这种背景下，德国2002年施行的新债法第311a条明确规定：原始不能不能使契约无效。在东方的日本，因受德国法学的影响，所以也认为，原始不能的债务应是无效的，也就是说在原始不能的情形，债务人免负履行义务。但值得注意的是，日本民法的一些解释论却认为，以原始不能为内容的契约，并不应当当然解释为无效。而当然同时，日本民法学者又认为，应从立法上制定支持这一解释论的明确、具体规则。③

我国今日的民法学说关于自始不能的立场，系属于德国旧民法的立场。我国今日的通说认为，自始不能的效力是合同之债不成立，有过错者负缔约过错的赔偿责任。④ 按照我国对自始不能的合同之债的认识，自始不能的情形，出卖人免负债务，而买受人的债务（价款的支付债务）又会怎样？当然，在像买卖合同这样的双务合同中，出卖人与买受人的债务是一种对价关系，由此一方的债务若原始不能，则他方也是同样如此。其法律后果也就是合同本身为无效，

---

① 陈华彬：《债法总论》，中国法制出版社2012年版，第136页。
② ［日］内田贵：《民法Ⅱ债权各论》，东京大学出版会2011年版，第47页。
③ ［日］内田贵：《民法Ⅱ债权各论》，东京大学出版会2011年版，第47、48页。
④ 梁慧星：《民法总论》，法律出版社2011年版，第171页；刘心稳：《债权法总论》，中国政法大学出版社2009年版，第156页；王家福主编：《中国民法学·民法债权》，法律出版社1991年版，第325页；陈华彬：《债法总论》，中国法制出版社2012年版，第136－137页。

而这正是合同成立上的牵连性。① 换言之，所谓合同成立上的牵连性，即指双务合同中，一方的债务不成立（或无效）时，他方的债务也不成立（或无效）。② 例如在房屋的买卖合同中，若缔结合同时房屋就已烧毁，则出卖人的交付房屋的债务不成立（原始不能），而同时他方当事人（买受人）的支付房屋买卖价款的债务也不成立。③

如前述，今日多数国际契约法规则及德国新债法已对以自始不能为内容的契约的效力采有效立场，由此，我国将来的民法立法与学说走向似乎也应做相应更张，即采与国际契约法规则及多数主要国家相同的立场和做法（如德国 2002 年施行的新债法及日本今日多数民法学者的认识）。

（三）履行上的牵连性

在双务合同中，合同当事人双方的债务若被同时履行则对双方当事人而言皆为公平。因此，一方的债务在未被履行时，另一方的债务也可以不被履行。这就是合同履行上的牵连性。对此种牵连性，《合同法》与之相适应而规定了同时履行抗辩权、先履行抗辩权、不安抗辩权。关于这些抗辩权的具体法律构成，后文将会述及。

（四）存续上的牵连性

双务合同成立、双方的债务履行前，若一方的债务因不可归责于债务人的事由而履行不能的，则该债务消灭；而与此同时，另一方的债务也消灭。此即合同存续上的牵连性。在比较法上，合同存续上的牵连性可能会发生危险负担的问题。④

---

① ［日］内田贵：《民法Ⅱ债权各论》，东京大学出版会 2011 年版，第 48 页。

② ［日］西村峯裕、久保宏之：《民法 4 债权各论》，中央经济社 2012 年版，第 22 页。

③ ［日］后藤卷则：《契约法讲义》，弘文堂 2013 年版，第 158 页。

④ 参见《日本民法》第 536 条第 1 项。

二、双务合同履行上的牵连性——双务合同履行中的抗辩权

(一) 同时履行抗辩权

1. 基本概要

同时履行抗辩权是一项由来已久的古老制度，法谚谓"汝与，则吾与"，正是关于它的生动说明。而且，这一法谚也同时用来证成担保物权中留置权的正当性及成立基础。

在双务合同中，当事人双方的债务存在对价关系，因此仅一方履行是不公平的。由此，除存在一方应先履行的约束的情形外，履行期即使到来，当事人的一方在对方提供其债务的履行前，可拒绝自己的债务的履行。例如，甲将自己所有的房屋出卖给乙，买受人乙对于出卖人甲若不为移转登记且交付房屋的话，可以不支付房屋的买卖价款。买受人乙的此履行拒绝权是以对对方存在请求权为前提的，具有阻止对方行使其请求权的抗辩权的性质，故称为同时履行抗辩权。[1] 此制度以实现双务合同当事人之间的公平为目的，具有防范不必要的纷争于未然的旨趣。同时，拒绝自己债务的履行，也可谓是担保对方的债务的履行。因此从此视角看，同时履行抗辩权与留置权相类似。[2]

尤其值得指出的是，在今日民法体系中，同时履行抗辩权与作为担保物权之一种的留置权实质上具有相同的功能。例如，甲将自己所有的闹钟让乙修理，在甲不支付修理费前其若向乙要求返还已被修理好的闹钟，则乙即可依《物权法》关于留置权的规定而行使对闹钟的留置权，拒绝返还该闹钟。与此同时，修理闹钟的修理合同，是一种具有承揽合同性质的双务合同，所以乙在甲支付修理费

---

[1] ［日］后藤卷则：《契约法讲义》，弘文堂 2013 年版，第 159 页。
[2] ［日］内田贵：《民法Ⅱ债权各论》，东京大学出版会 2011 年版，第 49 页。

之前保有拒绝返还闹钟的同时履行抗辩权。须注意的是，今日比较法上的判例与通说认为，当同时履行抗辩权与留置权的要件均满足时，无论行使何者均无不可。即既可行使同时履行抗辩权，也可行使留置权。①

2. 同时履行抗辩权的成立要件

同时履行抗辩权的成立要件是：（1）由一个双务合同产生了相对立的债务；（2）对方的债务已届履行期；（3）对方不履行自己债务的情况下而请求履行。逐一分述如下：

（1）双务合同的当事人之间存在相对立的债务

首先，须由一个双务合同产生相对立的债务，才能发生同时履行抗辩权。在比较法上，就不动产的买卖合同而言，出卖人的移转登记的协力义务与买受人的买卖标的物的价款支付义务，是处于同时履行的关系。② 具体言之，在房屋买卖的场合，作为标的物的房屋的交付对于买受人而言具有重要意义，因此房屋的交付当然是与买受人的价款支付处于同时履行的关系；买卖建筑物的场合，出卖人的移转登记债务、交付债务与买受人的价款支付债务，比较法上的判例认为是处于同时履行关系。③ 但是，学说认为，如果否定押金与房屋的返还之间的同时履行关系，则可能会造成出租人不返还押金的情况发生，由此在今日日本学说上，很多人对此持肯定说。

双务合同是像房屋租赁合同那样的继续性（连续性）合同的情形，出租人除有让承租人利用（使用）其房屋的债务外，也有对房屋的修缮义务及于租赁关系终了时返还押金的义务。而承租人则除了有支付租金的债务外，于租赁合同终了后也有交还房屋的义务。这些复数的各个债务中哪一个和哪一个处于同时履行的关系，往往会成为问题。

---

① ［日］后藤卷则：《契约法讲义》，弘文堂2013年版，第159页；［日］内田贵：《民法Ⅱ债权各论》，东京大学出版会2011年版，第50页。

② 日本大判大正7年8月14日民录24–1650。

③ 日本最判昭和34.6.25判时第192号，第16页。

值得注意的是，房屋租赁合同终了时，出租人返还出租房屋的押金与承租人返还承租房屋之间的同时履行关系的问题。在新近比较判例法上，对于房屋租赁合同终了后，于出租人返还所受领的押金之前承租人可否拒绝返还承租房屋这一问题，判例采取了否定立场。其理由谓：押金合同虽然是附随于房屋租赁合同的东西，但它不是房屋租赁合同本身，伴随房屋租赁合同终了的承租人之返还房屋的义务与出租人之返还押金的义务，并不是基于一个双务合同而生的对价性质的债务关系，且此两个债务之间存在明显的价值之差。① 但是，对此问题，学说认为，若否定押金与房屋返还之间的同时履行关系，则可能会出现出租人不返还所受领的押金的情况。正是因此，在今日的日本，其学说上很多人持肯定立场，即认为二者间应存在同时履行关系。②

在送付报纸、提供牛奶的继续性供给合同，若一方在中途不为债务的履行，则另一方就此后自己债务的履行有同时履行抗辩权。换言之，在继续性供给合同的场合，当对方不履行当期的中心性债务（如不支付报纸、牛奶的价款）时，可解释为其可拒绝次期（即此后、其后）的该债务（送付报纸、牛奶）的履行。不过，在暂时寄存货物的有偿保管合同的场合，与报酬支付债务处于对价关系的是保管债务，但处于同时履行关系的，则是返还债务③。另外，当双务合同所生的一方的债务转变为损害赔偿债务时，其与本来的债务的同一性被维持，故其与对方的债务间继续存在同时履行关系。例如承揽合同约定完成的标的物存在瑕疵时，得到的被认可的损害赔偿请求权，与承揽人的报酬债权处于同时履行关系④。⑤

其次，需注意的是，由双务合同所生的一方的债务发生债权让

---

① 日本最判昭和 49.9.2 民集第 28 卷 6 号，第 1152 页。
② ［日］后藤卷则：《契约法讲义》，弘文堂 2013 年版，第 163－164 页。
③ ［日］内田贵：《民法Ⅱ债权各论》，东京大学出版会 2011 年版，第 51 页。
④ ［日］内田贵：《民法Ⅱ债权各论》，东京大学出版会 2011 年版，第 51 页。
⑤ ［日］后藤卷则：《契约法讲义》，弘文堂 2013 年版，第 160 页。

与或债务引受时，同时履行抗辩权并不丧失。例如房屋的出卖人甲将其对买受人乙的价款债权让与（转让）给丙时，丙对乙的价款债权与乙对甲的移转登记债权之间即应认为存在同时履行关系。之所以如此，是因为：经由债权让与、债务引受而债权或债务在并不丧失其同一性下移转，同时履行的抗辩权也伴随之而当然移转。①

（2）对方的债务已届清偿期②

对方的债务须已届履行期。当然，若自己的债务未届履行期，则无满足（答应）对方的履行请求的义务，由此不发生同时履行的抗辩权问题。也就是说，同时履行抗辩权的行使以两个债务均已届清偿期为必要。

值得注意的是如下案例：甲、乙之间的合同约定：甲于5月1日为房屋买卖的登记移转，乙于6月1日支付买卖价款。试问：乙5月1日要求甲为登记移转时，甲可以主张价款支付的同时履行吗？在本案例中，从常识上看，甲是不能行使同时履行抗辩权的。但是，对于乙债务履行期的时间（事实），甲主张同时履行抗辩权时并非必须主张、举证，对于甲提出的要求同时履行的主张，乙应该主张、举证自己的履行期尚未到来。也就是说，对方债务的履行期的到来，并非是同时履行抗辩权的积极要件。

对于上例，再假定：甲将移转登记的时间迟延到6月1日。乙再次请求为移转登记，并主张如果甲不答应（即不为移转登记）的话就解除买卖合同。此时，甲是否可以主张：若乙不同时支付价款，则自己就不为移转登记？对此，基于民法的诚实信用原则，肯定说在今日是有力之说。其认为，对于甲的迟延移转登记，乙可要求其承担损害赔偿责任。而既然履行期到来，则认可甲的同时履行抗辩权是公平的。当然，在一方若不先履行其义务就没有他方的履行的情形，则即使清偿期到来，也无认可同时履行抗辩权的余地。此为

---

① ［日］后藤卷则：《契约法讲义》，弘文堂2013年版，第160页。
② ［日］内田贵：《民法Ⅱ债权各论》，东京大学出版会2011年版，第52页。

当然之事。

（3）对方没有履行自己的债务①

例如买卖合同中，出卖人在没有为自己应为的给付之前就向买受人请求价金的情形，买受人就可以行使同时履行抗辩权。关于同时履行抗辩权之行使的此项要件，须注意下列两种情形：

①对方为债务的一部分履行或为不完全履行的提供

此即债务的履行程度是否影响同时履行抗辩权的成立？换言之，一部分履行或不完全履行的提供，是否同时履行抗辩权即消灭？

对此可概而言之：一方当事人在相对人的履行未达债务履行的程度的情形，可行使同时履行抗辩权，拒绝全部价款的支付；与此不同，相对人的履行达到债务履行的程度，一方当事人拒绝全部履行债务系违反诚实信用原则时，该一方当事人仅可对应于相对人的不履行部分而拒绝一部分的履行。

②相对人拒绝受领的情形

例如出卖人曾为过履行的提供，但因买受人未受领而中止提供，其后不为提供而请求支付价款，此种场合买受人是否可以行使同时履行抗辩权？对此，比较法上的判例认为：因出卖人一度为有效的履行后也就变成不能给付标的物的状态，所以对于买受人应认可其有同时履行抗辩权。② 但是，出卖人以买受人履行迟延为由进行催告而欲解除合同的，既然曾经为过提供，则即便不继续其提供，解除也为有效。③

3. 同时履行抗辩权的效果

同时履行抗辩权的效果是：若有同时履行抗辩权，则拒绝债务的履行也不发生履行迟延的责任。履行迟延，即不在履行期履行。由于履行迟延，一方当事人可以解除合同或请求损害赔偿。因此，从追及债务不履行责任的债权人视角看，作为解除合同或请求损害

---

① 〔日〕后藤卷则：《契约法讲义》，弘文堂 2013 年版，第 161 - 162 页。

② 日本最判昭和 34.5.14 民集第 13 卷第 5 号，第 609 页。

③ 日本大判昭和 3.5.31 民集第 7 卷，第 393 页。

赔偿的前提的，其首先必须是债务人限于履行迟延。①

在对相对人（对象方）的履行请求主张同时履行抗辩权的情形，相对人不能请求基于或依履行迟延的损害赔偿；相对人不为履行的提供，单纯依催告而解除，存在或有同时履行抗辩权时，该解除不发生效力。此外，于相对人有同时履行抗辩权的情形，不能以该抗辩权背后的债权为自动债权，而与自己因别的原因对对象方（另一方当事人）所负的债务相抵销。例如，出卖人甲对买受人乙有10万元的价款债权，因别的其他法律关系，乙对甲有10万元的债权时，甲若以10万元的价款债权抵销，则乙就变成了支付价款，其可行使同时履行抗辩权的机会就被剥夺。②

4. 同时履行抗辩权的行使方法

今日的通说认为，同时履行抗辩权与形成权不同，即它不像形成权那样只有当行使权利时才发生，而是只要符合要件，同时履行抗辩权即当然被认可。详言之，只要双方当事人同时履行的要件充足，一方不履行自己的债务，另一方（相对人、对象方）就不构成履行迟延，从而一方也就不能请求解除合同或要求损害赔偿。此种考量思路，比较法学说上称为"存在效果说"，为今日的通说。与此相对的不同主张则为"行使效果说"，对于此说，也存在支持的学者。③ 但是，对于此两说，比较判例法的态度或立场并不明确。④

上述"存在效果说"与"行使效果说"的差异在于，后者即"行使效果说"重视并强调权利行使的自己决定。但是，因同时履行抗辩权是重视并尊重双务合同履行上的牵连性以实现公平的制度，所以应以"存在效果说"更为可取。⑤

此外，在诉讼上，若被告没有行使同时履行抗辩权，则法院即

① ［日］内田贵：《民法Ⅱ债权各论》，东京大学出版会2011年版，第58页。

② ［日］后藤卷则：《契约法讲义》，弘文堂2013年版，第164页。

③ 日本学者山本敬三在《民法讲义Ⅳ—1 契约》（有斐阁2005年版）第89－92页中对此说的观点作了整理，可以参考。

④ ［日］内田贵：《民法Ⅱ债权各论》，东京大学出版会2011年版，第59页。

⑤ ［日］内田贵：《民法Ⅱ债权各论》，东京大学出版会2011年版，第59页。

应判决被告履行；被告行使同时履行抗辩权的，法院又应如何判决？《德国民法典》第 322 条第 1 款与日本法规定，此时法院应作出"交换给付判决"（日文汉字：引换给付判决）。换言之，被告若有同时履行抗辩权，则法院所作的判决即应是"交换给付判决"①。

（二）不安抗辩权

当事人的一方负有先履行义务的情形，就无同时履行抗辩权的问题了。但是，合同缔结后，后履行义务人的财产状况明显恶化，受反对给付的履行变得有困难时，一方的先履行义务若还要继续存在就不妥当了。因此，当让先履行义务人先履行其债务系违反诚信原则时，先履行义务人在相对人（对象方、对方）提供担保或为履行的提供前，可以拒绝自己的先履行。而这就是不安抗辩权。②

不安抗辩权是与同时履行抗辩权不同的抗辩权。它是由法律明文规定的拒绝履行自己债务的抗辩权。在今日比较法上，《法国民法典》、《德国民法典》（第 321 条）、《瑞士债务法》（第 83 条）、台湾地区"民法"（第 265 条）中均定有此项制度。《美国统一商法典》（UCC 第 2 - 609 条之 1 及 4）、《联合国国际货物销售合同公约》（CISG 第 71 条）也有类似的规定。

在东方的日本，其下级审法院所作出的判例中也大多对不安抗辩权予以肯定。③ 实务中，由于此不安抗辩权具有很强的法律效果，在继续性交易关系中，因往往会根据状况或情形的变化而修改原定的合同条件，由此，不安抗辩权作为促进交涉的手段而发挥其功能的情形是不少的。④

我国原《涉外经济合同法》第 17 条曾设有不安抗辩权的规定。1999 年制定的统一《合同法》在吸纳英美法先期违约（期前违约）制度有益成分的基础上，于第 68、69 条规定了具有我国自己特色的

---

① ［日］内田贵：《民法Ⅱ债权各论》，东京大学出版会 2011 年版，第 58 页。
② ［日］后藤卷则：《契约法讲义》，弘文堂 2013 年版，第 161 页。
③ 例如东京地判平成 2 年 12 月 20 日判时 1389 - 79（15）等，即属之。
④ ［日］内田贵：《民法Ⅱ债权各论》，东京大学出版会 2011 年版，第 53 页。

不安抗辩权制度。其中，第 68 条规定："应当先履行债务的当事人，有确切证据证明对方有下列情形之一的，可以中止履行：（一）经营状况严重恶化；（二）转移财产、抽逃资金，以逃避债务；（三）丧失商业信誉；（四）有丧失或者可能丧失履行债务能力的其他情形。当事人没有确切证据中止履行的，应当承担违约责任。"据此规定，《合同法》关于不安抗辩权的成立要件如下：① （1）双方当事人因同一双务合同而互负债务。（2）后履行方有丧失或者可能丧失履行债务的能力。其情形包括：经济状况严重恶化；转移财产、抽逃资金，以逃避债务；丧失商业信誉等。（3）不安事由危及对方债权的实现。

三、双务合同存续上的牵连性——风险负担②

（一）风险负担的含义、债权人主义与债务人主义

设例：甲将自己所有的房屋以 300 万元出卖给乙并与之缔结了买卖合同，但此房屋却因灭失而导致出卖人不能履行其义务。此种场合，甲、乙之间的法律关系如何？

根据传统的理解，甲、乙之间的法律关系应如下：

（1）合同缔结前若该房屋已经灭失，则该合同无效，甲、乙之间不发生债权、债务关系，此在学理上称为原始不能。但是，若该房屋的灭失有可归责于甲的事由时，甲负有损害赔偿义务（合同缔结上的过失责任）。

（2）合同缔结前因不可归责于甲的事由，房屋的一部分灭失，乙不能受合同上预定的利益的，甲的担保责任就是问题。③

（3）合同缔结后该房屋灭失，而关于该房屋的灭失有可归责于甲的事由时，甲负债务不履行的责任。此种场合，甲交付房屋的债

---

① 韩世远：《合同法总论》，法律出版社 2008 年版，第 268 页以下。
② ［日］后藤卷则：《契约法讲义》，弘文堂 2013 年版，第 164－168 页。
③ 在比较法上，《日本民法》第 565 条即规定"数量不足或物的部分灭失时出卖人的担保责任"；第 566 条规定"有地上权等存在时的出卖人担保责任"。请参阅之。

务消灭，但转变为与之同价值的损害赔偿债务，并作为甲的债务而存续。

（4）合同缔结后买卖的房屋灭失，此灭失无可归责于甲的事由时，又如何？此种情形不发生甲的债务不履行的问题，甲的债务消灭。由此，对应于甲的债务的消灭，乙的价款支付债务是否也消灭？换言之，房屋灭失的损失（危险）由谁来负担的问题就会产生。而这就是风险负担的问题。概言之，所谓风险负担，是指双务合同中存在对价关系的债务的一方（如前例中房屋的交付债务），因不可归责于债务人的事由而履行不能、消灭时，与之对应的其他债务（如前例中支付价款的债务）是否也消灭？此种场合，若使对应的债务消灭（即对应的买受人的价款支付债务消灭），即是债务人主义；相反，若使对应的债务继续存在，则此种风险负担就是债权人主义。

从双务合同中双方债务的存续上的牵连关系看，一方的债务消灭，而他方的债务却继续存在的情况是应极力避免的。因此，在近现代比较契约（合同）法上，乃以债务人主义为原则①，仅在以关于特定物的物权的设定或移转为双务合同的内容的场合，例外采取债权人主义②。

详言之，所谓债权人主义，即以关于特定物的物权的设定或移转为双务合同的内容的场合，该物因不可归责于债务人的事由而灭失或损坏时，其灭失或损坏的风险由债权人负担（《日本民法》第534条第1项）。例如在前举之例中，乙尽管未受房屋的交付，但其对甲仍负有支付300万元的价款的债务。值得注意的是，双务合同风险负担中的债权人主义，迄今已有很长的历史。其源起可以追溯到罗马法，近代时期法国民法确立了此制度，后由法国传入到东方的日本。罗

---

① 参见《日本民法》第536条第1项。
② 参见《日本民法》第534条第1项："以关于特定物物权的设定或移转为双务契约的标的时，如果其特定物因不能归责于债务人的事由而灭失或损坏，其灭失或损坏归债权人负担。"

马法法谚谓"风险归属于买受人"或"买受人买受风险"。①

债务人主义，即以物权的设定或移转为内容的双务合同以外的双务合同，例如租赁合同、雇用合同、承包合同、委托合同、电力、燃气的供给合同等，在因不可归责于双方当事人的事由致使债务不能履行时，适用债务人主义。② 对此，试以下例加以说明：歌手甲与乙单位签订一场演出合同。但在演出当日的早上发生大地震，致使演出会场全坏，交通中断，演出已不可能。试问：乙须基于该演出合同而向甲支付报酬吗？在此例中，甲的演出债务因不可归责于他的事由而履行不能（消灭），与此对应的乙之支付演出报酬的债务也消灭，其结果是：乙无须对甲支付报酬。

（二）关于特定物的附停止条件合同的情形

以关于特定物的物权的设定或移转为内容的附停止条件双务合同，标的物于条件成就与否未确定前灭失的，适用债务人主义。例如，若调动工作就出卖现在居住的房屋的合同，即便此房屋灭失后调动工作，也不能请求价款。附停止条件双务合同的标的物，在因不能归责于债务人的事由而损坏时，其损坏归债权人负担。附停止条件双务合同的标的物，在因可归责于债务人的事由而损坏时，债权人可以在条件成就后，按照自己的选择，请求合同的履行或行使解除权。此时，不妨碍请求损害赔偿。③

（三）因可归责于债权人的事由的履行不能

因可归责于债权人的事由致不能履行时，债务人并不丧失接受对待给付的权利。此时，如果有因免除自己的债务而获得的利益，须将其利益偿还于债权人。④ 例如，因可归责于定作人的事由，致

---

① ［日］内田贵：《民法Ⅱ债权各论》，东京大学出版会2011年版，第66页。
② 参见《日本民法》第536条第1项："……因不可归责于当事人双方的事由致使债务不能履行时，债务人不享有接受对待给付的权利。"
③ 《日本民法》第535条。
④ 《日本民法》第536条第2项。

使承揽人之完成工作的义务的履行不可能时，承揽人有报酬请求权。①

四、情事变更原则

（一）基本概要②

合同法的基本原则是"合同必须严守"（pacta sunt servanda）。但是，合同缔结时的情况之后发生大的变化，以致按当初合同约定的内容履行合同将有违公平原则的情形也是有的。此种情况历史上最突出的就是第一次世界大战之后的德国。由于当时空前的通货膨胀，实务中要求修改契约的价格的诉讼频发。于是，德国当时的法院乃积极地以诚信原则为根据而介入合同当事人双方所订立的合同的内容，即认可当事人之要求修改合同的价格的请求。此时所适用的法律上的根据，就是著名的"法律行为基础之丧失"的法理，即今日所称的"情事变更原则"。在英美法系，也存在关于情事变更原则的相似的法理。不过，须注意的是，法国法对此是持否定态度的。东方的日本在这一点上未继受法国法立场，在二战中的统制立法中即认可情事变更法理。1944年，日本大审院开始依此法理而认可发生情事变更后可以解除原合同。③

所谓"情事变更"，是指履行并非不能，但若按原合同的内容而履行将有违公平，此时当事人的一方即可要求解除或变更原合同的规定。情事变更包括三种典型情形：

（1）目的不达。例如在英国发生过这样的事例：为观看国王的加冕典礼而以很高的租金租赁了眺望（观看）角度、眺望视野非常好的房屋，但之后由于国王生病，加冕典礼不得已而中止。

---

① 　［日］后藤卷则：《契约法讲义》，弘文堂2013年版，第168页。
② 　［日］内田贵：《民法Ⅱ债权各论》，东京大学出版会2011年版，第75－76页。
③ 　日本大判昭和19年12月6日民集23－613。

（2）经济不能。例如在建设承包合同中，由于战争爆发，导致与石油相关的资材价格急剧上涨，以最初（当初）约定的报酬价额实施建设在经济上已不可能。

（3）等价关系的破坏。例如，由于战争引起的通货膨胀，作为合同买卖标的物的土地的价格猛涨，若仍按原合同约定的价格履行即明显丧失公平。此时合同当事人的一方即可主张变更或解除原合同。当然，需注意的是，此种情形与第（2）的情形之间的区别有时是微小的。

值得指出的是，情事变更原则未必与关于合同的拘束力的基础——意思主义相抵触。若发生了当事人缔结合同时不能预见到的情况的变化，则还是原原本本地履行原来的合同，就是违反当事人的意思的。因此，基于应当合理解释合同的原则，当事人的一方在原合同缔结时的法律行为基础已经丧失之后而主张变更或解除原合同，就应予以支持，且也具有正当性。

（二）情事变更原则的构成要件与法律效果①

情事变更原则的构成要件如下：（1）发生了不能预见的情事的变更；（2）所发生的情事变更系因不可归责于当事人的事由；（3）强制按照合同的原来规定履行合同违反诚信原则。值得指出的是，在日本，情事变更原则虽获肯定和认可，但对于它的适用却是十分严格的。在今日的日本，肯定适用情事变更原则的判例仅限于下级审法院作出的判例，而日本最高法院关于肯定适用情事变更原则的判例迄今尚无。

适用情事变更原则的法律效果有二：解除原合同或变更原合同。在日本的下级审法院作出的判例中，肯定这两种法律效果的判例均不少。但是在日本，就其上级法院的判决看，关于解除，在大审院时代即已获肯定，但日本的最高法院迄今仍无予以认可的先例；关于变更合同，日本过去的大审院与之后至今的最高法院均无予以认

---

① ［日］内田贵：《民法Ⅱ债权各论》，东京大学出版会2011年版，第76－77页。

可的先例。

（三）解除与变更的关系以及所谓"继续性法理"①

解除与变更合同这样两项法律效果应当如何予以把握？首先，若因情事变更，原先的合同之履行还未完全丧失其意义时，就应考虑变更合同这一法律效果，而非解除合同。若还有一定的履行原合同的意义时，当事人就应努力对原合同进行变更、改定，为此当事人双方需要进行"再交涉"。实务中，基于鼓励交易的原则，法院也应尽可能采取变更合同的做法，尽力维持原来的合同关系。只在继续维持原来的合同关系有困难时，方可采取并做出解除原来的合同的做法。

上述思路和考量的背后，其实应当评价为：在情事变更的场合，还是希望原来的合同关系继续存在、继续维持，即所谓鼓励交易，而不是解除原来的合同。此种思路和考量在今日合同法上被称为合同法上的"继续性法理"。依传统的契约（合同）法理论，对于债务不履行的法律上的应对即是现实履行的强制之解除，之后以损害赔偿调整双方当事人的利害。而合同关系应继续存在，其所强调和反映的是，比如在房屋租赁、劳动合同等所谓社会法的考量（即保护社会弱者）应渗入的领域。但是，这样的情况实际上在现实的合同实务中会使合同关系之继续维持所具有的价值或意义被人们忽略。而且，不限于情事变更原则，在今日的很多法院作出的判例中，基于鼓励交易而维持合同关系之继续存在，是很普遍、常见的。当然在实务中，一方当事人要求解除原合同，而另一方当事人却要求履行原来的合同内容，于此情形下，法院是否就能积极地进行原合同的变更以维持原来的合同，还是有疑问的。对于实务中的这样复杂的问题，应予审慎看待和应对。

---

① ［日］内田贵：《民法Ⅱ债权各论》，东京大学出版会 2011 年版，第 77 – 78 页。

第三章　合同的终了

第一节　合同终了的诸形态

有效成立的合同经过哪些阶段后就会终了？首先，仅以一次履行为目的（内容）的单发性合同，例如实务中的房屋买卖即是其典型。此类合同，于履行（清偿）完了时即终了。其次，合同有存续期间，于该存续期间继续履行的合同。此类合同，若规定了期间的，合同因期间的届满而终了。若继续性合同未规定期间的，法律上通常赋予当事人依一方（单方）的意思表示而使合同终了的权利。这称为"解约申请"①。②

除以上所述外，作为合同的一般的终了原因，是基于合同的解除而终了。解除是一方（单方）的意思表示（单独行为），为这样的意思表示的权利，称为解除权。而此解除权又包括当事人以合意于合同中

---

① 例如《日本民法》第 617 条第 1 句即规定"对未定期间的租赁的解约申请"："当事人未定租赁期间时，各当事人可以随时提出解约"；第 627 条第 1 项第 1 句规定"对未定期间雇用的解约申请"："当事人未定雇用期间的，各当事人可以随时提出解约"。

② ［日］内田贵：《民法Ⅱ债权各论》，东京大学出版会 2011 年版，第 82 页。

规定的约定解除权，以及由法律赋予的法定解除权。需注意的是，继续性合同的解除，没有溯及性效力，此为其特殊之处。另外，当事人以合意为合同的解除的，称为合意解除，其属于合同的一般的终了原因。其合意本身是一个合同，因此与约定解除权的合意不同。试将以上所述，表解如下即是：①

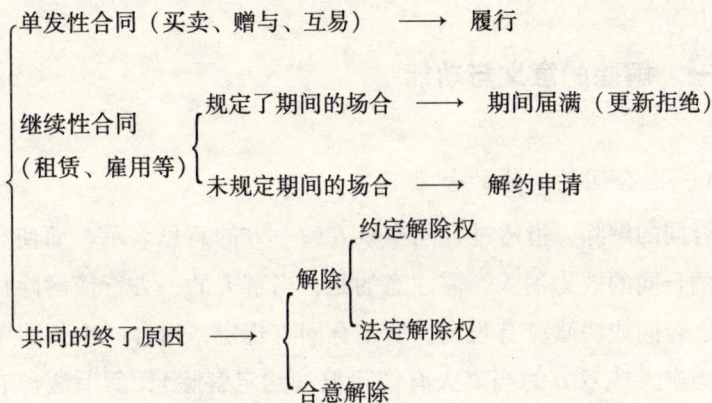

单发性合同（买卖、赠与、互易）　——→　履行

继续性合同
（租赁、雇用等）
- 规定了期间的场合　——→　期间届满（更新拒绝）
- 未规定期间的场合　——→　解约申请

共同的终了原因　——→
- 解除
  - 约定解除权
  - 法定解除权
- 合意解除

此外，今日比较法上也存在对某些个别的具体的合同类型规定其特别的终止原因的。例如《日本民法》第 653 条关于委托终止的事由就规定："委托因下列事由终止：一、委托人或受托人死亡；二、委托人或受托人受到破产程序开始的决定；三、受托人受到监护开始的裁定。"

第二节　合同因履行而终了

有效成立的合同，可因债务人的履行（清偿）而终了。此种场合，属于因正常的经过而实现债权，也就是说，它属于合同按双方当事人的预定而终了的情形。

---

① ［日］内田贵：《民法Ⅱ债权各论》，东京大学出版会 2011 年版，第 83 页。

第三节　合同的解除

合同的解除，是合同的一般的终了原因，它属于合同未能像当事人所期待的那样得到履行而终了的情形。

一、解除的意义与功能

（一）合同的解除的含义

合同的解除，指透过合同当事人的一方的意思表示，而使有效成立的合同的效力消灭。需注意的是，当事人的一方行使解除权的情形，合同或法律应有规定。所谓合同有规定，指合同中保留了一方的当事人或双方的当事人有解除权（约定解除）；所谓法律有规定，指由法律规定的解除权（法定解除）。[①]

（二）受领迟延与解除和情事变更原则与解除

实务中，除由于债务人之不履行债务而发生合同的解除外，因债权人未能受领债务人提供的履行，即由于债权人的受领迟延，是否也可解除合同？对此，比较判例法与以往的通说认为，虽然债权人有受领给付的权利，但并无受领给付的义务，由此否定因受领迟延的合同解除。[②] 唯晚近的有力说认为，即便债权人其也有受领义务，因此发生受领迟延时，应认可解除合同。[③]

此外，今日的判例与通说认为，作为合同的成立或存在前提的基础或情事于合同缔结后发生明显或显著的变化时，若继续维持或强制实现原合同的内容有违诚信原则时，应认可基于情事变更原则

---

① ［日］后藤卷则：《契约法讲义》，弘文堂 2013 年版，第 236 - 237 页。
② 参见日本最判昭和 40.12.3 民集第 19 卷 9 号，第 2090 页。
③ ［日］后藤卷则：《契约法讲义》，弘文堂 2013 年版，第 237 页。

的合同解除。①

（三）基于定金的解除

《日本民法》第 557 条第 1 项规定："买受人已向出卖人交付定金时，在当事人一方着手履行契约之前，买受人可以以放弃定金，出卖人可以以加倍偿还定金而解除契约。"

二、法定解除的要件

（一）法定解除的含义

当解除权由法律规定而发生时，称为法定解除。它包括各种合同特有的法定解除，与基于债务不履行而发生的共通的法定解除。以下讨论后者。

1. 因债务不履行而解除合同的要件

以债务不履行为理由的解除，包括当事人之一方不履行其债务时与全部履行不能或一部履行不能时的合同解除两种情形。在比较民法如《日本民法》中，其第 541 条规定基于一般的债务不履行的合同解除，第 543 条规定基于因可归责于债务人的事由的履行不能的合同解除。又依日本法，所谓债务不履行，分为履行迟延、履行不能及不完全履行，由此关于解除也就相应地分为因履行迟延的合同解除、因履行不能的合同解除以及因不完全履行的合同解除。

（1）因履行迟延的合同解除

因履行迟延的合同解除的要件是：①当事人的一方不履行其债务；②规定相当的期间而催告其履行债务；③在该规定的相当期间内未履行债务。

（2）因履行不能的合同解除

合同的履行若变成全部或一部不能，并由此有可归责于债务人

---

① ［日］后藤卷则：《契约法讲义》，弘文堂 2013 年版，第 237 页。

的事由时，应发生因履行不能的合同解除。在履行不能的情形，因即便进行催告已无意义，所以催告是不需要的。在没有可归责于债务人的归责事由时，就是风险负担的问题。在履行期到来前发生履行不能时，无须履行期的到来，可不进行催告而解除合同。履行迟延中发生履行不能时，在发生履行不能的时点，可无须进行催告而解除合同。①

（3）因不完全履行而解除合同

所谓不完全履行，如所购买的书有缺页时，书店方面尽管大致实施了履行，但它属于不完全的履行。因不完全履行而解除合同的要件，依追完是否可能而不同。追完若可能，即债务人可重新为完全的给付而使合同的目的达到时，应准用履行迟延的情形而解除合同；与此不同，若追完不能时，因已经不能为完全的履行，所以应准用履行不能的情形，不经催告而解除合同。②

（4）因违反附随义务的合同解除

违反合同的主要的中心的债务（如在买卖合同，为出卖人之交付标的物的债务，买受人之支付价金的债务）以外的附随义务时，构成不完全履行。因违反附随义务而解除合同虽然一般不被支持，但是由于附随义务的违反使订立合同的目的不能达到时，即应认可解除合同。例如，在土地买卖的合同中，出卖人特别约定在价款支付完毕前买受人不得在该土地上修建建筑物，该特别约定旨在确保出卖人的价金债权能得以完全实现，因此若买受人违反该特别约定的，出卖人可以该特别约定的不履行为由而解除整个买卖土地的合同③。④

（二）解除权行使的方法

1. 解除权行使的方法

---

① ［日］后藤卷则：《契约法讲义》，弘文堂 2013 年版，第 240 页。
② ［日］后藤卷则：《契约法讲义》，弘文堂 2013 年版，第 240 页。
③ 日本最判昭和 43.2.23 民集第 22 卷第 2 号，第 281 页。
④ ［日］后藤卷则：《契约法讲义》，弘文堂 2013 年版，第 240 – 241 页。

在比较法上，《日本民法》第 540 条（解除权的行使）第 1 项规定："依契约或法律的规定，当事人一方享有解除权时，其解除权通过对相对人的意思表示行使。"该解除的意思表示一旦到达对方，依此意思表示即生解除的效果，亦即，解除权是形成权。[①]

2. 解除的意思表示的撤回

一旦作出解除的意思表示，即不得撤回（《日本民法》第 540 条第 2 项）。因为，如果认可可以撤回，则会使对方的地位混乱，导致法律关系的复杂化。[②]

3. 解除权的不可分性

合同当事人的一方有数人时，合同的解除权只能由其全体或对其全体行使（《日本民法》第 544 条第 1 项）。此种场合，若解除权就当事人中的一人消灭，则对于其他人也同样消灭（《日本民法》第 544 条第 2 项）。例如甲、乙、丙共同购买房屋的情形，出卖人仅对甲为解除合同的意思表示的，不生解除合同的效果。另外，若甲解除权消灭，则关于甲、乙、丙全体解除权消灭。此等情形，学理上称为解除权的不可分性。如果并非这样，则法律关系将变得复杂。[③]

（三）法定解除的效果

1. 原状恢复义务

（1）直接效果说[④]

《日本民法》第 545 条第 1 项规定："当事人的一方行使解除权后，各当事人负有让其相对人回复原状的义务。但不能损害第三人的权利。"据此规定，判例、通说认为，解除的效果是恢复到合同不存在那样的状态，即使合同溯及性地消灭。学理上称为"直接效果说"。据此，由于合同的溯及性消灭，未履行的债务消灭，其履行义

---

① ［日］后藤卷则：《契约法讲义》，弘文堂 2013 年版，第 240－241 页。
② ［日］后藤卷则：《契约法讲义》，弘文堂 2013 年版，第 241 页。
③ ［日］后藤卷则：《契约法讲义》，弘文堂 2013 年版，第 241 页。
④ ［日］后藤卷则：《契约法讲义》，弘文堂 2013 年版，第 241－242 页。

务消灭。另外，已经履行的债务，各当事人之受领构成欠缺法律上的原因的受益，因此发生不当得利的返还义务。其返还义务的范围不仅是现存利益的返还，而且也扩及于原状恢复义务。

若将合同解除而生的原状恢复义务的性质解释为不当得利返还义务，则原状恢复义务是依不当得利规则而新成立或产生的义务，其与本来的债务是两个不同的东西。但是，一旦溯及性地使有效成立的合同消灭而课予原状恢复义务，则本来的债务与该原状恢复义务之间还是存在密切的关系。

（2）间接效果说、折中说

不认可解除的合同的溯及性消灭，在解除的时点发生新的为恢复原状的债权债务，因此原状恢复义务的履行，合同关系消灭。此种观点理论上称为间接效果说。另外，关于未履行债务自合同解除之时当然消灭，而已履行债务则发生新的返还债务。这种观点理论上称为折中说。

2. 原状恢复义务的范围

（1）给付的现物若存在，应返还该物；若返还代替物，则应返还同种、同等、同量的物。提供了劳务或其他无形的给付的，应以金钱予以计算而返还其客观的价格。

（2）受领的标的物生出了利息时，应将利息予以返还。因为解除的目的是恢复到当事人没有合同的状态，所以如果没有合同也就不会由标的物产生利息。

（3）受领金钱而返还所受领的金钱的，须附加自其受领时起的利息。比较法上的判例认为，因合同解除而应返还物的人，应返还因使用该物而获得的利益（使用利益）①。

（4）物在受领者之下灭失、损坏而原物返还不能时，是否可以价格返还来代替原物返还？此种情形，以价格返还是合同解除的恢复原状的一种样态，所以有学者认为应一律认可以价格返还。不过，

---

① 日本最判昭和 51.2.13 民集第 30 卷第 1 号第 1 页。

从当事人公平的立场看，也有学说认为应考虑灭失、损坏的归责事由。具体如下：①因可归责于给付人的事由而标的物灭失、损坏的情形因使受领人负价格返还义务是残酷的，所以此种场合应解为受领人不负价格返还义务。②因可归责于受领人的事由而标的物灭失、损坏时，因受领人不能解除，所以给付人解除的情形就成为问题，但此种场合受领人负全额的返还义务也无不可。

（5）应返还的人支出了必要费用、有益费用时，支出了必要费用的应偿还其全额，支出了有益费用时，由债权人选择，应偿还其全额或现存的增加额。

3. 解除与第三人①

比较法上，《日本民法》第 545 条第 1 项但书规定：不能因合同解除而侵害第三人的权利。例如，乙从甲处购买房屋，乙又将之转卖给丙，为担保乙对丁的债务而于该房屋上设定抵押权后，甲即使解除与乙的房屋买卖合同，甲对丙要求返还房屋，但却不能对丁主张抵押权的消灭。

需注意的是，上述《日本民法》第 545 条第 1 项但书中所称"第三人"，是指因合同解除的溯及性效力而受影响的人，即仅限于以被解除的合同为基础，于合同解除前就标的物而取得新的利害关系的人。具体言之，指作为合同的内容的物或权利的受让人、抵押权人、质权人等。而且，日本判例与通说认为，此等第三人要受到保护，须具备对抗要件（权利保护资格要件）②。

此外，与合同解除后出现的第三人的关系，通常作为对抗关系（《日本民法》第 177 条）而处理。例如，甲将房屋出卖给乙，其向乙为移转登记后，甲解除了与乙的合同，之后乙又将该房屋转卖给丙，此种情形，甲与丙立于对抗关系，早先具备或进行了登记的人取得房屋所有权。

---

① ［日］后藤卷则：《契约法讲义》，弘文堂 2013 年版，第 244 页。
② 日本大判大正 10.5.17 民录第 27 辑，第 929 页。

4. 请求损害赔偿①

此即：即使解除合同，也不影响或妨碍由于债务不履行的损害赔偿请求（《日本民法》第 545 条第 3 项）。此损害赔偿是履行利益的赔偿。

（四）解除权的消灭

1. 因对方的催告而消灭

在比较法上，《日本民法》第 547 条规定："就解除权的行使未确定期间时，相对人对享有解除权的人，可以确定相当的期间，催告其就所指定期间内是否解除做出确切回答。此时，如果该期间内未接到解除的通知，解除权消灭。"是否解除会使相对人不安，因此《日本民法》为保护相对人而作了此规定。

2. 因标的物的灭失、毁损而消灭

在比较法上，《日本民法》第 548 条第 1 项规定："有解除权的人，因自己的行为或过失致使契约标的物严重损坏或无法返还时，或因加工或改造使其已经变为其他种类之物时，解除权消灭。"第 2 项规定："契约标的物，并非因解除权人的行为或过失而灭失损坏时，解除权不消灭。"

3. 消灭时效

解除权此种形成权，属于"债权或所有权以外的财产权"，因此其消灭时效期间可以认为是 20 年。但是，日本判例认为，应准用债权的 10 年期间（《日本民法》第 167 条第 1 项）、关于商事契约的 5 年期间（《日本商法》第 522 条）②。消灭时效的起算点是可以行使解除权之时（《日本民法》第 166 条第 1 项），即解除权发生之时。③

（五）约定解除与合意解除

1. 约定解除

---

① ［日］后藤卷则：《契约法讲义》，弘文堂 2013 年版，第 244 - 245 页。
② 日本大判大正 6. 11. 14 民录第 23 辑第 1965 页。
③ ［日］后藤卷则：《契约法讲义》，弘文堂 2013 年版，第 245 页。

约定解除，指根据合同一方当事人或双方当事人的约定来行使解除权，通过该解除权的行使来解除合同。约定解除与法定解除因仅在于解除权的发生原因不同，因此《日本民法》第 540 条以下的规定中，除规定法定解除的要件的规定（《日本民法》第 541—543条）外，即使对于约定解除也是适用的。不过，因其非属于因债务不履行的合同解除，所以不发生损害赔偿请求权（《日本民法》第545 条第 3 项)①。

2. 合意解除

合意解除（解除合同），指依双方当事人的合意而使合同的效力消灭，创造出与没有合同相同的状态的合同。需注意的是，合意解除不是单方行为。另外，依合意解除而消灭合同的效果的，不能对合同当事人以外的第三人的权利义务产生影响。②

（六）继续性合同的解除③

在继续性的合同关系，根据诚信原则而限制解除权的行使的情形是很多的。例如在租赁关系中，通常以承租人还未破坏出租人与承租人双方之间的相互信赖关系，进而以违反诚信原则为根据来阻止出租人之行使解除权。

应注意的是，在继续性合同，为使当事人受长期间的合同关系的约束，因此特别重视当事人之间的信赖关系。由此，即便一方有债务不履行的情况，但若还未达到破坏与相对人（对方）的信赖关系的程度，则就不能行使解除权。在雇用合同中，对于雇用人之解除雇用合同，今日比较法上的判例也是出于同一旨趣而加以严格限制的。

---

① ［日］后藤卷则：《契约法讲义》，弘文堂 2013 年版，第 245 - 246 页。
② ［日］后藤卷则：《契约法讲义》，弘文堂 2013 年版，第 246 页。
③ ［日］后藤卷则：《契约法讲义》，弘文堂 2013 年版，第 247 - 248 页。

第四节　合同终了后的当事人的关系

合同终了后，原当事人之间的权利义务关系并不当然终止。换言之，合同终了后，也会发生债务。合同终了后的权利义务，德国契约法称为"余后效"。以下分各种具体情形予以讨论：①

第一，委托的场合。比较法如《日本民法》第654条规定："委托终止后有紧急事情发生时，受托人及其继承人或法定代理人在委托人及其继承人或法定代理人能够处理委托事务之前，须进行必要的处分。"基于同样的思想，雇用合同等的情形也系如此。

第二，租赁的场合。比较法如《日本民法》第608条第2项规定：在租赁合同，出租人须于租赁合同终了时偿还承租人所支出的有益费用。此规定在比较法上属于在继续性合同关系终了时，为清算在此之前的关系，依诚信原则而认可的于合同终了后的权利义务的实例。

第三，竞业避止义务。在一定的合同类型，于合同终了后当事人不能为与对方的营业有竞争性质的行为，即负有竞业避止义务。②

第四，消费者交易的场合。在消费者交易中，产品的生产商，即便于该产品的生产停止后，在一定期间也仍有继续提供供货的义务。这也是基于诚信原则，要求合同关系中的当事人所必须负担的义务。

---

① ［日］内田贵：《民法Ⅱ债权各论》，东京大学出版会2011年版，第108－109页。
② 在民商分立国家（如日本），对此除在其商法典（如《日本商法典》第16条）中规定外，以特别约定而规定的也系不少。

第二部分　侵权行为

第四章 侵权行为制度概述

第一节 侵权行为总说

一、什么是侵权行为

（一）基本概要

侵权行为，是指对他人施加损害，符合一定的要件，受害人（被害人）对加害人请求赔偿损害的权利，是债之关系发生的一种原因。我国于2009年通过的《侵权责任法》第2条第1款规定："侵害民事权益，应当依照本法承担侵权责任"；第3条规定："被侵权人有权请求侵权人承担侵权责任"。

从比较法的视角看，当代侵权行为法的构造可以分为以下三种类型：①

一是针对每个具体的侵权行为而设定不同内容的侵权行为，此即英美法的侵权行为构造。在英美法，侵权行为由判例法形成。trespass（违法侵害）、defamation（名誉侵害）、nuisance（生活侵害）、negli-

---

① ［日］吉村良一：《侵权行为法》，有斐阁2010年版，第5－6页。

gence（过失侵害）等具体的个别的不同的侵权行为共同形成侵权行为法。① 尤其值得注意的是，美国法采取限定的、个别具体的要件方式规定侵权行为。依其规定，美国法上侵权行为的构成要件一般包括：（1）暴行（battery）；（2）胁迫（assault）；（3）违法侵害（trespass）；（4）过失侵害（negligence）；（5）严格责任（strict liability）。②

二是法国法所代表的类型。《法国民法典》对一切的侵权行为设立一般性规定，其规定凡因过错（faute）而致他人于损失的人负有向受害的他人进行赔偿的义务。这就是法国法关于侵权行为的一般性规定（《法国民法典》第 1382 条）。日本民法属于法国法的类型。《日本民法》对于侵权行为原则上规定以金钱进行损害的填补（第417 条、第 722 条第 1 项），其次是规定恢复被侵害法益的原状（《日本民法》第 723 条），至于承担侵权责任的方式中可否"停止侵害"，则存在争论。《日本民法》第 709 条规定："因故意或过失侵害他人权利或受法律保护的利益的人，对于因此所发生的损害负赔偿责任。"依此规定，使他人发生损害的人的一切行为，若系因过错（faute）引起，则由该行为人负赔偿的责任。其接近于《法国民法典》第 1382 条。

三是介于第一和第二之间的类型，即以《德国民法典》规定的侵权行为构造为代表。依其规定，侵权行为包括三类：（1）对生命、身体、健康、自由及所有权等绝对权的侵害（《德国民法典》第 823 条第 1 项）；（2）违反以保护他人为目的的法律（《德国民法典》第 823条第 2 项）；（3）故意地违反善良风俗（《德国民法典》第 826 条）。

（二）侵权行为的理念与基本归责原则

侵权行为制度的理念乃至基本归责原则，迄今经历了若干次重

---

① ［日］吉村良一：《侵权行为法》，有斐阁 2010 年版，第 5 页。
② ［日］石崎泰雄、渡辺达德：《新民法讲义 5：无因管理、不当得利、侵权行为法》，成文堂 2011 年版，第 77 - 78 页。

要变迁，如下予以分析考察。

近代初期，为了最大限度地保障独立、对等的人民进行自由活动，侵权行为制度以个人的自由活动为最大依归和指向，由此，近代初期的各国民法中的侵权行为制度的功能或作用均体现出了其谦抑性。这就是，作为社会生活和市场经济中进行自由竞争的结果，并不是优先填补损害，而是优先保护人民的行动自由。①

但是，经济的发展和科学技术的进步在给个人和社会带来极大福利和方便的同时，也使各种各样的危险不可避免地发生或增大。于是，因侵权行为而发生的损害开始面向社会全体，并试图通过社会全体来分担之。换言之，伴随社会中必然发生的危险或损害，是仅仅应由非难加害人并要求其予以赔偿，还是应由没有非难可能性的制造危险原因的人，抑或由因实施伴有危险的活动而获得利益的人负担填补损害之责，或者由社会全体对受害人负救济之责。概言之，它已不是优先保护自由竞争，也不是损害的完全填补，而是强调公平地分担损害。应注意的是，这样的侵权行为法的思想与原则，已超越了损害的填补由私法中的侵权行为法予以解决的旧框框，可以说是构筑社会化的救济制度体系。也就是说，通过损害赔偿、各种保险制度以及社会的损失补偿制度来分担社会生活中的损害，并试图通过这些机制使损害获得迅速而确实的填补。这些制度概而言之，就是由社会全体公平分担损害的救济体系。此种对社会生活中的损害的救济体系，目前一些国家正在摸索建立中。②

二、民事责任与刑事责任

从法律的发展历史看，在人类法律文明的早期，民事责任与刑

---

① ［日］石崎泰雄、渡边达德：《新民法讲义5：无因管理、不当得利、侵权行为法》，成文堂2011年版，第78页。
② ［日］石崎泰雄、渡边达德：《新民法讲义5：无因管理、不当得利、侵权行为法》，成文堂2011年版，第78－79页。

事责任并未严格区分，二者的界限并非泾渭分明。例如，在 A 伤害 B 的情形，其对 B 也须支付"罚金"。但是，在近代时期，因由国家独占刑罚权，所以民事责任中刑罚的色彩被一扫而光，民事责任的目的被纯化为对受害人（被害人）的损害进行填补。也就是说，此时民事责任与刑事责任发生了分立。① 其结果，在 A 伤害 B 的情形，除 A 将由国家科予其作为刑事责任的刑罚外，其对于 B 也负有作为民事责任的损害赔偿责任。②

不过，在近代法律体系中，民事责任与刑事责任并未当然地明确分立。例如，在法国法、德国法中，即预先规定了与刑事程序相关联的提起损害赔偿的请求的程序。在这里，民事责任与刑事责任在程序层面上并不认为是两个不同的东西。在东方的日本，在过往的刑事诉讼法中，受法国法的影响，也定有"附带私诉"这样的制度。为此，日本早期将关于侵权行为的大审院的判例，置于"刑录"、"刑集"中，即是这方面的明证。当然，应指出的是，这样的做法或制度，在日本现行的《刑事诉讼法》（自 1949 年 1 月 1 日起施行）中已被废止了。由此，在今日的日本法中，作为审判的程序，追究民事责任的诉讼与追究刑事责任的诉讼，是不同的、分开的。换言之，在民事诉讼中，其诉的提起及诉的追行委由当事人，而刑事诉讼的提起委由检察官。在诉讼的场合，请求科以刑罚的检察官与进行防御的被告人处于对立的地位，作为第三人的法院进行判断而决定是否加以追究。因此其结果是：民事诉讼与刑事诉讼的结论并不相互影响。例如，在刑事诉讼中被判定为无罪的被告人，就其同一行为，受害人（被害人）可以侵权行为为理由而请求损害赔偿。③

---

① ［日］吉村良一：《侵权行为法》，有斐阁 2010 年版，第 1 页。

② ［日］石崎泰雄、渡辺达德：《新民法讲义5：无因管理、不当得利、侵权行为法》，成文堂 2011 年版，第 79 页。

③ ［日］石崎泰雄、渡辺达德：《新民法讲义5：无因管理、不当得利、侵权行为法》，成文堂 2011 年版，第 79 – 80 页。

此外，在今日，对于民事责任与刑事责任，通说与实务还认为存在下列差异：①

（1）二者的性质与目的不同。刑事责任由独占刑罚权的国家对犯罪者予以处罚，对该犯罪者的制裁，具有抑制将来的犯罪的目的。另外，此处所称犯罪的抑制，一方面指，使该犯罪者不在将来犯同样的犯罪，以及不对社会一般人犯罪。而民事责任，其第一要义，是使加害人向被害人赔偿所生的损害，以除去害恶的结果为目的。②

（2）刑事责任与民事责任在行为人的主观方面所具有的意味是不同的，有差异的。在刑事责任，原则上成为处罚的对象的是故意犯，即使基于过失行为而处罚，其与故意犯在构成要件上也是不同的。但在民事责任，因故意与过失而实施的加害行为，在侵权行为成立的构成要件及法律效果等方面，原则上是没有差别的。不过，在某些场合，加害人若仅有过失，是不构成侵权行为的，而且因故意或过失的侵权行为，其认可向受害人（被害人）支付精神损害赔偿金的数额也有可能不同。③

值得注意的是，在今日的比较立法例上也认可行为人的主观的心理样态会对损害赔偿的范围产生影响。换言之，行为人的主观心理态度会对损害赔偿的范围乃至金额产生影响。例如，区分基于故意或重大过失的侵权行为与基于此外的其他情形的侵权行为。在前者的情形，应使加害人赔偿全部损害。此外，今日学说也认为，作为决定损害赔偿范围应考量的因素，应考虑过失的轻重④。⑤

---

① ［日］石崎泰雄、渡辺达德：《新民法讲义5：无因管理、不当得利、侵权行为法》，成文堂 2011 年版，第 80 – 81 页；［日］吉村良一：《侵权行为法》，有斐阁 2010 年版，第 2 – 3 页。

② ［日］石崎泰雄、渡辺达德：《新民法讲义5：无因管理、不当得利、侵权行为法》，成文堂 2011 年版，第 80 页。

③ ［日］石崎泰雄、渡辺达德：《新民法讲义5：无因管理、不当得利、侵权行为法》，成文堂 2011 年版，第 81 页。

④ ［日］森岛昭夫：《损害赔偿的范围》，有斐阁 1988 年版，第 49 页、第 52 页。

⑤ ［日］石崎泰雄、渡辺达德：《新民法讲义5：无因管理、不当得利、侵权行为法》，成文堂 2011 年版，第 81 页。

三、侵权行为责任与合同责任

在民法上，引起损害赔偿这一法律效果发生的原因，除侵权行为责任外，还有合同责任。合同责任，其最狭义的意义，是指在缔结合同的当事人之间，债务人于不履行债务时承担的责任。其通常包括履行迟延责任、履行不能责任、不完全履行责任以及违反附随义务等的责任。合同责任之承担，以双方当事人之间存在有效的合同关系为前提，而侵权行为责任则否。并且，在合同责任和侵权行为责任，二者的请求权的消灭时效期间①、诉讼进行中的过失的举证责任、被害人（受害人）死亡场合的遗属可否请求精神损害赔偿②乃至迟延损害赔偿金的起算点③等，均存在差异或不同。不过，新近以来的判例、学说，提出对合同责任与侵权行为责任从下列两个视点加以界分：④

（1）一个行为既符合合同责任的构成要件，也符合侵权行为责任的构成要件的情形是不少的。例如由于雇用人的过失致受雇人的生命、身体等遭受损害的场合，雇用人通常在违反安全保护义务的同时，也多数会发生以侵权行为为因由的损害赔偿。另外，所谓医疗过误，它通常是医师、医疗机构（如医院）与患者之间的诊疗合同——委托（或委任）乃至准委托（或准委任）——上的债务不履行，但同时它也是侵权行为。当某侵权行为作为债务不履行而成为问题时，称为"交易性的不法行为"。在此场合，必须意识到合同责

---

① 参见《民法通则》第 135 条、第 136 条的规定。
② 参见《日本民法》第 710 条、第 711 条。
③ 关于债务不履行的情形，请参见《日本民法》第 412 条第 3 项。
④ ［日］石崎泰雄、渡边达德：《新民法讲义 5：无因管理、不当得利、侵权行为法》，成文堂 2011 年版，第 81 - 82 页；［日］吉村良一：《侵权行为法》，有斐阁 2010 年版，第 3 - 4 页。

任与侵权行为责任在构成要件与效果上是不同的、有差异的①。

（2）"合同责任"这一术语，一般而言，是在较广义的意义上被使用的。也就是说，承担合同责任的范围有被扩大的趋势。例如关于瑕疵担保责任（《日本民法》第570条）的法律性质，传统上有两种对立的观点：一是认为它是一种法定责任，另外是认为它是一种合同责任（债务不履行责任）。但是，即便是采取前者（法定责任说）的立场，它也是以当事人的合同关系为前提而发生或出现的，从而仍可将瑕疵担保责任定性为合同责任。还有，在合同缔结前双方当事人为缔约作准备、进行磋商的阶段（即在为缔结合同作准备的阶段），双方当事人须为最终缔结合同而进行诚实的沟通、交涉，并各向对方负有提供一定的与合同缔结有关的信息的义务（如说明义务、通知义务、告知义务、保护义务），违反者即违反合同缔结准备阶段的诚实信用原则上的注意义务（即违反前合同义务），从而将承担由此而引起的损害赔偿责任。此种责任究竟属于合同责任还是侵权行为责任，抑或是属于基于诚实信用原则或当事人之间的信赖而须承担的一种中间责任，在今日比较债法理论与实务上是存在争论的。②

此外，在当代，除一国的民法典或民事基本法中设有直接规律侵权行为的诸多条文外③，也广泛地在其他法律或法规中认可损害赔偿请求的情形。这其中，既有具有侵权行为性质的损害赔偿请求，也有不将之作为合同责任或侵权行为责任的损害赔偿请求，而是将之作为法定的特别责任的损害赔偿请求。作为前者的例子，是并合

---

①　[日]石崎泰雄、渡边达德：《新民法讲义5：无因管理、不当得利、侵权行为法》，成文堂2011年版，第82页。

②　[日]石崎泰雄、渡边达德：《新民法讲义5：无因管理、不当得利、侵权行为法》，成文堂2011年版，第82页。

③　例如，我国2009年12月26日通过的《侵权责任法》即属之。在外国比较法上，《日本民法》第709-724条、《法国民法典》第1381-1385条、《德国民法典》第823条等，均属之。

各占有之诉而认可损害赔偿的请求①，而作为后者的例子，是无权代理人不能证明自己有代理权，且不能获得本人的追认场合所负的损害赔偿责任②。③

四、损害赔偿与损失补偿

损害赔偿与损失补偿，两者本为异质的概念。不过，与损害赔偿相同，损失补偿也是用来填补产生损害的制度，即损失补偿制度。例如房屋为公共利益而被征收的补偿金，即是损失补偿。依当代法治原则，私有财产只有经过公正的正当补偿，才能为了公共利益而被使用。

需注意的是，损失补偿与损害赔偿的重大差异在于：损害赔偿是对违法的行为造成的损害的填补，而损失补偿则是对适法的行为造成的损失的补偿。也就是说，损失补偿是在法律的规制下实施的适法行为给他人造成的损害，而发生这样的损害是法律本身允许的，所以不能说是违法的行为。但是，基于保障财产权的法律原则，对为公共利益而强制做出了特别牺牲的权利人若不支付对价则是不公平的，因此就对之进行补偿。④

进而言之，像典型的因债务不履行、侵权行为那样的违法行为而造成他人损害的场合，实施违法行为的人应对损害予以填补，而它就是损害赔偿；与此不同，像因典型的公权力之行使而造成（或发生）损害时，基于正义和公平原则，由全体负担而对损害予以填补的，即是损失补偿。⑤

---

① 参见《日本民法》第 198－200 条。
② 参见《民法通则》第 66 条、《合同法》第 48 条第 1 款；比较法上，请参见《日本民法》第 117 条。
③ ［日］石崎泰雄、渡边达德：《新民法讲义 5：无因管理、不当得利、侵权行为法》，成文堂 2011 年版，第 82－83 页。
④ ［日］吉村良一：《侵权行为法》，有斐阁 2010 年版，第 4 页。
⑤ ［日］内田贵：《民法 II 债权各论》，东京大学出版会 2011 年版，第 331－332 页。

当然，也需要注意的是，损害赔偿义务未必完全就是因违法行为的原因而产生。而且新近以来，无过失损害赔偿责任也由各种各样的法律而规定或导入。未必是违法的营业活动等而造成的损害，基于正义和公平原则，也往往被课予赔偿责任。另外，"补偿"这一术语，也在像劳动灾害中的灾害补偿那样的场合作为承担无过错的损害赔偿责任而使用。此等动向值得注意。①

第二节　侵权行为制度的功能

一、损害的回复（损害的补偿）功能

在近代法时期，侵权行为制度的功能系在于要求加害人对被害人赔偿损害。何以如此？盖侵权行为制度作为私法制度，在加害人与被害人（受害人）这样的私人之间发生的违法结果，理当于该双方当事人之间得以恢复。并且，作为回复损害的方法，其时的私法原则上规定以金钱来进行损害赔偿。② 之所以如此，是因为认为，金钱具有满足一切的需要的利便性。③ 不过，近代时期的私法尽管预定了原则上以金钱赔偿为原则的回复损害的手段，但对此外的回复对被害者产生的损害的其他方法，并不当然否定。④

上述日本法所称的"损害的回复"功能，在德国与我国法上又称为损害的"补偿功能"（Ausgleichsfunktion），是指侵权责任法具有填补被侵权人所遭受的损害的功用。而这一功用主要是通过侵权赔偿责任来实现的。侵权赔偿责任仅与受害人的损害有关。一般言

---

① ［日］内田贵：《民法Ⅱ债权各论》，东京大学出版会 2011 年版，第 332 页。

② 例如《日本民法》第 722 条之规定的对该民法第 417 条的准用。

③ ［日］梅谦次郎：《民法要义卷之三债权编》，信山社 1992 年版，对《日本民法》第 417 条的注释。

④ ［日］石崎泰雄、渡边达德：《新民法讲义 5：无因管理、不当得利、侵权行为法》，成文堂 2011 年版，第 83 页。

之，是损害多少，赔偿多少。如前述，侵权人主观上的可非难程度如何，故意还是过失，通常并不影响赔偿的范围与数额。即便侵权人仅有轻微的过失但却造成了严重的损害，其也要就该损害承担全部的赔偿责任。①

在今日，侵权行为法的补偿功能的实现主要有两种方式，即"损失的转移"（loss shifting）与"损失的分散"（loss spreading）。其中，前者即"损失的转移"是最基本、最主要的实现途径。按照这种方式，已经产生的损失只在加害人与受害人之间进行转移。易言之，损害发生后，法院仅着眼于当事人双方，在二者中决定应由何者承担损失。若侵权损害赔偿责任成立，则侵权人就应承担该损失。亦即，损失从被侵权人头上转移到了侵权人头上。② 至于"损失的分散"，则是将侵权行为造成的损失透过商业保险、强制责任保险以及社会保障制度等途径加以分担。在今日，它们在一些损害事故领域中取代了侵权责任，成为对受害人进行补偿的重要途径。③

我国《侵权责任法》对上述"补偿功能"予以了明确的贯彻，具体表现在下列三个方面：④

（1）《侵权责任法》第4条规定："侵权人因同一行为应当承担行政责任或者刑事责任的，不影响依法承担侵权责任。因同一行为应当承担侵权责任和行政责任、刑事责任，侵权人的财产不足以支付的，先承担侵权责任。"依此规定，民事责任优先。在侵权人财产有限的情况下，此规定可以很好地补偿受害人的合法权益，落实《侵权责任法》的补偿功能。

（2）明确了财产损害的范围与赔偿标准。《侵权责任法》第16条规定："侵害他人造成人身损害的，应当赔偿医疗费、护理费、交通费等为治疗和康复支出的合理费用，以及因误工减少的收入。造

---

① 程啸：《侵权责任法》，法律出版社2011年版，第17页。
② 程啸：《侵权责任法》，法律出版社2011年版，第18页。
③ 程啸：《侵权责任法》，法律出版社2011年版，第19页。
④ 程啸：《侵权责任法》，法律出版社2011年版，第19－20页。

成残疾的，还应当赔偿残疾生活辅助具费和残疾赔偿金。造成死亡的，还应当赔偿丧葬费和死亡赔偿金"；第20条规定："侵害他人人身权益造成财产损失的，按照被侵权人因此受到的损失赔偿；被侵权人的损失难以确定，侵权人因此获得利益的，按照其获得的利益赔偿；侵权人因此获得的利益难以确定，被侵权人和侵权人就赔偿数额协商不一致，向人民法院提起诉讼的，由人民法院根据实际情况确定赔偿数额"；第19条规定："侵害他人财产的，财产损失按照损失发生时的市场价格或者其他方式计算"。

(3) 明定了精神损害赔偿。当代侵权行为法对损害的补偿功能，不仅意味着要对被侵权人因侵权行为遭受的有形损害进行"补偿"（赔偿），而且也包括对被侵权人的抚慰。精神损害赔偿责任是一种最有效的抚慰方法。《侵权责任法》第22条规定："侵害他人人身权益，造成他人严重精神损害的，被侵权人可以请求精神损害赔偿。"这是我国民事法律首次明确认可并规定精神损害赔偿责任，具有重要意义。

二、抑制（预防）功能

按照民事责任与刑事责任的传统的功能分担的思想与做法，对侵权行为人的惩罚、对面向将来的侵权行为再发的预防（抑制）等，系由刑事责任担当，而民事责任的目的，仅仅在于对受害人遭受的损害予以补偿。但是，在今日侵权行为法之对侵权人予以惩罚以及对将来的侵权行为予以预防（抑制）的功能也具备了。以下先论述其预防（抑制）功能，后论述其惩罚（制裁）功能。

预防功能，德文称为 Präventionsfunktion，也称阻止功能或威慑功能，指侵权行为法具有预防或抑制侵权行为发生的功用。我国《侵权责任法》第1条规定："为保护民事主体的合法权益，明确侵权责任，预防并制裁侵权行为，促进社会和谐稳定，制定本法。"据此，我国《侵权责任法》具有预防（抑制）的功能，自不待言。①

就侵权行为法对将来的侵权行为之具有的预防功能，可以以下述例子加以说明。例如，某企业从事生产经营活动的结果使他人遭受了损害，该企业即负有对损害进行赔偿的义务。该赔偿费用无疑将计入企业的生产经营成本中。并且，该费用可以通过提高企业生产的产品的价格或企业提供的服务的价格来转嫁给消费者。也就是说，它将由此引起企业的产品或服务价格的上升，进而造成企业的产品或服务在市场中竞争力的降低。作为企业，其当然要极力避免发生这样的结果。由此，损害赔偿责任即成为预防或抑制企业实施侵权行为活动或行为的动因②。

我国《侵权责任法》对预防功能的贯彻体现在以下四个方面：③

（1）规定了预防性保护措施。《侵权责任法》第21条规定："侵权行为危及他人人身、财产安全的，被侵权人可以请求侵权人承担停止侵害、排除妨碍、消除危险等侵权责任。"这样，可以在损害尚未现实化之前，通过停止侵害、排除妨碍或消除危险等方式，有效地预防损害的实际发生。

（2）依据危险程度为行为人确立了不同程度的注意义务。越危险的活动，注意程度越高。例如《侵权责任法》第76条规定："未经许可进入高度危险活动区域或者高度危险物存放区域受到损害，管理人已经采取安全措施并尽到警示义务的，可以减轻或者不承担责任"；第75条规定："非法占有高度危险物造成他人损害的，由非法占有人承担侵权责任。所有人、管理人不能证明对防止他人非法占有尽到高度注意义务的，与非法占有人承担连带责任。"

（3）首次明定了缺陷产品生产者和销售者的召回义务，即当他

---

① 王利明：《侵权责任法研究（上卷）》，中国人民大学出版社2010年版，第109页以下；程啸：《侵权责任法》，法律出版社2011年版，第20页。

② ［日］石崎泰雄、渡边达德：《新民法讲义5：无因管理、不当得利、侵权行为法》，成文堂2011年版，第86页。

③ 程啸：《侵权责任法》，法律出版社2011年版，第21－22页。

们发现产品存在缺陷后，应及时采取有力的警示或召回等预防性补救措施，否则就要对因此造成的损害承担侵权责任。《侵权责任法》第46条规定："产品投入流通后发现存在缺陷的，生产者、销售者应当及时采取警示、召回等补救措施。未及时采取补救措施或者补救措施不力造成损害的，应当承担侵权责任。"

（4）惩罚性赔偿的预防作用。《侵权责任法》第47条规定："明知产品存在缺陷仍然生产、销售，造成他人死亡或者健康严重损害的，被侵权人有权请求相应的惩罚性赔偿。"此规定既可以有效防止同样的侵权行为再度发生，又能够鼓励原告起诉，消灭被告的侥幸心理，从而惮于从事构成惩罚性赔偿的行为。[1]

三、制裁（惩罚）功能

在今日各国比较法上，首先在环境保护诉讼、药害诉讼等场合，于不好或不易追究刑事责任的案件中，被害人通常具有透过追究加害人（多数为企业）的侵权行为责任而对加害者施以制裁或惩罚的意识。其次，关于精神损害赔偿金的数额，其数额（金额）的算定委由法院为之。而法院算定精神损害的赔偿金额时，通常要考虑当事人的社会地位、资产状况、加害人的动机与态度等，通过进行这些方面的考量后来力图提高赔偿金额。自不用说，当重视并考量了加害人的动机、态度等之后而提高精神损害赔偿的金额时，它即具有"惩罚"（制裁）的功能，并具有预防或阻止其将来不再实施同种侵权行为的功用。再次，在今日美国法上，对于行为的恶性很强的场合，其定有明文的"惩罚性损害赔偿"（punitive damages）制度。这是今日英美法系国家从正面明文认可侵权行为法的惩罚功能

---

[1] M. Rustad, The Social Functions of Punitive Damages and the Law of Evidence, 53 (1986)。转引自程啸：《侵权责任法》，法律出版社2011年版，第22页。

的做法①。②

值得指明的是，我国《侵权责任法》借鉴美国法的经验，于第47条定有明文的惩罚性损害赔偿制度。其规定："明知产品存在缺陷仍然生产、销售，造成他人死亡或者健康严重损害的，被侵权人有权请求相应的惩罚性赔偿。"无疑，对于此条规定，应给予积极和肯定的评价。

四、与其他对受害人（被害人）进行救济的相关制度的联系

（一）责任保险

以侵权责任法来救济受害人存在两项弊端：一是受害人要得到救济，其须举证加害人构成了侵权行为责任。而此点，对受害人而言，无疑是很大的负担；二是加害人如果没有资力的话，则对受害人的救济无异于画饼充饥。为克服这些弊端，利用保险制度的必要性即产生了。③

进而言之，在基于侵权行为的损害赔偿请求诉讼中，被害人即使获得胜诉判决，而其是否实际地能将赔偿款拿到手，往往与加害人的资力有关。也就是说，法院要求进行赔偿的加害者如果没有资力，则被害人的权利无异于画饼充饥。另外，如果赔偿的数额很大时，加害人进行赔偿后也往往会导致自己破产，而这在一定意义上也不利于社会的稳定。于是，为了避免发生此等情况，在今日乃采

---

① 值得注意的是，在东方的日本，对于应否认可惩罚性损害赔偿，今日的通说认为，应当慎重。在一起关于"药害案"的诉讼中，法院对于原告方面提出的惩罚性损害赔偿，其以日本的侵权行为法没有规定此制度而明示予以否定。而且，日本最高法院对于美国加利福尼亚州法院认可的惩罚性损害赔偿判决之在日本执行一事，日本最高法院以惩罚性损害赔偿制度系违反日本的公共秩序为由而予以了否定。参见日本最判平成9.7.11民集51卷第6号，第2573页。

② ［日］石崎泰雄、渡辺达德：《新民法讲义5：无因管理、不当得利、侵权行为法》，成文堂2011年版，第84－85页。

③ ［日］内田贵：《民法Ⅱ债权各论》，东京大学出版会2011年版，第324页。

用责任保险制度。即：保有使某种损害发生的危险性、可能性的人，须加入保险，于因事故而发生损害赔偿的义务时，加害人从保险人那里受领保险金的给付，并转而将该保险金支付给被害人。由此，被害人遭受的损害可以获得确实的填补，并同时可以防止加害人乃至其家庭的破产。①

在我国，如前述，今日已经建立起了较为完善的商业保险、强制责任保险以及各种社会保障制度。这些制度使侵权责任制度并非是实现补偿功能的唯一手段。换言之，这些制度在很多损害赔偿事故中业已取代了侵权责任，成为对受害人进行补偿的主要方法。

（二）侵权行为以外的受害人（被害人）救济制度

上述责任保险制度尽管具有很大的优点，但它毕竟是以基于侵权行为的损害赔偿义务之存在为前提的。也就是说，加害人的损害赔偿义务确定的场合，其赔偿金额系依责任保险而确定。其结果，就有无损害赔偿义务以及赔偿的范围等发生争论时，责任保险制度就不能发挥其功能了，也就是说，它就不能对受害人（被害人）进行迅速的损害填补。由此，与立基于侵权行为的损害赔偿制度分立的，使国家或组织（团体）负担费用，于损害发生时，以与加害人的故意、过失为要件的侵权行为之成立与否无关的对被害人（受害人）进行一定的补偿的制度就出现了。②

在今日比较法上，在东方的日本，其对劳动灾害的补偿制度（日本《劳灾法》）、对因公害而健康遭受损害的救济制度（日本《公害补偿法》），以及对因医药品的副作用而遭受损害的救济制度等，主要就是由国家或组织（团体）进行"补偿"。也就是说，它与"赔偿"不同，而系以"补偿"为目的。在费用的一部分由具有成为加害人的可能性的人（事业者、企业、制药公司等）承担这一

---

① ［日］石崎泰雄、渡辺达德：《新民法讲义5：无因管理、不当得利、侵权行为法》，成文堂2011年版，第87页。

② ［日］石崎泰雄、渡辺达德：《新民法讲义5：无因管理、不当得利、侵权行为法》，成文堂2011年版，第87页。

点上，它仍然具有民事责任的色彩。但是，对犯罪受害人的补偿制度，在今日各国比较法（《犯罪被害给付法》）上，其全部费用主要是由国家税收支付，因此其民事责任的色彩已完全没有了。①

上述补偿制度，对因发生事故而遭受损害的人的损害可以迅速填补。正是因此，其受到人们的欢迎。但是，在多数情形下，上述制度并不是对损害的全部，而是对损害的一部分，即对损害的一定数额进行补偿，因此这就遗留了问题。例如在今日比较法上，企业雇用的劳动者在劳动中因事故死亡时，企业对该劳动者本人或其遗属基于劳动灾害补偿保险法而支付的补偿金，即不是所发生的损害的全额。实际发生的损害额与补偿金的差额，应通过提起诉讼而请求支付。②

（三）关于"综合救济制度"

由以上我们可以看到，民法的侵权行为制度、责任保险制度以及侵权行为之外的被害人救济制度，它们均是有关联的制度，它们在对被害人（受害人）遭受的损害予以确实、迅速的填补的同时，也使加害人社会全体分担了其损害。但是，此种对社会生活中发生的损害予以救济的现状，也遗留了一些问题，值得重视。

首先，侵权行为制度在现代社会中即使能确实、迅速地填补被害人遭受的损害，但从受害人（被害人）角度看，也将面临着提起诉讼的时间、金钱负担、诉讼进行过程中举证的困难等多方面的不便或问题。在另一方面，若注重对受害人（被害人）的救济而广泛认可侵权行为责任，则会限制社会中人的自由，并有使人的活动发生萎缩之虞。上述责任保险制度尽管在一定程度上具有弥补和克服侵权责任制度之不足的功能，但是，因其仍然以存在损害赔偿义务为前提，在关于是否存在损害赔偿义务以及赔偿的范围发生争议时，

① ［日］石崎泰雄、渡辺达德：《新民法讲义5：无因管理、不当得利、侵权行为法》，成文堂2011年版，第87–88页。
② ［日］石崎泰雄、渡辺达德：《新民法讲义5：无因管理、不当得利、侵权行为法》，成文堂2011年版，第88页。

就不能发挥其应有的补偿或赔偿功能了。另外，侵权行为以外的救济制度，其各制度间的不平衡、不均衡、二个以上的复数的制度竞合时的适用，以及对被害人（受害人）的全部损害不能当然进行填补等，均发生了。这些情况表明，应使制度的设计更加洗练、更加具有兼容性。①

由此，晚近以来，学者新提倡的，是谋求由社会全体分担损害与注重救济被害人这两个方面能够两立的"综合救济制度"。在论及这一制度时，不能不提及的就是新西兰1974年施行的《事故补偿法》。该法的内容梗概如下：② （1）使用人（雇用人、雇主）以自己的费用负担（承担）对劳动者的救济（相当于日本的劳灾补偿）；（2）机动车所有人、取得汽车驾驶执照的车辆的人以自己的费用负担（承担）对机动车事故的救济（相当于日本的自赔责保险）；（3）以国家的租税负担对这些以外的其他一切事故予以补足救济。这些（1）、（2）、（3）的制度，即被称为为因（1）、（2）、（3）的事故而引起的对人身伤害的综合救济制度。换言之，在这些场合，受害人（被害人）不得依民法上的侵权行为而请求加害人予以救济。也就是说，对于（1）、（2）、（3）的事故，以国家的机关作为窗口，由其向受害人（被害人）给付医疗费、所得补偿及其他同一内容的补偿。它完全是一种行政性质的事故补偿制度。须注意的是，此种补偿制度，其给付的金额（数额）设有最高额的限制。因此，受害人实际遭受的所有损害并不当然能够得到填补。③

总之，在当代社会，上述侵权行为制度、责任保险及此外的其他救济制度与综合救济制度之间尚缺乏充分、必要的联系，由这些

① ［日］石崎泰雄、渡辺达德：《新民法讲义5：无因管理、不当得利、侵权行为法》，成文堂2011年版，第89页。
② ［日］吉村良一：《侵权行为法》，有斐阁2010年版，第21页以下；［日］加藤雅信：《损害赔偿制度的将来的构想》，载［日］山田卓生编集：《新现代损害赔偿法讲座（第1卷·总论）》，日本评论社1997年版，第289页。
③ ［日］石崎泰雄、渡辺达德：《新民法讲义5：无因管理、不当得利、侵权行为法》，成文堂2011年版，第89页。

制度的并存所带来的适用上的困难是显而易见的。由此，对于是否应当引进所谓的"综合救济制度"，我们尤其应当进行慎重的检讨后做出抉择。①

　　依侵权责任法对受害人的救济与受害人依责任保险、损害保险及社会保障而获救济的关系可图示如下。②

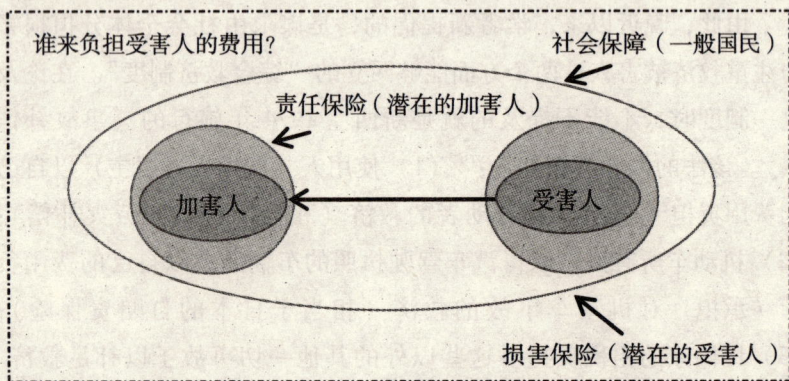

　　① ［日］石崎泰雄、渡边达德：《新民法讲义 5：无因管理、不当得利、侵权行为法》，成文堂 2011 年版，第 89 页。
　　② ［日］内田贵：《民法Ⅱ债权各论》，东京大学出版会 2011 年版，第 326 页。

第五章　一般侵权行为的构成要件①

第一节　基本概要②

一、侵权行为的一般成立要件

　　侵权行为分为一般侵权行为与特殊侵权行为。而一般侵权行为是侵权行为的核心和主要部分。一般侵权行为的特色在于，适用过失责任主义，即原告若不能举证被告之有过失，则不能追究其侵权行为责任。与此不同，特殊侵权行为是对一般侵权行为的原则进行了修正，修正的核心之点，就是转换过失的举证责任及课予无过错责任。不过，无论一般侵权行为抑或特殊侵权行为，两者在法律效果上并无不同，即原则

①　本部分的写作，除有注释说明者外，主要依据并参考：［日］石崎泰雄、渡辺达德：《新民法讲义5：无因管理、不当得利、侵权行为法》，成文堂2011年版，第90－132页，谨此说明。另外，本部分的研习也可参考：［日］内田贵：《民法Ⅱ债权各论》，东京大学出版会2011年版，第335页以下；［日］藤冈康宏、矶村保、浦川道太郎、松本恒雄：《民法Ⅳ债权各论》，有斐阁2011年版，第220页以下；［日］吉村良一：《侵权行为法》，有斐阁2010年版，第25页以下。

②　［日］石崎泰雄、渡辺达德：《新民法讲义5：无因管理、不当得利、侵权行为法》，成文堂2011年版，第90－92页。

上都是进行损害赔偿。① 本书先论述一般侵权行为，之后论述特殊侵权行为。而在本章，则论述一般侵权行为的构成要件。

传统侵权法理论认为，一般侵权行为的构成要件包括下列五项：（1）自己的行为；（2）对权利或利益的侵害（违法性）；（3）故意或过失；（4）损害的发生；（5）加害行为与损害发生之间有因果关系。而且依传统侵权法，只要具备这些要件，侵权行为即成立。另一方面，加害人若存在违法性阻却的事实，则可阻止侵权行为的成立。此外，若加害人能够证明自己无民事责任能力，则也可以阻止侵权行为的法律效果归属于自己。

二、自己的行为

（一）自己的行为的含义

人只对自己的行为负责，而对他人的行为并不负责。此系一项基本原则，称为"自己责任原则"。而所谓"侵权行为"中的"行为"，包括"作为"与"不作为"。作为就是为某种行为，不作为就是不为某种行为。对于侵权行为的构成而言，"不作为"行为之成为问题的，是加害行为由自然力、动物、第三人或被害人引起，加害人为避免事故的发生本应为某种行为，但却未为某种行为的情形。

（二）作为义务

要构成不作为侵权行为，须负有防止损害发生而应尽某种法律上义务的人，未尽应为的作为义务。作为义务，由法律、习惯或合同而赋予，当然也有可能从先前的行为衍生出作为义务。

---

① ［日］内田贵：《民法Ⅱ债权各论》，东京大学出版会2011年版，第330页。

第二节　违法性①

一、违法性的意义

（一）基本概要

在比较法上，《日本民法》在 2004 年进行现代语化的修改之前，依其第 709 条的规定，侵权行为的成立，须是"侵害他人的权利"，而 2004 年完成现代语化之后的《日本民法》第 709 条则规定："因故意或过失侵害他人权利或受法律保护的利益的人，对于因此所发生的损害负赔偿责任。"

依《法国民法典》第 1382 条，若因过失加损害于他人，则即构成侵权行为，而并不存在必须侵害的是"权利"的限制。与此不同，在德国民法，仅限于侵害绝对权，方构成侵权行为。侵害债权的，不构成侵权行为。

值得注意的是，日本民法的起草者，采与法国民法和日本"旧民法"相同立场，在一般侵权行为中引入过错责任的规定，且为侵权行为的构成明确规定了须为侵害"权利"。② 但是，《日本民法》第 709 条中的"权利"，其并不仅限于像德国民法那样的绝对权，而是作广泛的理解。也就是说，作为权利，其无须于实定法上规定。另外，在成为权利之前作为不能确立（确定）的利益——如名誉、自由——也可成为侵害的对象。之所以要求须是"侵害权利"，其原因在于：对此外的给他人造成损害的行为否定其构成侵权行为，以

---

① ［日］石崎泰雄、渡边达德：《新民法讲义 5：无因管理、不当得利、侵权行为法》，成文堂 2011 年版，第 92－106 页。

② 日本在 2004 年对其民法典进行现代语化的修改以前，其第 709 条关于侵权行为构成要件的规定，曾要求须是"侵害他人的权利"。2004 年经进行现代语化修改的《日本民法典》第 709 条在原"侵害权利"之外，增加了"侵害被法律保护的利益"，值得注意。

尽可能保障人们的行动自由。

（二）从权利侵害到违法性

将侵权法保护的对象由"权利"扩大到"法益"，是今日各国侵权法或对此前的侵权法进行修改时的普遍做法。不过，要在理论与实务上释明什么是"法益"，仍然是困难的。我国《侵权责任法》第2条规定："侵害民事权益，应当依照本法承担侵权责任。本法所称民事权益，包括生命权、健康权、姓名权、名誉权、荣誉权、肖像权、隐私权、婚姻自主权、监护权、所有权、用益物权、担保物权、著作权、专利权、商标专用权、发现权、股权、继承权等人身、财产权益。"据此规定，在我国，侵权法保护的不仅是权利，而且也有利益（法益）。

（三）违法性论

在学说上，对于侵权行为之构成的客观要件，自很远的时期起就存在争论了。而且，仅以权利被侵害即认为构成侵权行为，被认为是狭隘的。由此，以"违法性"替代"权利侵害"，此一方面扩大了侵权行为的构成要件，同时也对何为违法性的判断标准提出了疑问。具体言之，存在以下各说：

1. 违法性表征说。此说认为，侵害权利，即意味着是违法的行为。[①]

2. 相关关系说。上述违法性表征说以侵害权利即认为是具有违法性，而打破此种关于是否具有违法性的判断标准的，即是"相关关系说"。关于被侵害利益，若其被认可为确实的权利，则可根据"强的侵害"（如对生命、所有权、身体的侵害）较"弱的侵害"（如对债权、营业权的侵害）所具有的违法性更强的原则而判断。同时，也考察加害行为侵害的利益中的违法性的强弱，与加害行为形

---

① ［日］末川博：《权利侵害与权利滥用》，岩波书店1970年版，第472页。转引自［日］石崎泰雄、渡辺达德：《新民法讲义5：无因管理、不当得利、侵权行为法》，成文堂2011年版，第93页。

态中的违法性的强弱而判断。①

3. 权利扩大说。日本法院在就著名的"大学汤事件"作出判决后，其民法学界维持"权利"概念的主张仍然是存在的。主张此观点的人认为，《日本民法》第 709 条的"权利侵害"应解释为对特定的个人的关系中的违法行为，即使社会发展了，也无须以"违法性"来替代"权利侵害"。而有必要性的是，对社会生活中达到应当予以保护的程度的利益是应当加以保护的。而这既不是"权利侵害"的问题，也不是"违法性"的问题。由此，有必要使侵权行为法保护的权利和利益类型化。②

4. 过失一元论。在学说上，否定违法性的是"过失一元论"。"违法性"的概念虽然具有划定侵权行为的构成要件的法技术的功能与扩大权利侵害要件的功能，但前者不能实际起到该功用，而后者虽有该功用却丧失其存在意义。由此，就必然包含了向"过失"的转换。也就是说，"违法性"的概念是不需要的，而应以"过失"概念予以统一和替代之。③

值得注意的是，在日本主张不要违法性概念的学说十分有力④。我国《侵权责任法》关于侵权责任的构成，不要求有"违法性"这一要件，此点值得注意。

二、人格利益的保护

（一）对生命、身体等的侵害的保护

生命、身体是受民法的绝对性保护的对象，是具有最强的权利

---

① ［日］我妻荣：《无因管理、不当得利、侵权行为》，日本评论社 1989 年版，第 125 页。

② ［日］五十岚清：《人格权论》，有斐阁 2003 年版，第 215 页。转引自［日］石崎泰雄、渡边达德：《新民法讲义 5：无因管理、不当得利、侵权行为法》，成文堂 2011 年版，第 94 页。

③ ［日］平井宜雄：《损害赔偿法的理论》，东京大学出版会 2004 年版，第 395 页。转引自［日］石崎泰雄、渡边达德：《新民法讲义 5：无因管理、不当得利、侵权行为法》，成文堂 2011 年版，第 94 页。

④ ［日］吉村良一：《侵权行为法》，有斐阁 2010 年版，第 39 页。

性质的东西。因此，对生命、身体、健康的侵害，无论出于故意或过失，也无论是直接侵害抑或间接侵害，它们均是对重大法益的侵害。我国《侵权责任法》第 2 条、第 16 条、第 17 条、第 18 条等对侵害这些重大权利所引起的侵权责任作出了明文规定，值得注意。

（二）对毁损名誉的保护

1. 名誉的含义

所谓名誉，指关于人的品性、德性、名声、信用等的人格性价值在社会中受到的客观评价。① 因此，名誉毁损的保护法益，是对被害者（受害人）的社会评价。值得注意的是，名誉毁损的对象是否包括法人，存在争论。在比较判例法上，法人的名誉权被侵害而引起无形的损害时，其仅限于对该损害以金钱进行评价或计算。另外，毁损死者的名誉，是作为侵害死者的遗属对故人（死者）的敬爱追慕之情而认可和判断。②

2. 名誉感情

所谓名誉感情，是指人对自己自身的人格价值具有的主观性评价。作为精神性利益的名誉感情，也作为人格权而受到保护，若其被侵害，则构成侵权行为。因此，以诽谤中伤的方式来侮辱他人，是侵害名誉感情而造成精神上的痛苦，故构成侵权行为。名誉感情被侵害时，其与毁损名誉不同，无须造成该人的社会评价的降低，而且也无须公然进行侮辱。③ 但是，须该侵害超过了社会生活上的忍受限度。④

3. 毁损名誉后的恢复名誉与停止（中止）毁损名誉的行为

在名誉中分出名誉感情的意义在于，毁损名誉时，除进行金钱赔偿外，也应进行"谢罪广告"、赔礼道歉，此外还应停止侵害（毁损）名誉的行为。毁损名誉时，恢复名誉的旨趣，并不是给予被害

---

① 参见日本大判明 39.2.19 民录第 12 辑，第 226 页。
② 参见日本东京高判昭 54.3.14 判时第 918 号，第 21 页。
③ 参见日本东京高判昭和 56.8.25 判时第 1019 号，第 81 页。
④ 参见日本大阪高判昭和 54.11.27 判时第 961 号，第 83 页。

人（受害人）主观上的满足，而是恢复单纯以金钱不能进行损害赔偿的完全填补对受害人（被害人）的人格价值的社会的、客观的评价。

另外，毁损名誉的行为继续发生时，其被害人（受害人）可对加害人实施排除侵害的行为，或者为预防将来再发生侵害，请求停止该侵害行为。

4. 社会评价的降低

名誉毁损，是人们对被害人（受害人）的社会评价的降低。要构成名誉毁损，必须是客观上提供虚假的事实而使受害人的社会性评价降低，仅表达主观的意思乃至进行评论，原则上不构成毁损名誉。实务中是否构成名誉毁损而发生问题的，是新闻报道。即新闻报道中所发表的评论、意见，有时是否构成名誉毁损，在判定上往往会发生困难。

5. 免责事由

与侵权行为的一般免责事由不同，名誉毁损存在特有的免责事由。加害人（报道机构）的表现的自由（人民的知情权）作为民主主义国家的根干而在基本人权中具有优越的地位，因此，其必须与被害人的人格权实现调和、达成协调。

今日比较法上的判例认为，关于虚构事实的名誉毁损，以下情形其行为将因欠缺违法性而不构成侵权行为：① （1）该行为系关于公共利害的事实；（2）出于专门谋求公益的目的；（3）被虚构的事实被证明系真实时。另外，发表意见或评论，不问其内容的正当性、合理性乃至进行人身攻击等，只要其不逸出作为意见或评论的范围，就不成立侵权行为。② 最后，表明法律上的意见，以及法院以判决等方式作出判断等，只要是在表明意见或进行评论，也同样不成立侵权行为。③

---

① 参见日本最判昭和 41. 6. 23 民集第 20 卷第 5 号，第 1118 页。

② 参见日本最判平成元年 12. 21 民集第 43 卷第 12 号，第 2252 页。

③ 参见日本最判平成 16. 7. 15 民集第 58 卷第 5 号，第 1615 页。

（三）对隐私权的侵害的保护

1. 隐私权的含义

隐私权，以往指关于个人的私生活的不受他人干涉的消极性利益，而在今日，则指管控自己的个人信息的积极权利。因此，在当下比较法上，隐私权是指自己的私生活不愿受到他人的侵入以及不愿公开私生活中的事实、信息的权利。①

侵害隐私权将构成侵权行为。尽管如此，对其具体的构成要件，则仍然存在争论。不过，其与毁损名誉的情形不同，隐私权被侵害时，不会造成人们对被害人的社会评价的降低，被公表出来的事实的真实性不能阻却违法。

隐私权由其性质所决定，法人不得享有之。另外，对死者的隐私权侵害，乃以一般人的感受为标准，对死者不欲公开的事情，由于将其公开，其结果造成死者的遗属对死者的敬爱追慕之情受到严重侵害时，应认为构成侵害而主张损害赔偿。②

2. 侵害隐私权的构成要件

依今日比较法上的判例，侵害隐私权的构成要件如下：③（1）被公开的内容须是私生活上的事实或者有被作为私生活上的事实而被人受取之虞的事实；（2）被公开的内容系以一般人的感受为标准，当站在该人的立场看时，是不欲公开的事实；（3）须是一般人尚不知悉的事实。而由于将尚不为他人知悉的事实公开，其结果造成了该人的不安、不快。

3. 停止侵害隐私权的行为

当发生侵害隐私权时，受害人（被害人）也可请求停止侵害行为。那么，在怎样的情形才认可受害人（被害人）的这些请求呢？

---

① ［日］五十岚清：《人格权法概说》，有斐阁2003年版，第206页。转引自［日］石崎泰雄、渡边达德：《新民法讲义5：无因管理、不当得利、侵权行为法》，成文堂2011年版，第98页。

② 参见日本大阪地判平成元年.12.27判时第1341号，第53页。

③ 参见东京地判昭和39.9.28下民集第15卷第9号，第2317页。

通说认为，应根据被侵害对象（受害人）的社会地位、侵害行为的性质，比较衡量由于可以预料的侵权行为而使被害人遭受的不利益，与请求停止侵害而使侵害人遭受的不利益而决定。而且，侵害行为清晰、明确地将要发生时，由于该侵害行为被害人（受害人）有遭受重大的损失之虞，且事后将不可能恢复抑或恢复有严重困难时，应当然认可停止侵害隐私权的行为。① 此外，与名誉毁损不同，隐私权的侵害不认可"谢罪广告"的责任承担方式。

（四）对姓名权、肖像权遭受侵害的保护

1. 对姓名权的侵害

姓名是在社会中为使特定的个人与他人得以识别的标识。作为姓名的主体的个人就其姓名享有应受法律保护的利益，此种利益是人格权的基本、重要的内容之一。姓名权是一种重要的人格权，其包含了重要的人格利益，正是因此，法律须保护其不受侵害。对于姓名权的侵害，今日通说认为，其具体仅限于对他人姓名的冒用。当姓名被冒用时，姓名被冒用的人可请求停止冒用的行为。②

在日本，其判例对不以韩国本国的母语来阅读在日韩国人的姓名的案件中，法院判示谓：正确称呼姓名的利益应获得侵权行为法的保护。也就是说，依今日日本法院的判例，正确称呼他人的姓名这一法益是得到认可的。违反时，将构成对他人姓名权的侵害。

2. 对肖像权的侵害

所谓肖像权，其包括三方面的权利：③（1）禁止他人做成（摄影）自己的肖像；（2）禁止公表被做成（摄影）的肖像；（3）禁止他人以营利为目的而利用自己的肖像。当然，肖像权有时也有被公表的必要性，此时是超越或在保护肖像权的必要性之上的。无疑，

---

① 参见日本最判平成 14.9.24 判时第 1802 号，第 60 页。

② ［日］幾代通、德本伸一：《侵权行为法》（补订版），有斐阁 1993 年版，第 99 页。

③ ［日］五十岚清：《人格权法概说》，有斐阁 2003 年版，第 166 页。转引自［日］石崎泰雄、渡辺达德：《新民法讲义 5：无因管理、不当得利、侵权行为法》，成文堂 2011 年版，第 100 页。

本人此种场合应容忍或忍受之，在法律上也就构成违法性阻却。

在晚近比较判例法上，有判例认为，关于刑事案件的犯罪嫌疑人、被告人，该人就自己的容貌、姿态享有不被摄影的于法律上应受到保护的人格利益。若没有获得某人的承诺而摄影其容貌、姿态，其是否系侵权行为法上的违法，应综合考虑被摄影者的社会地位、被摄影者的活动内容、摄影的场所、摄影的目的、摄影的样态以及摄影的必要性等，然后再看对被摄影者的人格利益的侵害是否超越了其在社会生活上应忍受的限度而判定。① 按照晚近比较判例法上的观点，对被告人在法庭上的容貌、姿态进行摄影、照相本身，即构成对肖像权的侵害，若之后于杂志上登载，也构成侵权行为。而且，描绘被告人的容貌、姿态而于报纸、杂志上登载尽管不构成违法，但描绘被告人被捆绑、戴手铐等身体受到拘束的状态而加以公表，因为是侮辱被告人而侵害其名誉感情，超越了社会生活上应忍受的限度，所以是违法的。

值得注意的是，对于政治家等所谓"公人"（公众人物，public figure），与侵害隐私权相同，须为了公益性而限制保护其肖像权。但是，与政治家等所谓"公人"的社会地位、活动没有任何关联的不属于社会公众应关心的其私人生活的摄影、照相，则仍然不得以"兴趣（趣味、好奇）本位"为理由而公表之。②

另外，艺人就自己的姓名、肖像总括性地承诺可于社会大众面前公开，因此，此公开大多使艺人并不能感受到像公开一般普通人的姓名、肖像所能带来的精神上的痛苦。正是因此，对艺人的人格利益的保护应加以极大地限制。在晚近判例中，侵害肖像权而认可损害赔偿的，仅限定为：从使用的方法、样态、目的看，毁损了对艺人的评价、名声以及人们对他的印象，抑或导致艺人在这些方面被降低。③

---

① 参见日本最判平成 17. 11. 10 民集第 59 卷第 9 号，第 2428 页。
② 参加日本东京地判平成 17. 10. 27 判时第 1927 号，第 68 页。
③ 参见日本东京地判昭和 51. 6. 29 判时第 817 号，第 23 页。

三、家族关系上的地位的保护

(一) 贞操侵害

在今日民法的世界中，贞操也是受法律保护的利益。因此，以暴力、胁迫的方式或使用诈术，抑或利用优越的地位而实施奸淫行为时，将构成侵权行为。但是，若奸淫双方存在奸淫的合意时，则构成阻却违法，不成立侵权行为。

试举一实例而说明之。Y 因 X 女而与自己的妻子关系冷淡，并称自己将与妻子离婚而与 X 结婚，进而要求与 X 发生性关系。X 相信 Y 将与自己结婚而与其发生了性关系。但是，Y 并无离婚的意思，其知道妻子怀孕后而断绝了与 X 的交往。试问：X 对 Y 是否可以请求精神损害赔偿？在本案中，X 明知 Y 有妻子而仍然与其发生性关系，此点为其不对之处。唯法院判示认为：X 与 Y 发生性关系的动机系因相信 Y 的欺诈之言（诈言），比较内在于 X 的动机中的不法的程度，Y 的违法性则是尤其大的。由此，判决 X 对 Y 可请求给付精神损害赔偿金。[1]

(二) 婚姻的利益的侵害

即在存在不伦关系的情形，作为配偶的人可否对不伦的对象方请求精神损害赔偿？例如，Y 知道 A 有配偶 X1，但仍然与之（A）发生性关系。试问：X1 可否对 Y 请求精神损害赔偿？若 A 有未成年子女 X2 时，X2 可否对 Y 请求精神损害赔偿？在本案中，Y 不法侵害 X1 的身份上的人格利益，法院判决其负有支付精神损害赔偿金的义务。[2] 即便 Y 与 A 的关系系因自然的爱情而生，也仍然如此。[3] 须注意的是，此种场合的保护法益因为是"婚姻共同生活的和平的

---

① 参见日本最判昭和 44.9.26 民集第 23 卷第 9 号，第 1727 页。
② 参见日本最判昭和 34.11.26 民集第 13 卷第 12 号，第 1562 页。
③ 参见日本最判昭和 54.3.30 民集 33 卷第 2 号，第 303 页。

维持",所以 A 与 X1 的婚姻关系在 Y 与 A 发生性关系前已经破裂的,则 Y 对 X1 不负侵权行为责任。①

（三）家庭生活利益的侵害

即在上述场合,法院是否应当认可 X2 的精神损害赔偿请求?新近比较法上的判例认为,A 进行了不伦,即使其以向 X2 施以了爱情并实施了对其的监护、教育等为理由,也应否定 X2 对 Y 的精神损害赔偿请求②。但是,若有以害意积极地阻止监护、教育等的行为,则构成侵权行为。此外,在今日民法上,未成熟孩子的爱情的利益是作为值得法律保护的利益,从而应全面地肯定其精神损害赔偿请求的主张,也是存在的。

（四）婚约、未办结婚登记（姘居）的不当废除（撤销、废弃）

在今日比较民法上,婚约是男女双方将来结婚的约束,未办结婚登记的姘居因为也是完全应受保护的生活关系,所以一方当事人不当予以废除（废弃、撤销）的,应构成侵权行为。若婚约有效成立,且男女双方有长期维持两性关系等情事的,即使依世间的习惯双方不能结合或不能住在一起,则也是可以请求精神损害赔偿的。③对未办结婚登记的姘居的不当废除（废弃）,在今日比较判例法上也认为其系对婚姻预约的债务不履行④,且同时也是对准婚姻关系的侵权行为⑤。

---

① 参见日本最判平成 8.3.26 民集 50 卷第 4 号,第 993 页。值得注意的是,在日本学界,也有人认为,上述场合,因负有贞操义务的应当是 A,所以 Y 之对 X1 负担责任,应仅限于其对 X1 有害意的场合。此见解在今日的日本甚为有力。参见［日］前田达明:《爱与家庭》,第 301 页。转引自［日］石崎泰雄、渡辺达德:《新民法讲义 5:无因管理、不当得利、侵权行为法》,成文堂 2011 年版,第 102 页。

② 参见日本最判昭和 54.3.30 民集第 33 卷第 2 号,第 303 页。

③ 参见日本最判昭和 38.9.5 民集第 17 卷第 8 号,第 942 页。

④ 参见日本大连判大 4.1.26 民录 21 辑,第 49 页。

⑤ 参见日本最判昭和 33.4.11 民集第 12 卷第 5 号,第 789 页。

四、财产利益的侵害

(一) 物权的侵害

1. 所有权

所有权等物权作为绝对权而具有最强大的效力，因此对其进行侵害，当然具有违法性。使他人的所有物灭失抑或擅自转让他人的动产而导致第三人善意取得的，均是对所有权的侵害，成立侵权行为，承担侵权责任。

2. 抵押权

并不伴有占有的抵押权，其抵押权人对于不法占据抵押标的物的人，可否主张其侵害自己的抵押权，在今日理论与实务上存在争论。依判例，抵押权因系以被担保债权的优先清偿为内容的权利，所以由于不法占据而导致不能以适正的价格拍卖，存在妨碍抵押不动产的交换价值实现的状态时，构成侵害抵押权。[①]

(二) 债权的侵害

1. 侵害债权的含义厘定

今日比较法上的通说认为，债务人对债权的侵害，构成债务不履行抑或侵权行为。第三人侵害债权，以往因认为债权不具有排他性，所以采否定立场，认为不构成侵权行为。但在今日，通说认为，债权既然系权利，因此也具有不可侵性，于其遭受违法侵害时，应成立侵权行为。不过，这里发生疑问的是违法性的判断基准问题。也就是说，债权因具有"非公示性"和"复数存在性"这些特殊的性质，所以宜区分债权遭受侵害的具体类型而分别观察。

2. 侵害债权的归属本身的情形

例如，第三人侵占无记名债权而使他人善意取得、受领对债权

---

① 参见日本最大判平成 11.11.24 民集第 53 卷第 8 号，第 1899 页。

的准占有人的清偿①等，属于侵害权利的归属本身，其接近（相当）于对绝对权的侵害。由此，不仅故意侵害而且就是过失侵害，也要负侵权行为责任。

3. 因侵害给付而导致债权消灭的情形

例如，在特定物买卖中，第三人使标的物灭失、第三人诱拐拘禁艺人而导致其不能履行与一方当事人订立的演出合同，以及第三人明知树木系债权的标的物，但仍然伪称树木系自己之物而将之出卖、采伐等。在这些情形，加害行为是直接对债务人的财产的侵害，债权人的债权只是间接地被侵害。故在此等场合，行为要具有违法性，须加害人故意实施这些行为。

4. 侵害给付但债权仍不消灭的情形

例如，在不动产、指名债权的二重转让中，第二受让人从出卖人处优先取得了对抗要件（《日本民法》第 177 条），第三人与债务人通谋做成虚假的债权证书并实施假扣押，使真实的债权人的债权执行不能。在这些情形，仅第三人单纯有故意还不够，还须是以害意并以自由竞争所不允许的程度的违反公序良俗的样态而实施这些行为。只有这样，其行为才具有违法性，才构成侵权行为。

（三）人格利益的财产性内容

知识产权、姓名权、肖像权具有人格的因素与财产的因素，对此二者有必要分别考量。例如艺人的肖像被擅自在日历（挂历、全年记事表）中使用时，对于它的侵害并不是人格利益的侵害，而是财产权利（利益）的侵害，应认可艺人的禁止即废弃（销毁）年历（日历、全年记事表）以及损害赔偿的请求。②

---

① 例如《日本民法》第 478 条规定：“对债权准占有人做出的清偿，以其清偿人为善意并且无过失为限，具有效力。”

② 参见东京高判平成 3.9.26 判时第 1400 号，第 3 页。

五、公害、生活妨害

（一）含义

因大气污染、水质污浊、土壤污染、噪音、振动、恶臭等人为破坏居住环境的，称为公害、生活妨害。它们也可能造成对生命、身体、健康的侵害。但是，即便没有达到这样的程度，它们作为对人格利益的侵害也会构成侵权行为。另一方面，加害人的行为是否具有违法性，应比较衡量加害人的利益与被害人（受害人）的利益而定之。

（二）积极的侵害

判断积极的侵害的违法性，须加害行为超过了社会生活上忍受的限度，即根据忍受限度论而判定。例如，在停车场附近的松树由于汽车的煤烟而枯死的案件中，法院认为被害人（受害人）超越了社会观念所认为的应忍受的限度，从而判定加害人不是在权利行使的适当范围内行使权利，构成侵权行为。[①] 不过，须注意的是，根据忍受限度论来判定是否构成侵权行为，会成为问题的是，是否应该在判断标准中加入"侵害行为具有公共性乃至公益上的必要性"。今日比较法上的判例判示：在有关机场的噪音所生的公害案件中，应加入这一因素而为判断。[②] 但是，在今日学说理论上，这一做法受到批判。

（三）消极的侵害

日照、通风的侵害在物理性地遮断自然现象这一点上，是消极的侵害。但是，对于愉快、健康的生活来说，日照、通风是人们必要的生活利益，其不能不是受法律保护的对象。例如，加害人违反

---

① 参见日本大判大 8.3.3 民录第 25 辑，第 356 页。
② 参见日本大阪国际机场事件：最大判昭和 56.12.16 民集第 35 卷第 10 号，第1369 页。

法规、无视停止实施命令而强行增建建筑物，以致发生超过社会生活上应忍受的限度时，加害人的权利行使行为构成权利滥用，具有违法性，发生损害赔偿责任。①

第三节　故意与过失②

一、故意与过失的含义

（一）区分故意与过失的意味

加害人之有故意或过失是侵权行为责任的构成要件之一。那么，故意与过失又有怎样的差异或不同呢？在日常用语中，故意与过失确实不同。而且在比较法上，将侵权行为区分为故意侵权行为与过失侵权行为的立法例也是不少的。在日本，就其民法上的侵权行为而言，区分故意与过失的意味是不大的。因为无论故意抑或过失，其所构成的均是《日本民法》第709条的侵权行为，于法律效果上无质的差异。当然，此点与刑法不同。在刑法上，故意杀人罪与过失杀人罪在法律效果上就完全不同。另外，是故意侵权行为还是过失侵权行为，其对损害赔偿的数额会产生一定的影响。尽管如此，在侵权法上，故意与过失在根本上并无质的不同。当然，这样说并不意味着区分故意与过失没有任何意义。事实上，将侵权行为区分为故意侵权行为与过失侵权行为仍然具有一定的意义。而尤其需要注意的是，在今日，民事责任的中心，压倒性的是过失侵权行为。③因此之故，本章也区分故意与过失的不同而展开论述与考察。以下先考察故意，后考察过失。

---

① 参见日本最判昭和47.6.27民集第26卷第5号，第1067页。
② ［日］石崎泰雄、渡辺达德：《新民法讲义5：无因管理、不当得利、侵权行为法》，成文堂2011年版，第107－115页。
③ ［日］内田贵：《民法Ⅱ债权各论》，东京大学出版会2011年版，第335－336页。

（二）故意

所谓故意，指虽然已经认识到由于自己的行为会发生一定的结果，但仍然放任（容忍）之，并以自己的意思而实施（或为）该行为的心理状态。故意是否以有"违法性的认识"为必要，理论上存在争议。加害人即使确信加害行为没有违法性，但若客观上有认识到所违法的事实发生的，故意仍然成立。

将故意侵权行为与过失侵权行为相区别的法律意义在于：① 其一，故意侵权行为，其损害赔偿的范围可能扩张；其二，某些侵权行为，仅仅故意才能构成。例如依今日比较法上的通说，第三人侵害债权的场合，仅出于故意才能构成第三人侵害债权的侵权行为。

（三）过失

1. 过失概念的历史变迁②

侵权法上过失的概念，尤其是主观的过失与客观的过失这两个概念的背后，业已包含了过失概念的长久的演变过程。在古代，曾采用"没有何种意图且也没有为意欲的行为，但结果上产生了侵害时，须负责任"这一原则。此作为归责的根据的，是相当于今日的"过失"的概念。它包含了今日所说的违法性、因果关系等要素。也可以说它是故意的加害行为以外的应负责任的广义的客观的过失概念。

之后，过失概念被近代自然法论者道德化，并从主观性上加以把握。于是，所谓过失，就完全变成了行为人的非难可能性。而这就是主观的过失概念。其保障了资本主义初期资本家们的自由活动。近代资本主义企业生产活动由于产业革命的结果而实现了机械化，伴随新的机械技术的出现，在生产过程和企业活动中产生一定的损害就是不可避免的。例如火车与马车相撞，工厂飞散的火花烧毁附近的农作物等就不断发生。而主观的过失概念因着重于行为人的内

---

① ［日］内田贵：《民法Ⅱ债权各论》，东京大学出版会 2011 年版，第 356 页。
② ［日］内田贵：《民法Ⅱ债权各论》，东京大学出版会 2011 年版，第 337－338 页。

心的不注意，所以在结果上就否定了侵权行为责任。

但是，伴随人们的社会活动的危险性的增加，仅每个人依自己的能力或情形而使精神紧张（主观的过失说认为，过失就是"欠缺精神的紧张"）还不充分，而应以通常人应予注意的程度的标准来要求。也就是说，即使加害人已尽自己能力而十分注意地行动，但若依通常人的基准而评价为不注意时，则仍然有过失，从而发生责任。这样一来，对于过失的判断随着导入客观性的基准，过往以"欠缺精神的紧张"这一心理状态来予以判断的基准也就开始变容。此种主观的过失概念的变质，对侵权行为责任的归责根据也产生了影响。即侵权行为责任的归责根据从主观的非难可能性，转换到对社会的信赖的保护。

2. 过失的分类

（1）主观的过失与客观的过失

过失，传统上指本应认识到由于自己的行为而发生一定的结果，但由于不注意、不知之而实施行为的心理状态。① 此即"主观的过失"。但是在今日，过失并非指心理状态这一事实，而是指行为人认识到有义务违反。被称为"过失的客观化"。也就是说，在今日，所谓过失，是指应当预见并防止违法结果的发生，但却没有实施这样的行为的义务违反，称为"客观的过失说"。

"过失的客观化"，也就是说过失并非是指行为人的意思上的样态，而是指行为人的行为，即过失认定的重点转化为客观的行为义务违反。② "过失客观化"的最重要理由有二：③

第一，直面由危险的活动、设施而可能发生的不可避免的损害的普通之人，不是应当追问其是否欠缺意思的紧张（思想、思维的

---

① 此即"主观的过失说"。参见［日］我妻荣：《债权各论下卷一》（民法讲义 V1），岩波书店 1972 年版，第 104 页。

② ［日］藤冈康宏、矶村保、浦川道太郎、松本恒雄：《民法Ⅳ债权各论》，有斐阁 2011 年版，第 223 页。

③ ［日］藤冈康宏、矶村保、浦川道太郎、松本恒雄：《民法Ⅳ债权各论》，有斐阁 2011 年版，第 224 页。

紧张），而是应当首先追问是否采取了防止损害发生的措施。

第二，诉讼上的理由。即举证证明内心的心理状态，而此在结局上也不得不最终基于表现于外部的行为的样态而作出判断、作出结论。

（2）抽象的过失与具体的过失

抽象的过失，指以属于或是该职业、地位等的一般人（通常人、普通人）为标准的注意义务违反。在比较法上，《日本民法》第709条的"过失"，即是"抽象的过失"。与此不同，具体的过失，指以该行为人的具体的注意能力为标准的注意义务违反。

进而言之，过失的判断基准，当以该行为人本人的能力为基准的场合，是具体的过失；当以平均的乃至合理的行为人为基准的场合，为抽象的过失。主观的过失概念与具体的过失概念存在关联，但它与抽象的过失是不相容的。另一方面，客观的过失概念与抽象的过失是亲和的，但确定判断过失的客观基准时，它可能是接近于具体的过失的判断基准。①

（3）轻过失与重过失

侵权行为中的过失，一般指轻过失。在比较判例法上，有判例判示：只要稍微尽一点注意就能很容易地预见违法有害的结果，但是因为自己的漫不经心或无意却未能预见，此种情形即是显著地接近故意的一种注意欠缺的状态。② 尽管存在这样的判例立场，但在过失客观化、规范化盛行的今天，该判例的立场还是缺乏作为先例的价值。在今日学说上，存在像判例那样将故意理解为重过失的主张，和将故意与轻过失的中间状态理解为重过失的主张。不过，这两种见解中的后者为今日的通说。③

---

① ［日］内田贵：《民法Ⅱ债权各论》，东京大学出版会2011年版，第338页。

② 参见日本最判昭和32.7.9民集第11卷第7号，第1203页。

③ 参见［日］吉村良一：《侵权行为法》，有斐阁2010年版。

二、过失的定式化

（一）过失的本质与判断标准

1. 结果回避可能性说

在今日，一般将过失定义为：已经预见到损害发生的可能性，但却怠于回避或避免其发生的行为义务（结果回避义务）。也就是说，行为人已经预见到损害可能发生，由此负有避免或回避其结果发生的义务，但因自己的怠慢（或懈怠）而发生了损害时，即认为有过失。

换言之，结果回避可能性说，指将过失把握为行为义务的违反。行为人虽能预见结果，但却不可能回避它时，认定为没有过失。在晚近比较判例法上，判例也采取这样的立场。例如，在日本大阪碱事案中，为了预防由于经营活动而可能产生的损害，就按照该经营活动的性质而设置了诸多设施，其结果即使使他人遭受损害，也不能认为存在（或有）故意或过失。①

2. 结果预见可能性说

与上述不同，该说将过失把握为以通常人为标准的预见义务违反。依此主张，对结果的发生若有预见可能性，就应停止伴有危险的行为。其倡导者是日本著名学者泽井裕。②

3. 小结③

上述结果回避可能性说与结果预见可能性说尽管在内容上存在差异，但在今日，通说认为，应结合此两说而对过失予以定义。即所谓"过失"，是指对预见到损害的发生而予以防止的注意义务的懈怠（怠慢）或违反。预见可能性是结果回避义务的前提。损害的发

---

① 参见日本大判大 5. 12. 22 民录第 22 辑，第 2474 页。
② 参见［日］泽井裕：《公害的私法研究》，一粒社 1971 年版，第 170 页。
③ ［日］内田贵：《民法Ⅱ债权各论》，东京大学出版会 2011 年版，第 340－341 页。

生若无预见可能性，则结果回避（避免）义务也不发生。预见可能性是结果回避义务的判断要素之一。不过，在今日，某些损害即使能预见，但也是不能当然回避的。例如对于医生来说，即使风险已经预见，但仍然希望进行手术的人（如患者）也是有的。这里的问题是：没有预见可能性之有无，又有怎样的"行为义务"呢？

4. 关于"汉德公式"

作为过失的结果回避义务的判断标准，学者提倡以"汉德公式"① 来表示之。"汉德公式"，以 P 表示损害发生的盖然性，以 L 表示被侵害利益的重大性，以 B 表示通过课予结果回避义务而牺牲的利益（结果回避成本、结果回避费用）。在 $P \times L > B$ 的情形，即存在结果回避义务；在 $P \times L < B$ 的情形，则无结果回避义务。简单图示如下即是：②

> 回避费用（B）＜损害发生的盖然性（P）×被侵害利益的
> 重大性（L）——→有过失

（二）过失与取缔法规

取缔法规，指基于或为了行政规制的目的，而对一定的行为加以禁止或予以限制的规定。取缔法规与过失的关系，一般言之，取缔法规与侵权行为法具有不同的对象与目的，违反取缔法规就认为有过失。③ 而此并非被推定，而是因为应遵守取缔法规，要尽行为义务，所以不能推定为无过失。不过，在取缔法规中，出于保护人的权利、利益这一目的，而存在命令行为人或禁止行为人为一定的行为的规定。这在理论上称为"保护法规"。违反它时，将被课予损害

---

① "汉德公式"，系由美国法官汉德所提出，其作为过失的判断基准而广泛被人们采用。不过，在实际运用此公式时仍有诸多需要注意之处，对此，请参见 [日] 内田贵：《民法Ⅱ债权各论》，东京大学出版会 2011 年版，第 342－343 页。另外，关于"行为的社会有用性"与过失的判断，也可参见此书第 343－344 页，分析甚详，值得重视。

② [日] 内田贵：《民法Ⅱ债权各论》，东京大学出版会 2011 年版，第 341 页。

③ [日] 藤冈康宏、矶村保、浦川道太郎、松本恒雄：《民法Ⅳ债权各论》，有斐阁 2011 年版，第 232 页。

赔偿责任。①

(三) 医疗事故中的过失的认定

1. 基本的架构

医疗行为，指对人的身体进行医疗的侵袭，由此对人的生命、身体、健康给予影响的行为。另一方面，因医疗行为属于高度的专业性很强的行为，所以其注意义务违反的判断标准是很困难的。

比较判例法上的判例最初曾判示：从事管理人的生命和健康的业务（医疗业）的人，基于其业务的性质，为防止危险而于实务上须尽最善的注意义务。② 其结果，医师高度注意患者的病情状态，就治疗的方法、内容以及程度等，对基于诊疗当时的医疗知识、诊疗效果及副作用等进行全盘、充分考量，予以万全的注意，并在这样的状态下实施其治疗。③ 但是，此种内容抽象的标准，并不能作为判断医师的过失的基准。于是，法院的判例实务不得不求助于具体的有用的标准，而这就是医疗水准论。

2. 医疗水准论

医疗水准论，指应作为医师的注意义务的标准的是：当时所有的临床医学实践中的医疗水准，而非学问或学术上的医学水准。该主张是在对罹患未成熟儿网膜症的患者不实施新规治疗法的"光凝固法"的医师（医疗机关）是否具有过失的案件中被抽象概括出来的。在日本，在不对1969年12月出生的未成熟儿实施"光凝固法"的案件中，法院基于"医疗水准论"判示：即使不实施临床医学上没有普及、没有固化的治疗方法，医师也没有过失。但另一方面，日本法院在对1976年2月出生的未成熟儿的案件中，则认定了医师的过失。④ 另外，在另一案件中，日本法院还判示：无须从全国整体

① 此在比较上的规定，参见《日本金融商品交易法》第15条、第16条等。
② 参见日本东大梅毒输血案件：最判昭和36.2.16民集第15卷第2号，第224页。
③ 参见日本水虫放射线皮肤癌案件：最判昭和44.2.6民集第23卷第2号，第195页。
④ 日本最判昭和60.3.26民集第39卷第2号，第124页。

的角度考量医疗水准，而只考虑该医疗机构的性质、其所在地区的特性等而决之即可。① 并且，该医疗机构在无实施新规疗法的设备时，负有将该患者转到其他具有实施新规疗法的设备的医院进行医疗的义务。②

3. 医疗惯行

在理论与实务中，如果以医疗水准作为判断标准，那么判断医师的过失时，其与一般的医师现实所采行（采用）的医疗习惯的关系如何？对此，日本判例认为，是否存在注意义务，医疗惯行的轻重应仅限于被斟酌（考量），按照医疗惯行进行治疗也并非不发生违反注意义务。③ 例如实施腰椎麻醉手术时，说明书要求每2分钟测定一次血压，但按当时的医疗惯行，是每5分钟测定一次血压，而这就要推定医师有过失。④

（四）法人的过失

对于法人是否构成民法上的侵权行为，理论与实务存在争论。如将过失解为主观的心理状态，则法人因不认可有精神活动，所以不认可法人有所谓过失。但是，若像今日的通说那样将过失解为客观的注意义务违反，则法人将因有违反注意义务的行为而认可其有过失。对此，在公害案件（环境污染案件）、药害案件中往往具有实益。

（五）过失与举证责任

1. 原则

在法律没有特别规定时，受害人须证明加害人之有故意、过失。⑤ 侵权行为责任与合同责任不同，其故意、过失的举证责任，与其他的权利侵害、损害发生的要件相同，若无特殊情形，应由主张

① 日本姬路日赤医院事案：日本最判平成7.6.9民集第49卷第6号，第1499页。
② 参见日本最判平成15.11.11民集第57卷第10号，第1466页。
③ 参见日本东大梅毒输血案件：最判昭和36.2.16民集第15卷第2号，第224页。
④ 参见日本最判平成8.1.23民集第50卷第1号，第1页。
⑤ 参见日本大判明38.6.19民录第11辑，第992页。

自己权利的受害人负担。①

2. 举证责任的转换

在今日比较法上，存在法律明文规定的举证责任转换的情形。例如，在雇用人（使用人）责任中，雇用人（使用人）对被使用人（受雇人）给第三人造成的损害，原则上须负损害赔偿责任，除非其就对使用人（受雇人）的选任、工作的监督证明自己没有过失，也只有在此情形下方能免责。另外，在机动车的运行供用人责任②中，机动车的驾驶人发生交通事故时，只要不能证明没有过失，就须负损害赔偿责任。

3. 过失的大致推定（过失的事实上的推定）

如果绝对贯彻受害人举证原则，则对举证失败的受害人而言就有败诉的危险。因此就出现了"过失的大致推定"这一规则。这一规则是：若存在某个事实一般就可以肯定存在过失的经验法则而推定过失之存在。在此情形，加害人一方只有通过展示其他事实而证明过失不存在或在该案件中经验法则不起作用，才可以推翻这种推定③。

也就是说，基于"若有 A 这一事实，则通常就有 B 这一事实"的经验法则，当事人只要不能证明"并非 B"这一点，即应认为有B 这一事实。此在理论上也被称为"过失的事实上的推定"。例如若进行了相当的问诊，就能察知提供血液者感染梅毒，尽管可以推测、预见输血患者罹患梅毒，但却只单单地问："身体没问题吧？"随即直接进行采血。在此场合，直接进行采血和输血的医师就有过失④。事实的推定因将举证的责任偏置于加害人，因此实际上它有救济受害人的功用。

---

① ［日］藤冈康宏、矶村保、浦川道太郎、松本恒雄：《民法Ⅳ债权各论》，有斐阁2011 年版，第 234 页。

② 比较法上的立法，参见《日本机动车损害赔偿法》第3条。

③ ［日］吉村良一：《侵权行为法》，有斐阁2010 年版，第84 页；［日］藤冈康宏、矶村保、浦川道太郎、松本恒雄：《民法Ⅳ债权各论》，有斐阁2011 年版，第 234 页。

④ 参见日本东大梅毒输血案件：最判昭和36.2.16 民集第15 卷第2 号，第 224 页。

需指出的是，日本学者内田贵将"过失的大致的推定"的法官心证过程图示说明如下①，值得重视。

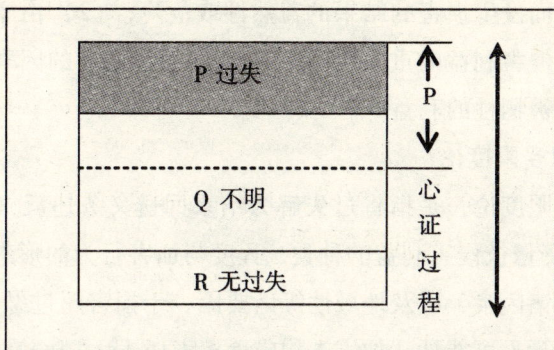

注：P、Q、R 为逻辑学上的命题，P 代表常项，Q 代表变项，R 代表结论。

三、过失与违法性的关系②

将过失不把握为主观的心理状态而是把握为客观的注意义务的违反（过失的客观化）会发生问题的是：其与作为客观要件的违法性的关系应怎样把握？因此，这里有对"过失"与"违法性"的关系再进行讨论的必要。

（一）过失一元论

1. 新过失论

新过失论，指由于过失的客观化而不需要违法性这一要件的理论。违法性概念扩大权利侵害要件的同时丧失其独自的功能。另一方面，过失概念并不单纯是心理状态，而是演变为判断包括侵权行为是否成立的高度的法律且规范性的概念。其结果，过失概念变成侵权行为构成中的规范性判断的核心。由此，使用违法性概念的法

---

① ［日］内田贵：《民法Ⅱ债权各论》，东京大学出版会 2011 年版，第 351 页。
② 本部分的研习，也可参考［日］吉村良一：《侵权行为法》，有斐阁 2010 年版，第 85 页以下。

技术的作用是没有的，而应明确过失的内容并将之定式化。①

按照新过失论的主张，行为义务的判断标准如下：（1）由于加害人的行为而发生损害的结果的盖然性或危险；（2）由于该加害人的行为而被侵害利益的重大性；（3）比较衡量两者的因素及因课予行为义务而被牺牲的利益。②

2. 新忍受限度论

新忍受限度论，是指将过失解为结果回避义务违反（客观的过失），比较衡量被侵害利益的种类、程度与加害行为的形态、损害的回避措施等诸因素，以及地域性等诸要因，于损害超过忍受限度时，无论是否有预见可能性，加害人均应承担责任。③ 在比较法上，为救济环境污染的受害人而往往特别利用该"新忍受限度"论。

（二）违法性一元论

违法性一元论认为，由于过失的客观化，过失概念丧失其独立性，其被违法性概念所吸收。违法性概念扩大权利侵害后，使用该概念综合性地考量加害人的故意、过失、动机、侵害结果以及被害人（受害人）的态度等，来决定侵权行为的构成及损害赔偿的范围。④

（三）新二元说

此说认为，一方面应使过失客观化，但同时也应维持过失与违法性这两个概念的存在。不过，在这一点上又存在不同的主张。例如有学者认为应区分：作为行为人的心理的、主观的样态的故意、过失，与作为加害行为的违法性的权利侵害⑤；通过将违法性把握为侵权行为责任的构成划定界限的概念而与过失相区分⑥。另外，也有

---

① ［日］平井宜雄：《债权各论Ⅱ》（侵权行为），弘文堂1992年版，第22页。
② ［日］平井宜雄：《债权各论Ⅱ》（侵权行为），弘文堂1992年版，第30页。
③ ［日］淡路刚久："公害中的故意、过失与违法性"，载日本《法学家》第458号。
④ ［日］前田达明：《民法Ⅵ2》（侵权行为），青林书院1980年版，第122页。
⑤ ［日］幾代通、德本伸一：《侵权行为法》，有斐阁1993年版，第114页。
⑥ ［日］森岛昭夫：《侵权行为法讲义》，有斐阁1987年版，第251页。

人认为，由于不能在违法性概念中纳入预见可能性，所以主张应当维持过失这一概念。① 最后，还有人认为：应当区分有责性与违法性，之后将违法性理解为行为不法论②抑或结果不法论③。

在上述各种主张中，在以下这一点上是共通的：被侵害利益是否值得保护，不能依过失概念，而是须依违法性进行法律上的评价来定之。④

第四节　损害的发生⑤

一、损害的意义

（一）侵权行为责任构成要件的损害

损害，指因侵害行为引起或发生的不利益。要请求损害赔偿，须致被害人（受害人）发生了损害。损害的发生是与权利、利益侵害相区别的独立要件。既然法益侵害与损害是独立的要件，则即使有法益侵害但若无损害发生，受害人也无损害赔偿请求权。

（二）损害的现实性

1. 含义

发生的损害必须是现实的损害，其既指财产的损害，也包括精神的损害。⑥ 在发生无形的损害、非财产损害的情形，该损害只要可

①　[日] 平野裕之：《民法综合6》（侵权行为法），信山社2009年版，第65页。
②　[日] 四官和夫：《无因管理、不当得利、侵权行为》（上卷、中卷、下卷），青林书院新社1981–1985年版，第278页。
③　[日] 泽井裕：《无因管理、不当得利、侵权行为》，有斐阁2001年版，第93页。
④　[日] 近江幸治：《民法讲义Ⅵ无因管理、不当得利、侵权行为》，成文堂2007年版，第132页。
⑤　[日] 石崎泰雄、渡辺达德：《新民法讲义5：无因管理、不当得利、侵权行为法》，成文堂2011年版，第115–118页。
⑥　[日] 内田贵：《民法Ⅱ债权各论》，东京大学出版会2011年版，第383页。

以用金钱评价，受害人即可请求损害赔偿。①

2. 逸失利益

逸失利益，指若没有侵权行为而就能获得的利益。因侵权行为致受害人的身体的伤害等导致的身体的一部分丧失或劳动能力丧失，其所引起的之后的收入减少（可得利益的丧失），就是损害。因此，因事故引起的受害人致残等后遗症时，只要由此而没有导致受害人的收入减少，就不能要求损害赔偿。当然，受害人所需要的治疗费，应由侵害人支付。

例如因交通事故引起的左大腿骨折伤害，即使劳动能力减少，被害人之后仍然在原来上班的公司工作且从事原来的工种和活动，尽管劳动能力减少，但却没有造成特别显著的收入减少，此种情形，被害人（受害人）不能请求因劳动能力的减少而引起的损害赔偿。②还有，因交通事故的后遗症而导致身体功能的一部分丧失，若后遗症的程度比较轻微，且从被害人（受害人）从事工作的性质看其现在乃至将来也无收入的减少的，只要没有特别的情事，就不能以丧失一部分劳动能力为由请求财产损害赔偿。③

二、未确定的损害的赔偿

（一）精神损害赔偿金（日文汉字：慰谢料）与逸失利益

精神损害赔偿是一种拟制的损害赔偿。以一次性支付的方式赔偿数额确定或未确定的逸失利益，也是建立在拟制之上。

（二）律师费用

一般言之，律师费用的多少，通常是在法院审判终了之后确定。因此，案件在审判过程阶段就向加害人请求的，缺乏现实性。

---

① 参见日本最判昭和 39.1.28 民集第 18 卷第 1 号，第 136 页。
② 参加日本最判昭和 42.11.10 民集第 21 卷第 9 号，第 2352 页。
③ 参见日本最判昭和 56.12.22 民集第 35 卷第 9 号，第 1350 页。

三、抵押权侵害

对于抵押权侵害，试以一则案例说明如下：X 贷款 3000 万元给 A。作为此笔贷款的担保，A 以其市价 5000 万元的自己享有所有权的房屋设定抵押权给 X。但是，该房屋却被 Y 非法占有。试问：X 对 Y 是否可以请求损害赔偿？

此案中，抵押标的物被非法占有时，X 对 Y 是否可以请求损害赔偿？对此，晚近比较法上的判例认为，使抵押标的物的价值减少的加害行为，若物的残存价额较被担保债权额大，应认为未使抵押权人产生损害。① 由此法院的裁判见解可知，物的残存价额不及被担保债权额时，债权额中的不能被担保的部分就是损害。②

损害赔偿请求的时间，晚近比较法上的判例认为，在清偿期到来后，于抵押权实行前，可请求损害赔偿。③ 在学理上，还有两说：清偿期到来前也可请求的学说④，与只有抵押权实行时才能请求的学说⑤。

第五节 因果关系⑥

一、因果关系的构造

加害行为与损害的发生之间若不存在因果关系，则不构成侵权

---

① 参见日本大判昭和 3.8.1 民集第 7 卷，第 671 页。
② ［日］加藤一郎：《侵权行为》，有斐阁 1974 年版，第 149 页。
③ 参见日本大判昭和 7.5.27 民集第 11 卷，第 1289 页。
④ ［日］加藤一郎：《侵权行为》，有斐阁 1974 年版，第 150 页。
⑤ ［日］川岛武宜：《判民昭和 11 年度 37 事件评释》，有斐阁 2003 年版。转引自 ［日］石崎泰雄、渡辺达德：《新民法讲义 5：无因管理、不当得利、侵权行为法》，成文堂 2011 年版，第 117 页。
⑥ ［日］石崎泰雄、渡辺达德：《新民法讲义 5：无因管理、不当得利、侵权行为法》，成文堂 2011 年版，第 118－128 页。

行为。怎样理解因果关系的构造，在理论与实务上存在争论。以往一般采取"一阶段说"，即着重于"加害行为"与"损害"之间的因果关系。立基于这样的"一阶段说"，是从损害出发而追溯到造成损害的"加害行为"。应注意的是，晚近以来，关于因果关系，采取"二阶段说"的人更多，且这种主张十分有力。依此见解，因果关系分为"加害行为"与"权利侵害"之间的因果关系，以及"权利侵害"与"损害"之间的因果关系。按照这种关于因果关系的二分法思想，前者的因果关系是以导致"权利侵害"这一结果是否可以归咎于加害行为意义上的以"设定责任"为目的的，因此它是责任设定（或责任成立）的因果关系；后者的因果关系是由"权利侵害"所派生的不利益中，哪些不利益应纳入损害赔偿的范围意味上的"划定损害赔偿范围"为目的的，因此它是"赔偿范围的因果关系"。也就是说，二分法的因果关系理论，是将因果关系区分为"作为法律要件的因果关系"与"作为法律效果的因果关系"。

二、事实的因果关系

（一）含义

事实的因果关系，指加害人的行为使被害人的损失现实发生这一事实层面上的因果关系。在作为原因的加害行为与结果之间若有"如果没有什么，就没有什么"这一关系的，即认为有条件关系，称为"不可欠缺条件公式"。作为条件关系的判断，是在具体的事案中，追寻何种事态的经过引起了最终的权利侵害的结果，且也将个别的相关情况纳入其中予以考量。在理论上，这一方法又被称为"合法则的条件公式"。由发生的具体结果出发而追寻，当到达归责对象的行为时，因果关系就被肯定存在了。①

---

① ［日］潮见佳男：《侵权行为法Ⅰ》，信山社 2009 年版，第 350 页。

（二）不作为的因果关系

按照一般的理解，不作为，是指"什么也不做"之意。但是在侵权法中，它指的是"不做应该做的事情"。

值得注意的是，在以往，对于作为侵权行为的构成要件，有这样一种主张，认为它不需要有因果关系。此种主张称为"因果关系不要说"。但是在今日，通说认为它应与作为的侵权行为相同，即须有因果关系。

最近比较判例法上有如下的判例值得提及：Y 对罹患肝硬变的 A 实施诊疗，A 虽然从年龄等方面看属于发生肝细胞癌的危险很高的患者类型，但是 Y 却没有实施发现早期癌症的有效的定期检查，当 A 被发现患癌症后不久就死亡了。在本案中，医师未进行依照注意义务而应当为的诊疗行为，即有不作为。此不作为与患者的死亡之间的因果关系将因如下行为而被肯定存在：若医师实施其诊疗行为，则患者在其死亡的时点就会仍然活着。①

（三）原因的竞合

1. 累积的竞合

在今日侵权行为理论上，单独并不发生损害的结果的行为，甲、乙同时为之，两者作为竞合的原因而发生损害时，各个行为对结果的发生即成为原因。此时甲、乙行为人的行为与损害之间就有事实的因果关系。

2. 重叠的竞合

比如，Y、Z 相互之间并不知道各自打算投毒，结果此二人分别在 A 的饮料中加入了致其死亡的剂量的毒药，A 喝完饮料后死亡。试问：A 的遗属 X 可否对 Y、Z 请求损害赔偿？

为了避免出现不当的结论，判断是否存在民法上的事实因果关系，不能纯粹地进行自然科学评价，而是以规范的价值判断认可其

---

① 参见日本最判平成 11.2.25 民集第 53 卷第 2 号，第 235 页。

例外①。在原因重叠性竞合的情形，除去竞合的原因（例如 Z 的行为）后适用不可欠缺条件公式，通过"没有 Y 的行为，则 A 就不会死亡"，而肯定 Y 的行为与结果之间有条件关系。②

（四）因果关系的判断基准时间

有无事实的因果关系，其评价或判断的时点是在事后，此符合科学的认识。

三、因果关系的证明

（一）问题的提起

加害人的行为与被害人的损害之间有事实上的因果关系，是被害人的损害赔偿请求权成立的基础事实之一。受害人要加害人进行损害赔偿，须就存在事实的因果关系负证明责任。但是，像公害、药害、产品责任、医疗事故等的受害人，对于不具有高度的专业知识和不掌握充分的资料信息的人而言，其举证往往会失败，从而其要求救济的愿望会落空。而这自公平、正义的观点看，是不妥的。由此，从各种角度举证证明有事实的因果关系，以减轻受害人的困难的诸多方法也就提出来了。分述之如下。

（二）理论构成③

1. 高度的盖然性说

在晚近的比较判例法上，事实的因果关系的证明，并不是一点疑义也不允许存在的自然科学的证明。要认可存在事实的因果关系，须证明具有高度的盖然性。但是，在有限的时间与人的有限的能力范围中，诉讼中进行判断时所进行的举证（证明），并不是科学的论争。在诉讼中进行判断时所为的这种证明（举证），须达到通常的一

---

① 参见［日］平井宜雄：《债权各论Ⅱ侵权行为》，弘文堂 1992 年版，第 84 页。

② ［日］前田达明：《民法Ⅵ2》（侵权行为），青林书院 1980 年版，第 128 页。

③ 参见日本最判昭和 50. 10. 24 民集第 29 卷第 9 号，第 1417 页。

般人没有怀疑其具有真实性的程度。通常，作为法官的心证若有80％的确信，也就作为具有高度的盖然性而认为存在因果关系。

2. 盖然性说

此说认为，关于公害、产品责任等，其事实的因果关系的证明（举证），只要证明具有相当程度的盖然性即足矣，而无须证明具有高度的盖然性。此说的核心是：以公害、产品诉讼中受害人的因果关系证明的困难为理由，将受害人的证明程度降低到"相当程度的盖然性"①。

3. 确率的心证说

此说认为，判断是否存在因果关系，应自确信的程度为之。在不能判定是否有因果关系之前，法官的心证的程度有多个阶段，按照心证的阶段而认定因果关系。但是，对于此说，批判者谓：对心证进行量的测定是否有其可能，不无疑问。

（三）因果关系的推定

1. 法律上的推定（证明责任的转换）

在当代民法及其他法律中，为了减轻或消除负有证明（举证）存在因果关系的受害人方的负担，就因果关系之存在的主张和举证责任，就从被害人方面转移到加害人方面。而这就是法律上的推定或举证责任的转换。

2. 事实上的推定（大致的推定）

就事实的因果关系之举证（证明）负有责任的原告，若能证明（举证）存在被推定的事实，则按照经验法则而推认存在事实的因果关系。被告只要不能举证证明所推定的事实不存在，则就认为因果关系存在。此即"事实上的推定"，或"大致的推定"。在公害的因果关系中，成为问题的通常是下列情形：（1）被害疾患的特性及其原因（病因）物质；（2）原因物质到达被害人的路径（污染路径）等。

---

① ［日］吉村良一：《侵权行为法》，有斐阁2010年版，第105页。

（四）流行病学（疫学）的因果关系

流行病学（疫学）的因果关系，指将疾患的原因在人的群体的层面上进行观察，因特定的人群中的疾病的多发，与某因子之间存在关联性，所以推认（事实上的推定）特定的个人与发生问题的疾患之间具有个别因果关系。它是被用来证明存在高度盖然性的一种手段。

按照流行病学（疫学）的观点，某因素（因子）与疾病之间存在因果关系必须符合以下四个条件：（1）该因子（因素、作用物质）在结果（疾病）发生的一定期间之前发挥了作用；（2）该因子（因素）作用的程度非常显著，并存在该因子（因素）若增大的话结果也随之增大的关系；（3）从该因子（因素）的分布、消长看，它与已经存在的被观察、记录、考察过的自然界中流行的特性没有矛盾；（4）该因子（因素）与结果的关系与生物学之间没有矛盾，可以得到合理的说明①。②

与流行病学（疫学）的因果关系类似的证明高度盖然性的手段，还有统计的因果关系。罹患水虫病的患者在医院接受由 X 射线进行的治疗后，被照射的部分发生了皮肤癌，不得已其两下肢被切断。在本案中，法院考量 X 射线的照射时间、数量、次数及部位、X 射线照射与皮肤癌的发生之间的统计的因果关系等诸多事实，尤其是 X 射线照射与癌的发生之间若有统计上的因果关系，且因之而引起的皮肤癌与由其他原因而引起皮肤癌之发生的原因相较前者为比较

---

① 参见日本津地四日市支判昭和 47.7.24 判时第 672 号，第 30 页。

② 应注意的是，尽管流行病学（疫学）的因果关系理论尤其在公害案件的因果关系判断中具有很大的作用，但日本学者新美育文还是提出如下批判：通过流行病学（疫学）来证明因果关系，确实可以探明特定的群体（比如某地区的居民群体）中疾病的多发与因素（因子）之间的因果关系（群体性因果关系），但在该群体内的某个人请求损害赔偿的情形，仅依凭这一点还是难以证明该具体的个人与该因素（因子）之间的因果关系（个别性因果关系）。也就是说，流行病学（疫学）因果关系理论较易证明群体性因果关系，但很难证明个别性因果关系。参见［日］新美育文："基于流行病学方法的因果关系证明"，载日本《法学家》第 871 号，第 92 页等；［日］吉村良一：《侵权行为法》，有斐阁2010 年版，第 107－108 页。

多等情事，判定本案中皮肤癌的发生，该医院的 X 射线的照射是其主要原因。①

四、事实的因果关系被否定时的处理——特别是关于医疗事故

（一）延命利益（生存可能性）丧失说

即虽不能证明医师因过失未实施适合医疗水准的医疗与患者的死亡间存在因果关系，但该医疗如果被实施，则患者在死亡的时点就仍然可能生存，这一点被证明时，医师负有侵权行为责任。②

（二）说明义务违反（对患者的自己决定权的侵害）

为了保障患者的自己决定权，医师实施医疗行为时，须从患者那里获得说明与同意。当医师在说明不充分的情况下就实施治疗，患者不能行使选择权时，即使治疗行为是适当的，医师也须负损害赔偿责任。对此，我国《侵权责任法》第 55 条定有明文："医务人员在诊疗活动中应当向患者说明病情和医疗措施。需要实施手术、特殊检查、特殊治疗的，医务人员应当及时向患者说明医疗风险、替代医疗方案等情况，并取得其书面同意；不宜向患者说明的，应当向患者的近亲属说明，并取得其书面同意。医务人员未尽到前款义务，造成患者损害的，医疗机构应当承担赔偿责任。"

在比较判例法上，实施乳腺癌手术的医师，采用作为当时的医疗水准确立的胸筋温存乳房切除术，其知道患者对自己是否适应未确定（确立）的乳房温存疗法抱有关心，此种情形下，医师对患者负有说明义务，违反时须负侵权行为责任。③

---

① 参见日本水虫放射线皮肤癌案件：最判昭和 44.2.6 民集第 23 卷第 2 号，第 195 页；[日] 内田贵：《民法Ⅱ债权各论》，东京大学出版会 2011 年版，第 395 页。
② 日本最判平成 12.9.22 民集第 54 卷第 7 号，第 2574 页。
③ 日本最判平成 13.11.27 民集第 55 卷第 6 号，第 1154 页。

第六节　抗辩事由①

一、违法性阻却事由（侵权行为责任阻却事由）

（一）正当防卫

正当防卫，指对他人的侵权行为，为防卫自己或第三人的权利或受法律保护的利益，而不得不实施的加害行为。此种情形，发生违法性阻却而不负赔偿责任。② 要被认定为正当防卫，须符合以下条件：（1）以他人的侵权行为为原因；（2）防卫自己或第三人的权利、法益的目的（防卫目的）；（3）加害行为是为了防卫的目的而必须的、不可欠缺的（补充性）；（4）所防卫的权利、利益与被侵害的权利、利益间，必须保持均衡（均衡性）。另外，所谓他人的侵权行为，未必必须是符合侵权行为构成要件的行为，即使没有故意、过失，没有民事责任能力，也是可以的。而且，若客观上有违法的加害行为也是可以的。此外，第（4）要件欠缺而实施了丧失均衡的加害行为时，将作为过度防卫，其违法性并不被阻却。但是，此种情形，有适用过失相抵的余地。

比如，Y 与 Z 发生口角，情急中的 Y 拿刀砍 Z。Z 为了保护自己拿附近 X 所有的伞而抵抗。其结果，Z 虽然无事，但伞却被损坏了。试问：X 对 Y、Z 是否可以请求损害赔偿？

作为被免责的正当防卫的加害行为的对象，其并不限定于侵权行为人，即使第三人也是可以的。因此，在上述例子中，Z 使用 X 的伞而为防卫行为，并不违法。由此，Z 可免去对 X 的损害赔偿责

① ［日］石崎泰雄、渡边达德：《新民法讲义5：无因管理、不当得利、侵权行为法》，成文堂2011年版，第128－133页。

② 又称为"侵权行为责任阻却事由"，参见［日］内田贵：《民法Ⅱ债权各论》，东京大学出版会2011年版，第405页。

任，但 X 对 Y 可请求损害赔偿。另外，在此场合，是通过连锁性的因果关系追究一般侵权行为责任，所以它必须符合侵权行为责任的一般构成要件。

另外，尽管他人没有侵权行为，但因误解而认为有并实施加害行为时，属于"误想防卫"，此时并不阻却其行为的违法性。此外，受害人实施招致误解的行为的，晚近有判例认为，此种场合，应肯定过失相抵。[①]

我国《侵权责任法》第 30 条规定："因正当防卫造成损害的，不承担责任。正当防卫超过必要的限度，造成不应有的损害的，正当防卫人应当承担适当的责任。"

(二) 紧急避险

为了避免由他人的物所生的急迫的危难而损坏该物的，称为紧急避难。此种场合，免负损害赔偿责任。须注意的是，紧急避险与正当防卫的差异有如下两点：（1）须是由他人的物而发生急迫的危险；（2）可免责的，仅限于损坏该物的情形。另一方面，在补充性与均衡性方面，也与正当防卫相同。须注意的是，对于第（2）的要件，晚近比较判例、实务及理论的通说认为，将其仅限于该物不具有合理性，而应解释为与正当防卫相同。[②]

我国《侵权责任法》第 31 条规定："因紧急避险造成损害的，由引起险情发生的人承担责任。如果危险是由自然原因引起的，紧急避险人不承担责任或者给予适当补偿。紧急避险采取措施不当或者超过必要的限度，造成不应有的损害的，紧急避险人应当承担适当的责任。"

(三) 正当行为

1. 正当业务行为

公务员之逮捕犯人、父母对未成年子女行使惩戒权、学校校长

---

① 日本千叶地判昭和 61.10.14 判时第 1223 号，第 109 页。
② ［日］我妻荣：《债权各论下卷一》，岩波书店 1972 年版，第 152 页。

及教员的惩戒行为等，只要是被法律法规认可的行为，且在适法的限度内（即只要不构成权利滥用），则违法性即被阻却。另外，即使法律、法规没有明文规定，像医师所为的对病患实施手术、注射等之伴有对身体的侵袭的治疗行为，它们是社会的正当行为，违法性被阻却。

2. 无因管理

对他人的财产实施管理的行为，原则上构成侵权行为。但是，如果从社会上看其被评价为必要的行为，且该行为并不违反本人的意思时，将作为无因管理而无违法性。①

3. 体育（运动）事故

今日比较法上的通说与实务见解认为，体育运动中的事故，如果是相当范围内（即不违反规则）的行为，则从社会上看即认为欠缺违法性。参加体育运动的人，应在一定范围内承受受伤（负伤）的风险，就此范围内的事故，是不构成侵权行为责任的，其理论根据是"危险引受论"。另外，有人认为，体育运动的事故，在一定范围内是视为有被害人的承诺的。②

4. 幼年者的事故

运动会、游戏乃至于孩子们一起游玩等，即使致对方受伤（负伤），在社会认（可）为是相当的时，违法性即被阻却。不具备足够辨识自己行为责任的智力的儿童，比如捉迷藏这样的一般能够容忍的游戏，背负别的儿童而跌倒造成其受伤时，该伤害行为没有违法性。③

（四）受害人的承诺

受害人出于自由的意思表示而于加害人实施加害行为前对加害人的加害行为予以同意（承诺）的，该同意（承诺）只要不违反公

---

① 日本大判大 7.12.19 民录第 24 辑，第 2367 页。
② ［日］前田达明：《民法Ⅵ2（侵权行为）》，青林书院 1980 年版，第 117 页。
③ 日本最判昭和 37.2.27 民集第 16 卷第 2 号，第 407 页。

共秩序和善良风俗，其违法性（侵权行为责任的构成）被阻却。①不过，在学说上也有如下的主张：故意或重过失的加害行为并不因受害人的同意或承诺而阻却其违法性。②

（五）损害由受害人故意造成

《侵权责任法》第 27 条规定："损害是因受害人故意造成的，行为人不承担责任。"

（六）损害因不可抗力而造成

《侵权责任法》第 29 条规定："因不可抗力造成他人损害的，不承担责任。法律另有规定的，依照其规定。"

（七）自力救济

自力救济，指来不及请求司法程序的救济，而以自己的腕力实现自己的权利。在国家权力广泛发生作用的当代社会，私人的权利应通过公力予以救济，是一项基本的法律原则。而自力救济是通过自己手腕的力量来谋求权利的实现，故原则上被禁止。

唯比较法上的判例认为，自力救济的行使虽然原则上应予禁止，但在不得已的特别紧急的情形，只要不超过其必要的限度和范围，就应例外地允许之。

二、无民事责任能力

（一）无民事责任能力的含义厘定

民事责任能力，指判断自己行为的是非的能力。即使具备侵权行为的构成要件，但若欠缺民事责任能力，则该人原则上也不负损害赔偿责任。由此，其被称为无责任能力制度。

---

① 受害人事后同意（承诺）的，通常应解释为其放弃损害赔偿请求权。[日] 内田贵：《民法Ⅱ债权各论》，东京大学出版会 2011 年版，第 408 页。
② [日] 加藤一郎：《侵权行为》，有斐阁 1974 年版，第 138 页。

（二）无民事责任能力制度的旨趣

为什么不能将侵权行为的法律后果（损害赔偿责任）归属于无责任能力人？过往是认为侵权行为实行过失责任，作为故意、过失的前提，须以存在一定的判断能力为必要。但是，伴随过失的客观化，在将过失把握和理解为客观的注意义务之违反的今日，这样的说明就缺乏说服力了。由此，今日的解释是：将不能理解法的命令、法的禁止的人从损害赔偿责任中解放，对他们加以保护。今日的无民事责任能力制度的旨趣正应基于这样的政策性价值判断而理解。

（三）法律要件

民事责任能力之有无，并不以具体行为人的能力为标准而个别判断。在今日比较民法上，是将它类型化为未成年人和精神病人而判断。在未成年人造成他人损失，其不具备足够的辨识自己行为的责任的智力的，不负损害赔偿责任。依我国《民法通则》的规定，不满18周岁的人为未成年人，不具有行为能力，原则上不具有民事责任能力。但是，已满16周岁不满18周岁的未成年人，如其以自己的劳动收入为主要生活来源的，则视为完全民事行为能力人，由此其具有民事责任能力。

由于精神上的障碍而于欠缺辨识自己行为的责任能力状态期间给他人造成损害的，不负损害赔偿责任。但是，行为人因故意或过失而致一时性欠缺辨识自己行为责任的能力的状态时，不得被免责。①

（四）法律效果

无民事责任能力的人不负损害赔偿责任。代替其负损害赔偿责任的，是无民事责任能力人的监督人，如其父母等。

① 此在比较法上的规定，参见《日本民法》第713条但书。

第六章　一般侵权行为的法律效果^①

第一节　一般侵权行为的救济方法

本章对一般侵权行为构成时的法律效果进行论述。《侵权责任法》第15条规定："承担侵权责任的方式主要有：（一）停止侵害；（二）排除妨碍；（三）消除危险；（四）返还财产；（五）恢复原状；（六）赔偿损失；（七）赔礼道歉；（八）消除影响、恢复名誉。以上承担侵权责任的方式，可以单独适用，也可以合并适用。"而在比较法上，一般侵权行为的法律效果是，要将侵权行为所生的损害恢复到受害人（被侵权人）受害前的状态。换言之，恢复原状。以下将通过对救济方法等的分析考察来予以展开。

① 本部分的写作，除有注释说明者外，主要依据并参考［日］石崎泰雄、渡辺达德：《新民法讲义5：无因管理、不当得利、侵权行为法》，成文堂2011年版，第134-183页，谨此说明。另外，在一些地方下列著述也受到参考：［日］吉村良一：《侵权行为法》，有斐阁2010年版，第113页以下；［日］内田贵：《民法Ⅱ债权各论》，东京大学出版会2011年版，第411页以下。谨此致谢。

一、金钱赔偿原则

（一）金钱赔偿

构成侵权行为后，其法律效果是加害人须恢复受害人的原状。受害人死亡的，因不能实现本来意义（狭义意义）上的恢复原状，故在今日是通过金钱赔偿来替代。与此不同，自己所有的机动车被损坏时，受害人遭受的损害如果有可能恢复原状，则应请求修理机动车。不过，在当代社会中，通常用金钱来计算和表彰商品的价值。另外，从便利的角度出发，在民法上也通常以金钱赔偿为原则。唯当事人之间约定了以金钱赔偿以外的方法进行损害赔偿的，则当事人之间约定的此种损害赔偿方法也是被认可的。

如前述，我国《侵权责任法》第15条规定了八类承担侵权责任的方式，足见在我国，加害人承担侵权责任的法律后果（责任方式）具有多样性。

（二）支付的方法

金钱赔偿有两种方法：（1）一次性（一揽子）支付赔偿金的"一时金赔偿"；（2）定期金赔偿，如每月支付5000元的赔偿金的赔偿。《侵权责任法》第25条规定："损害发生后，当事人可以协商赔偿费用的支付方式。协商不一致的，赔偿费用应当一次性支付；一次性支付确有困难的，可以分期支付，但应当提供相应的担保。"

1. 一时金赔偿

一时金赔偿从受害人的角度看，不会因加害人将来的财产恶化而发生迟延或不能支付赔偿金的问题。另外，它也是尽早使侵权责任得到实现的良好办法。这些均为一时金赔偿的好处和优点。但是，若从加害人的立场看，一下就要拿出数额很多的金钱，现实中往往会有困难，也就是说，加害人往往不能一次全额支付赔偿金。

2. 定期金赔偿

与上述不同，定期金赔偿则是一种按照将来物价的变动、受害人遭受损害的实际状况而灵活赔偿的方法。另外，这种方法具有促使加害人不断反省自己的加害行为的功用。但是，从受害人的立场看，由于支付赔偿金，其必须长期维持与侵权事件的关联性。换言之，其必须具有与加害人不能断绝关系的思想意识。

3. 民法的对应

在今日民法上，对于是采用一时金赔偿还是定期金赔偿，法律通常未作规定。唯比较法上的判例认为，赔偿金的支付方式，应委诸受害人的选择。受害人要求进行一时金赔偿的，法院不能强制进行定期金赔偿。[①]

二、名誉遭受毁损时的恢复原状

（一）名誉毁损

在今日比较民法上，于发生毁损名誉的情形时，"对于损坏他人名誉的人，法院根据受害人的请求，可以替代损害赔偿或与损害赔偿同时命令其做出有利于恢复名誉的适当处理"（《日本民法》第723 条）。据此，当名誉被毁损时，法院既可以单独作出恢复名誉的措施，也可以在判令损害赔偿的同时，采取适当的恢复名誉的措施。所谓被毁损的名誉，指作为社会性评价的名誉。恢复遭受侵害的名誉的社会性评价，即是恢复名誉被侵害前的原状。

（二）道歉广告（"谢罪广告"）：判例与学说的立场

实务中采取恢复名誉的适当措施，大多就是命令加害人做出道歉广告。它常常被用于恢复名誉遭受毁损的受害人的名誉的原状。但是，强要加害人表明道歉的意思，其是否具有正当性？尤其因

[①]　日本最判昭和 62. 2. 6 判时第 1232 号，第 100 页。

为它与今日比较宪法上的"良心的自由"① 相关联。今日比较法上的判例认为，在报纸上刊登道歉广告，并不应解为是对加害人课予的屈辱或苦役的劳苦，或者是侵害其伦理的意思或良心的自由。②

但是，阅读道歉广告（报道）的读者，在该道歉广告（报道）的刊登是否构成毁损名誉的侵权行为尚不能确定时即以人格权等为据，对该报纸的发行者提出在该报纸上免费刊登自己的反驳文章的要求的，不能支持。③ 另外，日本法院的判例还认为，依《日本放送法》第 4 条第 1 项的规定，因广播、电视等的播放而侵犯个人隐私时，名誉受损的受害人对于广播台或电视台，无要求修正播放内容的私生活上的权利。④

日本学说与上述判例的立场不同，多数学者认为，法院判决加害人做出道歉广告，此至少是有强烈违反宪法的嫌疑。⑤ 由此，有学者认为，应使加害人享有事实上的撤销或修改道歉广告的权利。⑥ 另外，也有学者认为，法院强要加害人做出道歉广告，此即使理解为在宪法上不会成为问题，但在民法解释论上，道歉广告也是不妥当的。按照该主张，当使受害人社会地位降低的表现行为（毁损行为）被明确系错误时，作为社会性评价的名誉，即应予以恢复，所以，自作为侵权行为的效果的恢复原状的视角看，道歉广告没有存在的必要。⑦

---

① 参见《日本宪法》第 19 条。

② 日本最大判昭和 31.7.4 民集第 10 卷第 7 号，第 785 页。

③ 日本最高法院昭和 1962 年 4 月 24 日判决，载《最高法院民事判例集》第 41 卷第 8 号，第 490 页。[日] 田山辉明：《日本侵权行为法》，顾祝轩、丁相顺译，北京大学 2011 年版，第 124 页。

④ 日本最高法院平成 16 年 11 月 25 日判决，载《最高法院民事判例集》第 58 卷第 8 号，第 2326 页。[日] 田山辉明：《日本侵权行为法》，顾祝轩、丁相顺译，北京大学 2011 年版，第 124 页。

⑤ [日] 吉村良一：《侵权行为法》，有斐阁 2010 年版，第 116 页。

⑥ [日] 平井宜雄：《债权各论Ⅱ侵权行为》，弘文堂 1992 年版，第 104 页；[日] 吉村良一：《侵权行为法》，有斐阁 2010 年版，第 116 页。

⑦ [日] 洼田充见：《侵权行为法》，有斐阁 2007 年版，第 408 页以下。

三、停止侵害请求

（一）问题的提出

设例：乙在自己所有的土地上建设高层公寓。在乙的邻地上保有住宅的甲，因邻地上建构高层公寓，其自己住宅的日照（采光）受到严重的影响。此种情形，甲对乙可否请求停止公寓的建筑？

在今日比较民法上，在大气污染、噪音公害、污水、恶臭、日照（采光）等公害中，损害将继续地发生，或者像上述实例中由于高层公寓在相邻土地上建造，其确实会造成日照妨害（采光侵害）。在这些情形，持续受侵害的人对继续侵害状态的人，或者将来有受到损害的人对于将来会造成损害的人可主张停止请求，此为受害人的权利，称为停止请求权。

上述停止请求权，是请求（或要求）除去某种侵害状态的权利。对于请求权人而言，在具体的损害尚未发生时也有此权利，并且在请求时也可为了不使损害发生而于事前限制对方的行动。因此，较之金钱赔偿，停止侵害请求的性质更重，由此行使该请求权应具备的要件也更严格。应注意的是，恢复原状与停止侵害请求的差异在于：前者是事后救济，后者是事前救济。

（二）请求停止侵害的各种学说主张①

在比较民法上，请求停止侵害的法理基础，其代表性的学说有如下一些：

1. 权利说

该说又分为如下各说：

（1）基于物权请求权的停止侵害请求权说

---

① 本部分的研习，也可参考：［日］吉村良一：《侵权行为法》，有斐阁2010年版，第119－124页。另外，关于将"平稳生活权"作为人格权之一种，并以此为根据而主张停止请求的学说，也请参见吉村良一该书第120页。

依此说，如果被侵害的利益是物权时，作为物权的效力，可以请求排除妨害（排除妨害请求权）或预防妨害（预防妨害请求权）。① 例如，若土地承包经营权被侵害，其权利人可行使物权的妨害排除请求权。对此，今日比较法上的学说与判例并无异论。在今日，是将物权请求权解为停止请求权的法理与实定法上的根据。物权请求权的存在及其适用范围在今日民法上是明确的、清晰的，所以它是一项优越的停止侵害请求的法理基础。但是，不把握或解释为对物权的侵害，而是把握或解释为对人的健康的侵害，这样的情况也是有的。此在今日的公害案件中尤其如此。

（2）基于人格权的停止侵害请求权说

此说认为，由于公害等而损害的对象是人的生命或身体，所以应解为基于人格权的停止侵害请求权。与前述基于物权请求权的停止侵害请求权说不同，此说不把侵害对象厘定为物权，而是以人格权作为法律上的根据而行使停止侵害请求权。人格权作为法律上应保护的权利在理论与实务上并无异论。正是因此，该说得到了比较广泛的支持。不过，应当在怎样的程度上认可人格权，比如是仅限定为人的生命或身体，还是不仅仅是关于身体的权利，而且要扩及生活上的一般利益？从只要不确定人格权的范围，则应行使停止侵害请求权的范围就不能确定看，无疑，基于人格权的停止侵害请求权说是存在暧昧、不清晰之处的。

（3）基于环境权的停止侵害请求权说

享受良好的环境并可支配之的权利，称为环境权。环境污染发生时，以环境权作为法律上的根据而认可行使停止侵害请求权的主张，即为基于环境权的停止侵害请求权说②。按照该说，不仅被害现

---

① ［日］田山辉明：《日本侵权行为法》，顾祝轩、丁相顺译，北京大学 2011 年版，第 138 页。

② 日本大阪律师协会环境权研究会编：《环境权》，第 1 页以下。转引自［日］石崎泰雄、渡辺达德：《新民法讲义 5：无因管理、不当得利、侵权行为法》，成文堂 2011 年版，第 139 页。

实发生前认可停止侵害请求，即使具体的侵害对于个人没有发生，而处于某环境地域的全体居民有被害之虞的，也认可停止侵害请求。但应注意的是，此环境权在其内容与范围上存在暧昧之点。在日本地方法院所作出的判例中，并不认可存在环境权。不过，因今日的人们对于环境意识的高涨，所以也有通过使环境权的内容明晰化的作业，来使之构成为一项具有实际利用可能的权利。

2. 基于侵权行为的停止侵害请求权说

此说认为，在英美法中，为了弥补普通法对生活妨害救济的不足（损害赔偿），衡平法承认"停止命令"（Injunction）。由此，一般而言，在理论上可以从侵权行为中寻找请求停止侵害的根据。在日本，其民法晚近出现了与忍受限度论相结合的侵权行为停止侵害请求权说。该说主张应从受侵害利益的种类、程度、侵害行为的种类，比较行使停止侵害请求权在当事人间的影响与对社会的影响等，综合考虑公共性、地域、原住性、是否遵守行政性取缔标准、防止损害发生措施的可能性等诸多因素而判断是否超过"忍受限度"；若超过，即认可停止侵害请求。①

3. 二元说

如果依权利说，则若没有权利受侵害，就不能行使停止请求权。与此不同，若依据侵权行为说（尤其是忍受限度论），则会通过判断与其说是被侵害利益而不如说是侵害行为的公共性、社会的有用性是重大的，来认可停止侵害请求。以诸多的要素作为比较衡量的对象，尤其是打出公共性的旗帜时，个人的利益可能相对来说就是微小的。由此点看，即使侵权行为说也有受到一定的批判的余地。

停止侵害请求权的根据有权利侵害和侵权行为两种。此即二元说。按此见解，在发生生命、身体等侵害时，直接认可停止侵害请

① 参见［日］田山辉明：《日本侵权行为法》，顾祝轩、丁相顺译，北京大学2011年版，第127页。

求；与此不同，像噪音致损的场合，则通过比较衡量被侵害（受害）利益与侵害行为等来决定是否认可停止侵害请求。① 对于前者，采用权利的构成，而对后者，则采用侵权行为的构成。

4. 判例

由上述可知，关于停止侵害请求的根据，存在诸多分歧。对此，判例的立场又如何？今日比较法上的判例，在期刊杂志登载的内容侵害了作为人格权的名誉权而原告请求事前禁止的案件中，虑及个人的名誉保护与表现自由的协调而采取了否定立场。另外，期刊杂志登载的内容并不真实，或者它无助于公益的目的，且受害人有遭受重大且明显恢复困难的损害之虞时，认可事前禁止。②

今日比较法上的判例在道路上行驶的机动车的噪音使近邻居民的健康受到损害，居民请求禁止将该道路作为机动车通行使用的案件中，法院作出了机动车方面存在违法性的判断，但在比较衡量被侵害利益的种类、程度和对之施加侵害的行为的性质乃至公共性后，法院否定了原告居民方面的主张。③

值得注意的是，在日本，其在1986年的判决中虽然是根据权利的构成而进行判断，但在1995年的判决中，则是比较衡量诸多因素而以是否超过受害人的忍受限度为标准而判断。后者的判断方法，是在个人利益与公共利益冲突的案件中较多被采用的，尤其在停止侵害请求的场合，它较损害赔偿请求的场合，更多地采用了忍受限度基准。

---

① [日]泽井裕：《公害禁止的法理》，一粒社1969年版，第50页。转引自[日]石崎泰雄、渡边达德：《新民法讲义5：无因管理、不当得利、侵权行为法》，成文堂2011年版，第92–106页；[日]四宫和夫：《无因管理、不当得利、侵权行为》（上、中、下卷），青林书院新社1981–1985年版，第478页。

② 日本最大判昭和61.6.11民集第40卷第4号，第872页。

③ 日本最判平成7.7.7民集第49卷第7号，第2599页。

第二节　损害赔偿请求权的主体①

一、一般的损害赔偿请求权人

（一）自然人

因侵权行为致生损害时，成为损害赔偿请求权的主体的，是遭受损害的受害人。自然人应成为其主体，自不待言。因损害赔偿请求权也是权利，所以有民事权利能力的自然人应成为该损害赔偿请求权的主体是完全无问题的。

（二）法人

法人因也有民事权利能力，所以除基于其性质、法令的限制外，法人原则上也是损害赔偿请求权的主体。法人遭受财产损害时，法人有损害赔偿请求权。

但是，法人与自然人不同，其当然没有身体、精神。其遭受的身体的损害、精神的损害是不被考虑的。但是，关于一般的非财产损害，若不将法人作为损害赔偿请求权的主体，则是不当的。在比较判例法上，日本判例认为：当法人的名誉（商誉）被侵害时，法人享有基于《日本民法》第710条的损害赔偿请求权②。法人的名誉（商誉）受损时，会影响人们对法人的社会评价的降低。法人的社会评价与自然人的社会评价相同，所以应使法人受到与自然人相同的保护。

---

① 本部分的写作，主要依据并参考：［日］石崎泰雄、渡边达德：《新民法讲义5：无因管理、不当得利、侵权行为法》，成文堂2011年版，第143－154页，谨此说明。此外也参考了［日］吉村良一：《侵权行为法》，有斐阁2010年版，第125页以下。

② 日本最判昭和39.1.28民集第18卷第1号，第136页。

（三）胎儿

胎儿如何？胎儿因尚在母体中而未出生，所以依《民法通则》第9条的规定并无民事权利能力。但是，胎儿因其将来一般会正常地出生而成为人。所以，在今日比较法（如《日本民法》）上，关于损害赔偿请求权，胎儿被视为既已出生。这样，就从正面认可了胎儿可成为损害赔偿请求权的主体。

二、间接受害人

（一）问题的提出

设例1：甲驾驶机动车因错误操作方向盘而使机动车撞上了乙，乙受重伤住院。乙的母亲丙支付了住院费用。另外，丙担心儿子乙因事故受伤而可能留下后遗症，为此深感不安，精神为此日渐衰弱（即遭受了精神损害）。此种场合，是否应认可丙对甲请求精神损害赔偿？另外，若乙死亡又如何？

设例2：乙是丙公司的企业领导并带头推销本企业产品（top sales），为进行营业活动他驾驶机动车，无视暂停信号灯的警示而与进入十字路口的甲驾驶的机动车发生事故。他的颈椎被挫伤而不得已住院。在乙不能劳动期间，丙公司的营业额（销售额）直线下滑。此种场合，丙公司是否可对甲请求损害赔偿？

在上述案例中，直接的受害人应成为损害赔偿请求权的主体，此点并无疑义。自然人成为受害人时其损害赔偿请求的主体性之被认可是当然的。那么，与直接的受害人有一定社会关系的人遭受损害时，其对加害人是否可主张损害赔偿请求权？比如，因直接的受害人受重伤而住院，其母亲支付住院费用并遭受精神的痛苦的情形即是。另外，上述作为受雇人的乙因受伤而住院，由此损害到其企业丙（雇用人）的企业活动，并使之蒙受损害也属之。

上述问题，实质上是对于因侵权行为所生的损害哪些应予赔偿，

即侵权行为所生的损害的赔偿范围问题。而赔偿范围，是否认可加
害行为与损害之间的相当因果关系，即将并非是直接的受害人也纳
入予以赔偿，是存在争论的。不过，可以肯定的是，相当因果关系
这一概念和制度是暧昧的，它将直接的受害人遭受的损害的范围与
间接的受害人遭受的损害的范围同等地看待和处理，这样不免使人
对其产生质疑。为此，在今日比较法实务上，将间接的受害人的损
害作为损害赔偿请求权的主体问题而予以分析考察。

（二）近亲属

1. 财产上的损害

在前述设例1中，直接受害人乙的住院费用由丙支付，其对丙
就发生了财产上的损害（积极的损害）。住院费用，由乙自身对甲请
求损害赔偿是可以的，但判例认可了由间接受害人丙对加害人甲行
使损害赔偿请求权。[1] 另外，丙因照料乙而不能工作由此使其应当获
得的利益而不能获得的损害（消极的损害），法院也认可丙可行使损
害赔偿请求权。不过，须注意的是，在今日比较实务上，有人认为，
取得损害赔偿请求权的近亲属的范围，应限定为对直接受害人负有
扶养义务的人[2]。

2. 精神上的损害

（1）侵害生命的场合

在前述设例1中，乙死亡，丙是否可对甲请求损害赔偿？对此，
一些国家的民法上设有明文规定。例如，《日本民法》第711条规
定："侵害了他人生命的人，对于受害人的父母、配偶及子女，即使
其财产权没有受到侵害也必须做出损害赔偿。"由此，前述设例1
中，依此就应当然认可丙对甲请求损害赔偿。

我国《侵权责任法》第18条第1款规定："被侵权人死亡的，
其近亲属有权请求侵权人承担侵权责任。被侵权人为单位，该单位

---

[1]　日本大判昭和12.2.12民集第16卷，第46页。
[2]　［日］幾代通、德本伸一：《侵权行为法》，有斐阁1993年版，第263页以下。

分立、合并的，承继权利的单位有权请求侵权人承担侵权责任。"另外，须指出的是，《日本民法》第 711 条虽只规定受害人的父母、配偶及子女有权请求赔偿，但其晚近判例及学说也强烈地认可这些人以外的近亲属也有损害赔偿请求权。我国《侵权责任法》第 18 条的规定是"近亲属"，此规定较《日本民法》第 711 条的规定更合理。不过，日本实务与学说的立场也与我国的规定相接近。

（2）受伤的场合

值得注意的是，在前述设例 1 中乙受重伤，因之而遭受精神损害的丙可否对甲请求损害赔偿？对此若考量《日本民法》的立场，由于该法第 711 条仅规定受害人死亡时可请求损害赔偿的主体，而对受害人受伤的情形未有涉及。但日本晚近在一件女儿的颜面受到伤害，而除去该伤害系不可能的案件中，认定该女儿的近亲属在精神上遭受了非常大的打击。对此，法院判示说："该女儿的近亲属遭受了堪与该女儿的死亡相等同的精神上的痛苦。"据此，法院认定其与《日本民法》第 711 条所定的情形类似，而依该法第 709 条和第 710 条的规定，认可了该女儿的母亲的损害赔偿请求权。①

应指出的是，在日本，关于上述问题，其学说上也存在与其判例相同的立场。即日本学说认为，对于上述案例，应以《日本民法》第 709 条和第 710 条为据而认可近亲属的损害赔偿请求权。另外，日本学说还认为，若考虑到与受害人的死亡近乎相同的状况，也可通过类推适用《日本民法》第 711 条而解决。②

（三）企业损害

1. 积极的损害

在前述设例 1 中，丙并无义务而支付了乙的住院治疗费用，即应评价为丙发生了积极的损害。此时，多数人认为，应透过类推适

---

① 日本最判昭和 33.8.5 民集第 12 卷第 12 号，第 1901 页。
② ［日］近江幸治：《民法讲义Ⅵ无因管理、不当得利、侵权行为》，成文堂 2007 年版，第 172 页。

用赔偿人代位、代位清偿及代偿请求权等，而肯定丙对甲的请求。与此不同，像乙停止工作期间的工资的支付，丙基于劳动法、就业规则等义务性地向乙给付，丙通过类推适用赔偿人代位的规定（如《日本民法》第422条），可对甲请求。①

2. 消极的损害

在前述设例2中，由于乙未工作，丙企业的营业额（销售额）下降，丙的利益的丧失是甲的侵权行为而生的损害，丙是否可对甲请求损害赔偿？丙遭受的损害并不是由侵权行为直接引起的损害，如果认可这样的请求，则损害赔偿请求权人将无限扩大。为此，今日比较法上的判例与学说，对于此种场合原则上不认可丙对甲的请求。但是，若甲以故意使丙遭受损害的目的而致乙受伤时，则可视为是甲对丙直接实施侵权行为，从而应认可丙的请求。另外，丙为乙的实质的个人公司，两者具有经济上的同一性，比较法上的判例肯定了丙对甲的直接损害赔偿请求权。②

三、侵害生命的损害赔偿请求权人

（一）问题的提出

设例：甲横穿正值是绿灯的人行道，忽略（看漏）绿灯信号的乙驾驶的机动车将其撞上，致其重伤。其后，甲死亡。在其死亡之前的期间，甲未作特别的意思表示。甲有妻子丙，丙为专业主妇。丙对乙可基于怎样的法律构成而请求损害赔偿？另外，若甲当场死亡又如何？

因侵权行为致受害人死亡时，谁可请求损害赔偿？因侵权行为受伤后至死亡期间支出的医疗费用等，其继承人可继承这些积极的损害赔偿请求权，此点并无异议。另外，近亲属固有的损害赔偿请

---

① 日本最判昭和36.1.24民集第15卷第1号，第35页。
② 日本最判昭和43.11.15民集第22卷第12号，第2614页。

求权，已于我国《侵权责任法》第 18 条第 1 款第 1 句明文规定。在比较法上，前述《日本民法》第 711 条也定有明文，值得注意。

在上述设例中，甲当场死亡时，是应解释为甲当场取得损害赔偿请求权，然后由于甲的死亡其继承人继承此请求权？或者解释为甲既然当场死亡，则其丧失民事权利能力，其自身不能成为权利的主体，它是其近亲属的固有的请求权。

另外，甲受重伤但仍暂时生存时其精神损害请求权，应否成为继承的对象？在今日比较法上，精神损害赔偿请求权是专属于受害人的一身专属权[1]，所以由丙继承精神损害赔偿请求权，存在异论。由此，在以下篇幅中，我们将对损害赔偿请求权与精神损害赔偿请求权分别考察，尤其是分析考量肯定其可以继承的"继承肯定说"，与否定其可以继承的"继承否定说"。

（二）损害赔偿请求权的继承

1. 继承肯定说

这里的损害，是指被害人若生存就能获得的利益的丧失，即逸失利益，也称"消极的损害"。在晚近比较判例法上，法院判示：在受害人受伤后经过一段时间死亡的，受害人死亡前取得关于逸失利益的损害赔偿请求权，该请求权可由继承人继承。[2] 也就是说，是认可损害赔偿请求权的继承的。另外，晚近比较法上的判例对于前述设例中受害人当场死亡的情形，其判示：损害赔偿请求权归属于受害人，并认可由继承人继承之。[3]

这样，判例对于即使是当场死亡的，也认为伤害（受伤）与死亡之间存在观念上的时间间隔，进而认为受害人即时取得损害赔偿请求权。在日本，判例的这一立场迄今仍然维持。另外，在学说上也肯定损害赔偿请求权的继承。至于其理论构成，则认为有二：一

---

[1]　参见《日本民法》第 896 条但书。
[2]　日本大判大 9. 4. 20 民录第 26 辑，第 553 页。
[3]　日本大判大 15. 2. 16 民集第 5 卷，第 150 页。

是对生命遭受侵害的被继承人享有的损害赔偿请求权由继承人原始取得；二是侵害生命是对伤害身体的最极致、最严重的侵害。

2. 继承否定说

上述比较法上的判例之维持继承肯定说的实质理由，是受害人受伤后至死亡期间实际上有时间间隔，故此场合认可损害赔偿请求权的继承。但是，在当场死亡的情形，若不认可损害赔偿请求权的继承，则会与前一种情形失去平衡。从理论上看，将当场死亡的损害赔偿请求权解为暂时归属于受害人，此从民事权利能力的主体性的视点看，是理屈词穷的。正是因此，在日本，其民法典的起草者才否定侵害生命的损害赔偿请求权的继承。①

（三）精神损害赔偿请求权的继承

1. 继承肯定说

精神损害赔偿请求权是专属于被继承人的一身的权利，所以它不能成为继承的对象。但是，若一旦行使该请求权，则其与一般的金钱债权并无不同。由此，比较法上的判例最初以受害人死亡前是否表明了行使精神损害赔偿请求权的意思而作为是否继承的标准。

但是，具体要具有怎样的言动才能评价或被认为抑或表明具有行使精神损害赔偿请求权的意思，实际判定起来是困难的。由此在日本，其最高法院认为：精神损害赔偿请求权发生场合的被侵害利益尽管是专属于被害人的一身的，但该请求权本身与一般的金钱债权并无不同，即使受害人生前没有表示或表明任何意思，也认为精神损害赔偿请求权应被继承。②

2. 继承否定说

应注意的是，在今日比较判例法上，也有否定精神损害赔偿请求权之继承的。而且在学说上亦然。否定其继承的理由，是认为侵

---

① ［日］梅谦次郎：《民法要义卷之三债权编（复刻丛书）》，信山社 1992 年版，第 886 页。

② 日本最大判昭和 42.11.1 民集第 21 卷第 9 号，第 2249 页。

害生命的情形，对受害人并不发生精神损害赔偿请求权，所以无继承的余地①，或者认为应肯定精神损害赔偿请求权的一身专属性，等等，从而否定其继承性②。

第三节　损害赔偿的范围③

一、理论构成的对立

（一）问题的提出

设例：甲驾驶机动车因未注意暂时停止（停车）的标示而进入到十字路口，与在人行横道上通行的乙发生冲撞，致其重伤。医院检查，乙骨折，故入院进行了手术。但是，乙的疾患比治疗其疾患的医师所预定的时间晚恢复，所以停止工作了半年。而且，在德国留学的乙的女儿丙比预定的护理乙的时间更早地回国。乙其后回到了他的工作场所（职场），但其右手留下了后遗症。乙是一个从事精细工作的人，其虽对自己的胳膊有自信，但在其身体完全恢复原来的状态前，发生其他并发症，乙于是自杀结束自己的生命。试问：甲必须赔偿哪些损害？

此案涉及损害赔偿的范围问题。有疑问的是，甲对于因乙的后遗症而引起的损害、丙的回国费用，乃至于乙因自杀而引起的损害，是否也须赔偿？如果从没有侵权行为就不会发生损害这一因果链条看，侵权人赔偿的范围应包括全部损害，也就是说，不难想象其赔

---

① ［日］森岛昭夫：《侵权行为法讲义》，有斐阁 1987 年版，第 375 页。

② ［日］加藤一郎：《侵权行为》，有斐阁 1974 年版，第 260 页。

③ 本部分的写作，主要依据并参考：［日］石崎泰雄、渡辺达德：《新民法讲义 5：无因管理、不当得利、侵权行为法》，成文堂 2011 年版，第 154 - 179 页。此外也参考了下列著作：［日］吉村良一：《侵权行为法》，有斐阁 2010 年版，第 142 页以下；［日］内田贵：《民法 II 债权各论》，东京大学出版会 2011 年版，第 427 页以下。

偿范围、赔偿数额将是无限庞大的。不过，仍然有必要划定损害赔偿的范围。

（二）日本判例的态度

在日本，像其民法典第416条关于债务不履行的规定，对侵权行为而言是不存在的。由此，在判例与学说上，不断地摸索划定损害赔偿的范围。但是，在此问题上，日本判例与学说的有力说，都存在很大的乖离。

日本最初的判例认为，《日本民法》第416条的规定不能适用于侵权行为。其采用的法理基础是：不以损害的预见可能性为标准，而是基于社会的一般观念将判定为有因果关系的损害作为赔偿范围。但之后的学说认为，即便是侵权行为，也应类推《日本民法》第416条的规定。亦即，其判例认为，基于通常情事的损害与基于可能预见的特别情事的损害，均为损害赔偿的范围。① 换言之，之前加害人只赔偿由加害人自己的侵权行为而生的具有预见可能的损害的做法被废弃了。值得指出的是，此点在日本过往的传统学说上占据通说的地位②，并且日本今日的判例也采此立场③。

（三）日本学说的态度

1. 义务射程说

在日本，对于判例的上述立场，大多数学者是予以严厉批评的。值得注意的是，相当因果关系这一概念，其系由来于德国法。在德国法上，如果满足损害赔偿请求权的要件，就必须赔偿全部损害，即采取完全赔偿主义。但是，这样一来，加害人的赔偿范围就过分地宽泛了。因此，为限制赔偿范围而采用的办法就是相当因果关系。而在日本，则并没有当然采取完全赔偿主义。由此，作为《日本民

---

① 日本大连判大15.5.22民集第5卷，第386页。

② ［日］我妻荣：《债权各论下卷一》（民法讲义Ⅵ），岩波书店1972年版，第202页。

③ 日本最判昭和48.6.7民集第27卷第6号，第681页。

法》第 416 条的解释论，认为该条体现了相当因果关系的主张是不恰当的。

须注意的是，在日本，其有力的学说对于相当因果关系是区分以下三点的：其一，如果没有侵权行为，就不会发生损害这一事实的因果关系；其二，以事实的因果关系为前提，发生的损害中哪些是应该赔偿的这一保护范围的问题；其三，损害的金钱评价问题。①并且，以该理论为前提，关于损害赔偿的范围，必须考虑保护范围。

根据上述主张，应首先区分基于故意的侵权行为与基于过失的侵权行为。并且，关于前者，应赔偿有事实的因果关系的全部损害。也就是说，此种场合，使加害人赔偿损害的必要性是很高（很大）的；至于后者，应比较衡量被侵害利益的重大性、侵害行为的危险性及社会的有用性，而确定应赔偿的范围。②被侵害利益的重大性与侵害行为的危险性越大，加害人的注意义务就越重，由此赔偿范围也就变得很宽。

2. 危险性关联说

危险性关联说，又称危险范围说。其认为，应区别因侵权行为所生的直接的损害，与基于直接的损害而生的后续的损害。以使用危险性关联这一概念来划定后续损害的赔偿范围。③

依危险性关联说，基于侵权行为而直接发生的第一次损害，系与义务射程说相同，应以加害人是否负有注意义务而划定其范围。

---

① ［日］平井宜雄：《损害赔偿法的理论》，东京大学出版会 2004 年版，第 429 页以下。转引自［日］石崎泰雄、渡边达德：《新民法讲义 5：无因管理、不当得利、侵权行为法》，成文堂 2011 年版，第 158 页。

② ［日］平井宜雄：《损害赔偿法的理论》，东京大学出版会 2004 年版，第 460 页。转引自［日］石崎泰雄、渡边达德：《新民法讲义 5：无因管理、不当得利、侵权行为法》，成文堂 2011 年版，第 159 页。

③ ［日］前田达明：《民法 Ⅵ》（侵权行为），青林书院 1980 年版，第 299 页以下；［日］四宫和夫：《无因管理、不当得利、侵权行为》（上卷、中卷、下卷），青林书院新社 1981－1985 年版，第 448 页；［日］石田穰：《损害赔偿法的再构成》，东京大学出版会 1997 年版，第 48 页以下。转引自［日］石崎泰雄、渡边达德：《新民法讲义 5：无因管理、不当得利、侵权行为法》，成文堂 2011 年版，第 159 页。

但关于后续损害，则以它是否属于由第一次的损害所创出的危险范围，即以它是否与第一次损害有关联的损害这一点为标准。换言之，在第一次损害与后续损害之间如果有自然现象或第三人的行为介入时，危险性关联就被否定（即不存在），从而加害人就后续损害不负赔偿义务。

（四）小结

应注意的是，无论采取上述判例中的相当因果关系说，抑或学说所主张的义务射程说、危险关联说，都不能完全释明限定赔偿范围的所有案件。例如，在前述设例中，丙的回国费用以及甲是否应赔偿因乙的自杀而生的损害，依上述各主张就难以释明或解决。事实上，无论采用上述主张中的何者，均不能一律解决或释明是否应当将这些损害纳入赔偿范围的问题。关于损害赔偿的范围，应考虑政策性的价值判断。也就是说，应按照案件的类型与损害的种类，将不得不评价为是社会上相当的赔偿范围的损害作为赔偿范围。据此，以社会一般观念为标准而划定相当的赔偿范围就是必要的。而这或许是确定损害赔偿范围的妥当办法。

二、应赔偿的损害

依上述分析，加害人应赔偿的损害金额如何算定？以下区分人的损害与物的损害而分别予以考量分析。

（一）人的损害

设例：10 岁的小学生甲穿过正值绿灯的人行横道，被乙公司雇用的丙所驾驶的机动车撞倒，致其重伤。丙由于连日的过度劳累而极度疲劳，忽视了红灯信号（人行横道上是绿灯）。甲入院接受治疗，但即使是现代医学技术也不能使其获得完好的治疗，故留下后遗症，并不得不一辈子依靠轮椅生活。

因侵权行为所生的损害，原则上应以金钱评定、赔偿。但是，怎样以金钱来评价人的损害，对此是存在争论的。事实上，与物的损害不同，对人的损害本身很难用金钱评价。因此，在实务上，乃将损害区分为积极的损害、消极的损害及精神的损害，然后分别算定每一种损害，此种方式称为个别算定方式。另外，还有一种算定方式，是将人的全体损害作为一个损害而把握。这种方法叫做一揽子算定方法。分述之如下：

1. 个别算定方式

（1）积极的损害

比如，受害人因侵权行为受伤后不久死亡的，作为积极的损害而应考虑的是，其受伤后至死亡前所花费的治疗费、住院费及护理费等。还有，关于丧葬费用，理论与实务上认为丧葬费用是与加害行为没有因果关系的损害。但是，比较法上的多数判例认为，丧葬费用在合理的范围内应涵括进损害赔偿的金额中。①

（2）消极的损害

作为消极损害所指的是：逸失利益。若受害人死亡，如前述，因比较法上的判例认为，受害人的损害赔偿请求权应由继承人继承，受害人若生存，其所能获得的利益就是逸失利益。其计算方法是：以受害人死亡时的年收入为基础，计算出可能进行劳动（工作）的年数而能获得的收入总额，之后减去其若生存所花去的生活费，最后扣除中间利息。另外，受伤后至死亡前的逸失利益，是指治疗受伤的过程中不得不停止工作的期间所获得的收入，以及因后遗症而引起的损害。

逸失利益算定的方法：逸失利益＝受害人能获得的年收入×可能劳动（或工作）的年数－生活费－中间利息。算定受害人的年收入时，受害人已工作或劳动的，其死亡时的年收入是其基础数额。提高基本工资等，将来的年收入的增加在相当程度上可以预料、可

---

① 日本大判大13.12.2民集第3卷，第522页。

以期待时，算定时应予考虑。① 应注意的是，受害人死亡时没有劳动（工作）的，根据工资调查显示的平均工资而算定年收入。

另外，外国人在我国因侵权行为而死亡时应如何？对此，当外国人的母国与我国的年收入的差距很大的，就会成为问题。关于此点，日本的判例曾判示：受害人在日本的停留预定期间时，当以在日本的收入为基础而算定逸失利益。

至于中间利息的扣除方法，则有：①霍夫曼方法；②莱布尼茨方法。

（3）精神的损害

在今日比较法上，作为对精神损害的赔偿，加害人应支付的是精神损害赔偿金。但是，实务中算定精神的损害是非常困难的。比较实务上，斟酌事实审的口头辩论终结前发生的诸多情事，由法官根据自己的裁量算定精神损害赔偿的金额。此无须原告提出要求给付多少抚慰金数额，且法官也没有明示算定的根据。今日比较实务上，法院也有认可了原告所提数额（金额）以上的精神损害赔偿金的。所谓诸多的情事，它通常包括：当事人的年龄、职业、受害人遭受损害的性质、加害行为的样态，乃至加害人对受害人之后的关照等。

应指出的是，精神损害赔偿金尽管是对精神损害的赔偿，其也有补完上述积极的损害与消极的损害的功能。② 并且，精神损害赔偿金还具有对加害人施以制裁的功用。此点在加害人故意实施侵权行为的情形，具有更实际的意义。

此外，在上述的损害赔偿范围外，受害人的律师费用于一定范围内也应予以赔偿。

2. 一揽子算定方式

由上可知，在今日比较实务上，一般采用个别算定方法来算定

---

① 日本最判昭和 43.8.27 民集第 22 卷第 8 号，第 1704 页。
② ［日］加藤一郎：《侵权行为》，有斐阁 1974 年版，第 229 页；［日］幾代通、德本伸一：《侵权行为法》，有斐阁 1993 年版，第 300 页。

损害赔偿的数额。但是，应注意的是，此种算定方法，因受害人不同，损害赔偿的数额也不同。由此，如下的疑问就产生了：可否统一规定因侵权行为而致人的损害的赔偿金额？人的生命的价值难道有差异？① 提出这样的疑问的学者立足于将死伤本身把握为损害，认为应使该损害定额化，进行一揽子算定损害赔偿的数额。应指明的是，对此见解表示同意或肯定的人尽管不少，但也有人认为此种主张忽视了人的多样性。

一揽子算定损害赔偿数额，是对受害人遭受的损失不区分为积极的损害、消极的损害以及精神的损害，而是总括性地一揽子称为全部损害，进而受害人可提起该损害赔偿请求。在今日比较实务上，在环境污染、公害案件中，受害人大多提出这样的主张。根据此种主张，受害人对损害的举证责任极大地减轻。在公害、环境污染案件中，分别（个别）算定受害人的损害，其困难的情形是很多的，总括性地认可受害人的损害赔偿请求，具有非常大的优点。在今日比较判例法上，比如于日本，其地方法院的判决实务中，即存在不少总括性（一揽子）地认可损害赔偿请求的情形。②

（二）物的损害

设例：甲有一辆半新旧的法拉利车。该车作为名车价值很高，甲于一年前以市场价 150 万元购买。某周末，甲驾驶该车由于忽视暂时停止的信号而进入十字路口与乙驾驶的机动车相撞。法拉利车大破。其后调查与大破的法拉利相同的法拉利车的交易价格，其曾一度涨到（上升到）200 万元，不过现在其价格已稳定在 180 万元。试问：本案应如何处理？

1. 财产权的侵害

因侵权行为致物的财产权被侵害，应如何计算损害？这其中，

---

① ［日］西原道雄："侵害生命、伤害生命场合的损害赔偿金额（数额）"，载日本《私法》第 27 号，第 107 页以下。
② 参见日本大阪地判平成 3.3.29 判时第 1383 号，第 22 页。

绝大多数又是物的所有权被侵害。因此，以下就以物的所有权被侵害为例来展开考察。

物虽被毁损但若可以修理的，其修理费用、在修理期间因不能使用而支出或发生的费用，应包含在损害的范围中。例如，在上述设例中，甲若利用代替的交通工具的，其费用属于损害的范围。与此不同，物的损伤严重而不可能修理的，应认为物灭失，该物所具有的价值应为损害。另外，对遭受损害的物，其所有权人具有特殊感情的，应解为遭受了精神上的损害而请求精神损害赔偿。最后，受害人的律师费用于一定范围内应作为损害的范围。此点与人的损害的情形相同。

2. 损害赔偿额算定的基准时间

在上述设例中，作为标的物的法拉利车因受严重损伤而成为废车的，其损害赔偿额应以什么时点算定？是购买该车的价格的 150 万元，还是现在的市场价格 180 万元？抑或以作为中间最高价格的 200 万元来确定损害赔偿的数额？对此，晚近比较法上的判例原则上是以侵权行为发生的时点来算定损害赔偿的数额，也有以中间最高价格来算定损害赔偿的数额的例外情形。[1]

三、损害赔偿数额的调整

（一）过失相抵

1. 过失相抵的含义

过失相抵，指在肯定加害人应当承担侵权责任的前提下，若受害人对损害的发生也有过错（故意与过失）的，应减轻加害人的责任。《侵权责任法》第 26 条规定："被侵权人对损害的发生也有过错的，可以减轻侵权人的责任。"

---

[1]　日本大连判大 15. 5. 22 民集第 5 卷，第 386 页。

2. 特殊的类型

（1）受害人方面的过失

在实务上，适用过失相抵的案例中，加害人、受害人均受一定的非难。因此，在实务中，发生交通事故的，多数会适用过失相抵规则。

设例：3 岁的幼儿甲突然跑到干线道路上，与乙驾驶的卡车相撞死亡。事发前甲被寄托在丙保育院里，而该保育院雇用的保育士丁当时正面向附近的公园。在保育士丁的目光离开该幼儿的间隙，发生了事故。

对上述案例，有人会认为 3 岁的幼儿没有意思能力，故不适用过失相抵规则。唯判例认为：所谓受害人的过失，是指与受害人存在身份乃至生活上的一体性的关系的人的过失。而该案例中的保育士，是受该幼儿的父母的委托而对该幼儿进行监护的保育院所雇用的人，其与受害人（3 岁的幼儿）不存在一体性的关系，故不应适用过失相抵。①

设例：甲在购物后返回家的途中，偶然与其夫乙驾驶的车相遇，于是乙停下车，同时告诉甲他已恰好结束工作，让其乘自己的车一起回家。甲高兴，于是搭乘乙驾驶的车。其后，他们行至十字路口时与丙驾驶的车相撞。甲、乙、丙均受伤。甲请求丙损害赔偿。

在上述案例中，丙因乙的过失，其对于甲的损害赔偿请求，是否可以主张过失相抵？对此，判例认为：夫妻之间应视为具有身份及生活上的一体关系，且夫妻之间在家庭经济上也是一体的，所以应适用过失相抵。② 值得注意的是，该判决虽认为夫妻之间存在身份及生活上的一体性，从而应适用过失相抵；但是，对于像存在朋友关系的人同乘一车而发生事故，对于一般的同乘人，其是否及之，是应当慎重的。换言之，此种场合并不适用过失相抵。

---

① 日本最判昭和 42.6.27 民集第 21 卷第 6 号，第 1507 页。
② 日本最判昭和 51.3.25 民集第 30 卷第 2 号，第 160 页。

(2) 素因（原因、素质、体质）

对于损害的发生或扩大，在加害人的侵权行为之外，还有可能与受害人的素因（原因、素质、体质）有关。所谓"素因"，系日文汉字之用语，指原因、原由、起因、素质、体质。此时应考量受害人的原因（素质、体质）而通过适用过失相抵来减轻损害赔偿的数额。须注意的是，在今日的理论与实务上，关于素因的定义是较暧昧的。其通常指受害人的特异体质或由于老毛病、宿疾、慢性病乃至年龄等生发的机能障碍。实务中，其包括心因性的素因和身体性的素因。晚近比较判例法上心因性的素因案件中，是通过过失相抵的类推适用，来斟酌受害人的素因，从而对加害人减责。① 另外，在身体性的素因案件中，晚近比较法上的判例也同样认可过失相抵的类推适用。②

总之，在今日比较判例法上，当心因性素因与身体性素因对损害的发生或扩大产生了影响时，即通过类推适用过失相抵来减轻加害人的责任。

（二）损益相抵

1. 含义

侵权行为的受害人因侵权行为而受有利益时，应从损害赔偿的金额中扣除该利益，此即损益相抵。关于损益相抵，我国《侵权责任法》定有明文。在未设明文规定的国家（如《日本民法》），从损害的公平分担这一基本的考量出发，通常对其予以认可。损益相抵的抽象标准，在于加害与利益存在因果关系，损害与利益在法律上是同质的。③

2. 具体实例

首先，受害人死亡时，受害人生存所需的必要生活费，应从损

① 日本最判昭和 63.4.21 民集第 42 卷第 4 号，第 243 页。
② 日本最判平成 4.6.25 民集第 46 卷第 4 号，第 400 页。
③ 日本最大判平成 5.3.24 民集第 47 卷第 4 号，第 3039 页。

害赔偿金额中扣除。但是，在死亡的受害人系幼儿的案件中，比较法上有判例认为：幼儿的逸失利益与父母所负担的养育费之间不具有同质性，从而不认可由养育费中扣除幼儿的逸失利益。① 另外，生命保险金又如何？对此，判例认为，生命保险金是支付的保险费的对价，为与侵权行为无关的支付，故不能成为损益相抵的对象。② 并且，支付生命保险金的保险人不能代替受取保险金的被保险人向加害人请求损害赔偿。③

另外，比较法上的判例认为，即使有损害保险的场合，作为保险费的对价而支付的保险金，也不能成为损益相抵的对象④。但是，在此场合，损害保险由于实际填补了所生的损害，故保险人在支付保险金的范围内，可代位取得对被保险人的加害人的损害赔偿请求权。

最后，因侵权行为而受伤的受害人已受取劳灾保险给付的又如何？对此，比较法上的判例认为，对加害人的损害赔偿请求权的金额在其范围内克减（缩减）。⑤ 这是因为，比较劳灾法通常规定：国家实施了劳灾保险给付的，国家在其范围内取得受害人的损害赔偿请求权⑥。

第四节　损害赔偿请求权的法律性质⑦

一、抵销的禁止

设例：甲对乙有 100 万元的借款债权，至返还期间乙不履行返

---

① 日本最判昭和 50.10.20 民集第 32 卷第 7 号，第 1500 页。
② 日本最判昭和 39.9.25 民集第 18 卷第 7 号，第 1528 页。
③ 日本最判昭和 55.5.1《判时》第 971 号，第 102 页。
④ 日本最判昭和 50.1.31 民集第 29 卷第 1 号，第 68 页。
⑤ 日本最判昭和 52.5.27 民集第 31 卷第 3 号，第 427 页。
⑥ 例如，《日本劳灾法》第 12 条之四即是。
⑦ 本部分的写作，主要依据并参考［日］石崎泰雄、渡边达德：《新民法讲义 5：无因管理、不当得利、侵权行为法》，成文堂 2011 年版，第 180－183 页。

还之责。甲十分生气，于是暴打乙，使其遭受了 1 个月的重伤。乙对甲请求侵权行为的损害赔偿。同时，主张将此债权与之前对甲的借款债务抵销。

在上述案例中，甲不能主张借款债权与侵权行为债务抵销。其背后的法理和正当性基础是：使侵权行为的受害人通过获得实际的赔偿，而予以现实的救济。另外，应注意的是，受害人乙以损害赔偿债权作为自动债权而与已经存在的债务抵销，则是可以的。①

二、赔偿人代位

在晚近比较法上，《德国民法典》第 255 条、《日本民法》第 422 条规定：债权人，作为损害赔偿接受了其债权标的的物或权利价额的全部支付时，债务人就其物或权利，当然代位债权人。但关于侵权行为，在晚近比较法上，则不存在类似规定。不过，今日比较法上的通说认为，无论侵权行为抑或债务不履行，皆应认可相同的代位。② 因此，因侵权行为加害人损伤受害人的所有物的，加害人若全额赔偿该物的价格，则该物的所有权即移转于加害人。

三、商谈（协商）与后遗症

所谓商谈，指加害人对受害人支付一定数额的金钱，由此受害人对加害人之后就不再请求损害赔偿的合意。此种方法，在实务中常被利用。关于商谈，今日通说将其理解为民法中的和解合同（无名合同）而具有效力。但是，和解合同成立后，和解合同订立时没有涉及的后遗症待到和解合同成立后变得明确、确定的，受害人也

_____

① 日本最判昭和 42.11.30 民集第 21 卷第 9 号，第 2477 页。
② ［日］前田达明：《民法Ⅵ2》（侵权行为），青林书院 1980 年版，第 394 页；［日］四宫和夫：《无因管理、不当得利、侵权行为》（上卷、中卷、下卷），青林书院新社 1981－1985 年版，第 656 页。

须受当初和解合同的拘束。也就是说，和解合同成立之后的后遗症的损害赔偿请求是不被认可的。不过，晚近比较法上又有判例认为：通过商谈（和解合同），受害人放弃的损害赔偿请求权，仅限于商谈（和解合同）成立时被预想到的损害的请求权，而之后发生的明确、确定的请求权则未放弃，也就是说，认可受害人的后遗症损害赔偿请求。①

---

① 日本最判昭和 43.3.15 民集第 22 卷第 3 号，第 587 页。

第七章　对他人侵权行为的责任①

第一节　特殊侵权行为概述

如前述，侵权行为可分为一般侵权行为与特殊侵权行为。前者适用过错责任原则，后者适用无过错责任（危险责任、严格责任）原则。

在今日比较侵权法上，对于因自己的活动而致他人损害的，若该损害是由于自己的故意或过失所造成，则须负损害赔偿责任。换言之，当代侵权法在奉行"没有过失，就没有责任"的过错责任原则的同时，也采取"对自己以外的人的过失致损的行为，自己并不负责"这一原则。在此原则下，对遭受损

---

① 本部分的写作，除有注释说明者外，主要依据并参考［日］石崎泰雄、渡辺达德：《新民法讲义5：无因管理、不当得利、侵权行为法》，成文堂2011年版，第186–197页，谨此说明。此外，本部分的研习也可参考：［日］吉村良一：《侵权行为法》，有斐阁2010年版，第192页以下；［日］内田贵：《民法Ⅱ债权各论》，东京大学出版会2011年版，第398页以下；［日］藤冈康宏、矶村保、浦川道太郎、松本恒雄：《民法Ⅳ债权各论》，有斐阁2011年版，第304页以下。

害的受害人予以救济，可以保障个人的社会经济活动的自由。但同时，人的社会经济活动是多种多样的，由此可能发生各种各样的损害、事故。如果只奉行过错责任原则，则有时就不能使受害人获得救济，从而也就不能保障个人的自由活动。为此，自 20 世纪或较此稍早的时期起，民法即在过错责任原则之外，复采取无过错责任原则。而适用无过错责任原则的，即是特殊侵权行为。

值得说明的是，如前述，今日对社会生活中遭受损害的受害人的救济，除了依照传统侵权法的一般侵权行为与特殊侵权行为而为之外，还产生了各种各样的对损害予以补偿的制度、社会安全制度以及犯罪受害人保护制度等。这些制度共同发挥着分担社会生活中的各种损害、风险的功能。

自本章起，我们将讨论特殊侵权行为。特殊侵权行为，依其性质可分为以下三类①：

（1）由直接的加害人以外的人承担责任的特殊侵权行为。例如，无民事责任能力人引起损害的场合，该无民事责任能力人的监督义务人（监护人）并非直接的侵权行为人，而是因为其与该无民事责任能力人有特别关系，所以由其负担责任。此种侵权行为责任被称为"对他人的行为的责任"。

（2）建筑物等倒塌致在道路上通行的人死亡时建筑物的占有人、所有人的责任，此类责任与物有关，被称为与物有关联的责任。

（3）一个损害的发生与复数的人有关联的情形，实务中并不少见。比如，A 工厂的烟雾与 B 工厂的烟雾作为共同原因而引发了呼吸道疾病即属之。

另外，在上述三种类型之外，在今日比较侵权法上，还存在关于侵权行为的数量很多的特别法。比如，关于机动车事故的机动车损害赔偿保障法、关于规定国家等公共机构的国家赔偿法以及关于因缺陷产品而引起损害的产品责任法，等等。这些均属于特殊的侵

---

① ［日］吉村良一：《侵权行为法》，有斐阁 2010 年版，第 191－192 页。

权行为。

在我国，《侵权责任法》规定的"产品责任"、"机动车交通事故责任"、"医疗损害责任"、"环境污染责任"、"高度危险责任"、"饲养动物损害责任"、"物件损害责任"，以及《侵权责任法》未以章的名义或形式规定的"监督义务人的责任"、"雇用人责任"、"定作人的责任"、"共同侵权行为责任"等在学理上也被称为特殊侵权行为，为与一般侵权行为的对称。

特殊侵权行为的归责原则是对传统的过错责任原则之修正而产生的。通过对传统的过错责任原则的修正，"中间责任"、"无过错责任"等被导入到侵权法的归责体系中。此外，"中间责任"、"无过错责任"也被导入到了今日的特别侵权行为法中。例如在日本，其《机动车损害赔偿保障法》即导入了中间责任，而在《核子损害保障法》中则采用了无过错责任。最后，在日本的《产品责任法》中，对因产品的"缺陷"致他人的生命、身体或财产遭受侵害时，产品的制造者须承担损害赔偿责任，此种责任并非过错责任，而是一种不以产品的制造者之有过错为要件的、不问其有无过错均要承担责任的无过错责任。

第二节　对他人侵权行为的责任：无民事责任能力人的监督义务人的责任①

一、含义与性质

（一）什么是无民事责任能力人的监督义务人的责任

依当代民法，要承担侵权行为责任须以该行为人具有责任能力

---

① 本部分的写作，主要依据并参考［日］石崎泰雄、渡边达德：《新民法讲义5：无因管理、不当得利、侵权行为法》，成文堂2011年版，第190－197页。

为前提，欠缺责任能力的人（无民事责任能力人）即使致他人于损害，也不负赔偿责任。据此，实施直接的侵权行为的无民事责任能力人（加害人），因不符合我国《侵权责任法》第二章"责任构成"的规定，从而不承担该法第6、7条所定的侵权行为责任。但是，这并不意味着受害人无论对谁都不能请求损害赔偿。自对受害人予以救济的视角看，无论对谁都不能请求损害赔偿这样的结论是不妥当的。事实上，若存在应当负担赔偿责任的人，则该人即须向受害人负责。

依《侵权责任法》第32条的规定，当加害人自身不负赔偿责任时，负有监督该无民事责任能力人的法定义务的人（法定监督义务人）或代替监督义务人而监督无民事责任能力人的人（代理监督人）就应负赔偿责任。换言之，法定监督义务人或代理监督人（以下合称"监督义务人"）对无民事责任能力人的侵权行为所生的损害负赔偿责任。此即《侵权责任法》第32条所定的监督义务人的责任。

（二）监督义务人的责任的性质

监督义务人的责任，具有下列性质或特色：

1. 是一种补充责任

即监督义务人并不是与加害人一起共同负担责任，而只是补充性地负担责任。另外，在他人与加害人本人共同承担赔偿责任的情形，其系代位责任，使用人（雇用人）责任即属之。

2. 是中间责任

监督义务人虽负补充性责任，但其责任的内容并非绝对性的无过错责任。例如，《日本民法》第714条第1项但书"但监督义务人并没有怠于履行其义务，或者即便不怠于履行其义务损害仍不免要发生时，则不在此限"。据此比较民法上的规定，没有违反监督义务的，监督义务人免责。监督义务人并不负无过错责任。由于监督义务人没有直接实施使受害人发生损害的加害行为，所以监督义务人可谓是以监督义务违反这一间接的侵害为归责要件。

二、监督义务人的责任的构成要件

（一）加害人须为无民事责任能力人

监督义务人之负责任，须以加害人为无民事责任能力人为前提。加害人之为无民事责任能力人的举证，由追及监督义务人的责任的受害人——原告——承担。

（二）无民事责任能力人实施了侵权行为

即无民事责任能力人对第三人实施了侵权的加害行为。依今日比较侵权法的法理与实务，要追及监督义务人的责任，就加害人的行为，必须满足或符合无民事责任能力以外的人承担侵权行为责任的要件，且受害人应就这些要件负举证责任。无民事责任能力人的行为有违法性阻却事由时，尽管满足或符合侵权行为的构成要件，监督义务人的责任也是被否定的。[①] 另外，有人认为，故意或过失虽是侵权行为的构成要件，但无民事责任能力人既然为识别能力（意思能力）不充分的人，所以故意、过失对其是不适用的。由此，追及监督义务人责任的情形，受害人没有必要就无民事责任能力人的故意或过失负举证责任。[②]

（三）应负赔偿义务的被告须为监督义务人

受害人就被告是监督义务人须负举证责任。具体而言，什么样的人是监督义务人？对此，其包括两种人：一是法定监督义务人，二是代理监督人。分述之如下：

1. 未成年人与精神病人的法定监督义务人

未成年人的监督义务人为其亲权人（父母），但同时其他人也

[①] 日本最判昭和 37.2.27 民集 16 卷 2 号，第 407 页。

[②] ［日］川神裕：《侵权行为 4 无民事责任能力人的监督人的责任》，载 ［日］伊藤滋夫、藤原弘道、松山恒昭编：《民事要件事实讲座民法 II 物权·不当得利·侵权行为》，青林书院 2007 年版，第 287 页。

是亲权代行人，未成年监护人均可成为监督义务人。亲权人是父母，在婚姻关系存续中共同行使亲权，其双方均为监督义务人，其二者的赔偿义务关系为不真正连带债务。当父或母单独行使亲权时，单独亲权人即是监督义务人。父母离婚时，若选定了亲权人之外的监护人的，则监护人即是监督义务人，亲权人不再承担责任。

另外，因行使亲权的人代替服从其亲权的子女行使亲权（《日本民法》第833条），所以，该未成年的子女系加害人时，亲权代行人即成为监督义务人；父母死亡等情形对未成年人不能行使亲权的，未成年监护开始，未成年监护人为监督义务人。未成年被监护人有子女时，对其子女的亲权由未成年监护人代行未成年被监护人为之，其子女为加害人时，该未成年监护人即是监督义务人。此外，于未成年人入儿童福祉设施，且没有亲权人、未成年监护人的，由其设施长行使亲权（《日本儿童福祉法》第47条第1项），由此其成为监督义务人。

另外，依《民法通则》的规定，不能辨认自己行为的精神病人为无民事行为能力人；不能完全辨认自己行为的精神病人为限制民事行为能力人。此两种情形下，其配偶、父母等为精神病人的法定监护人。

2. 代理监督人

代替监督义务人监督无民事责任能力人的人（代理监督人），与监督义务人负相同的责任。代理监督人依合同或特别法抑或基于无因管理而监督无民事责任能力的人。今日比较实务中，既有将对无民事责任能力人的监护、教育委托个人的，也有委托设施或事业体（如托儿所、保育园、幼稚园、小学校、少年院、精神病院）的。当委托设施或事业体时，是该设施或事业体自身成为代理监督人抑或该设施或事业体自身的教职员等实际进行监护的人成为代理监督人，存在争论。在学说上，主张前者的为有力说。① 但是，也有主张后者②，以及主张设施或事业体的负责人为代理监督人的③。

另外，在今日比较实务上，既然有将教职员等作为代理监督人的，则也就有判例判示：该设施或事业体就应负使用人（雇用人）责任或国家赔偿责任。概言之，保育院的保姆、幼稚园的保育士、小学校的教职员以及精神病医院的医师等，即是代理监督人。

最后，收养孤儿而对之进行照看的，只要构成无因管理（在无因管理的范围内），该照看的人即为代理监督人，由此应负无民事责任能力人的监督人责任。此在比较法上，如《日本民法》第714条（无责任能力人的监督人责任）第2项规定："代监督义务人监督无责任能力人的人，亦负前项责任。"

3. 事实上的监督人

除以上所述者外，还有必要提及非基于民法及其他法律、法规乃至合同、无因管理等而事实上对无民事责任能力人实施监督的情形。比如在日本实务上，已经成年却患有精神障碍的儿子，其父母若没有按照成年监护和精神病防止法上的程序来对其加以照顾的，该被照顾的人对他人施予了加害行为时，这样的事实上的监督人是否也能构成侵权责任？从新近比较判例实务的视角看，对此既有采肯定态度者，也有采否定态度者。但在今日比较法学说上，有学者认为，以事实上的监督人作为监督义务人是不能不慎重的。

4. 存在复数的监督人的情形

比如，在家庭中常常很粗暴、做事反复无常的7岁小学生甲，在私立学校上课期间与朋友戏谑时突然从石阶上摔下负伤，此发生

① ［日］四宫和夫：《无因管理、不当得利、侵权行为》，青林书院1985年版，第678－679页；［日］几代通、德本伸一：《侵权行为法》，有斐阁1993年版，第192页；［日］加藤雅信：《无因管理、不当得利、侵权行为》，有斐阁2002年版，第357页。

② ［日］加藤一郎：《侵权行为法》，有斐阁1974年版，第161页；［日］平井宜雄：《债权各论Ⅱ侵权行为法》，弘文堂1992年版，第220页。

③ ［日］远藤浩编：《基本法评释：债权各论Ⅱ（无因管理、不当得利、侵权行为、产品责任）》，日本评论社2005年版，第70页。

于小学校内的事故，加害小学生的担当（管教）教职员作为代理监督人将承担责任，但同时该负伤的小学生的父母也有对之教育不严、管教不好的过错，亦即应认为其父母违反了亲权人的监督义务。像此种教员的责任与父母的责任二者可能发生问题，二者责任的关系应如何分配？一般而言，法定监督义务人的责任与代理监督人的责任，谁应优先，二者并不互相排斥，二者的责任应并存地成立。亦即，二者的责任是一种不真正连带债务关系。当然，在本例中，作为小学生的担当教员的使用人（雇用人），其私立小学校（法人）也有可能负使用人（雇用人）责任。①

三、监督义务人的免责

我国《侵权责任法》第 32 条第 1 款第 2 句规定："监护人尽到监护责任的，可以减轻其侵权责任。"在比较法上，《日本民法》第 714 条第 1 项但书规定：监督义务人并没有怠于履行其义务，或者即便不怠于履行其义务损害仍不免要发生时，监督义务人不负赔偿责任。据此，第一，监督义务人没有怠于履行其监督义务，即监督义务人尽到监护责任；第二，监督义务违反与损害之间没有因果关系，监督义务人即免负赔偿责任。此即监督义务人免负责任的抗辩事由，但须由其负举证责任。分述之如下：

（一）监督义务人没有怠于履行其监督义务

所谓"没有怠于履行其监督义务"，指监督义务人在监督上无过失，换言之，指其对无民事责任能力人实施的加害行为没有过失。实务中，监督义务人尽到如何的监督义务，才能认为其监督上无过失？亦即，监督义务所及的范围是什么或其边界在哪里？对此，系

---

① 须指出的是，在日本依其现行法，此种情形若系公立小学校，则该公立小学校即应负国家赔偿责任。参见［日］石崎泰雄、渡辺达德：《新民法讲义 5：无因管理、不当得利、侵权行为法》，成文堂 2011 年版，第 195 页。

区分如下两种类型而分别考量。

1. 亲权人的法定监督义务人的情形。此等监督人所负的监督义务，是无民事责任能力人的全体生活，即是总括性的一般义务。例如，亲权人对未成年人的全体生活负有一般性的人身监护与教育的义务。亲权人只要不能证明其对该未成年人没有怠于履行所负的包括教育、管教在内的监督义务，就不能免负责任。

2. 在小学校的像教职员那样的代理监督人的情形。此等监督人的任务因仅限于特定的生活领域，所以其监督义务的范围，仅限定于特定的生活领域或与之密切关联的生活关系。离开该特定的场所，则无监督义务。

（二）监督义务的违反与损害之间无因果关系

监督义务人即便不怠于履行其义务损害仍不免要发生的，其免责（《日本民法》第714条第1项但书后句）。换言之，监督义务人若能证明监督义务违反与损害之间不存在因果关系，则可免负赔偿责任。

第三节　对他人侵权行为的责任：使用人责任

一、使用人责任的含义

（一）使用人责任的本质与根据

我国《侵权责任法》第34条规定："用人单位的工作人员因执行工作任务造成他人损害的，由用人单位承担侵权责任。劳务派遣期间，被派遣的工作人员因执行工作任务造成他人损害的，由接受劳务派遣的用工单位承担侵权责任；劳务派遣单位有过错的，承担相应的补充责任。"据此，被使用人因侵权行为而致第三人于损害时，其使用人应负损害赔偿责任。从私法自治的视角看，自己本应只对自己的行为负责，而对他人的行为不负责任，此即自己责任原则。但是，依据《侵权责任法》的这一规定，作为私法自治原则的例外，使用人对于他人的行为须负责任。

从事生产经营活动仅仅一人也是可以的，但若这样的话，其活动范围就十分狭小。而且，由此获得的利益也较为有限。但是，若使用被使用人，则其活动领域无论在量或质上都会扩大，且由此获得的利益也可能很大。让他人工作而自己获利的人，对该他人在为自己执行职务过程中造成的损害，也应负责。这就是"利之所在，损之所归"的报偿责任原理。另外，若利用他人来扩大生产经营活动，则伴随该活动而侵害他人的权利、利益的危险也会增加或扩大。此种场合，仅使实施直接损害的被使用人（如受雇人）负责，而免除使用人（如雇用人）的责任，是不妥当的。使危险扩大的本人（使用人），应负损害赔偿责任。此即危险责任的原理。基于这些理由，使用人（雇用人）对被使用人（受雇人）的行为给他人造成的损害即应负责。①

（二）使用人责任的法律性质

使用人责任是对被使用人（如受雇人）这一他人的行为承担的代位责任。不过，在比较法上，对于使用人的责任在一定要件下又允许免责。比如《日本民法》第715条第1项但书："使用人对于被用人的选任及其事业执行的监督已尽到相当注意，或者即便尽到相当注意，损害仍不免要发生时，不承担责任。"由此可知，使用人就自己的选任监督行为负有过失责任这一自己责任。《日本民法》第715条第1项的该但书的规定，是要求使用人就自己对被使用人的选任监督须证明已尽相当的注意，属于证明责任的转换，是一种中间责任。总之，使用人责任是关于被使用人的行为的代位责任，实际

① ［日］石崎泰雄、渡辺达德：《新民法讲义5：无因管理、不当得利、侵权行为法》，成文堂2011年版，第214页。

上是使用人自己的"固有的责任"①。②

二、使用人责任的要件

要构成使用人责任，须满足下列要件：（1）存在使用关系；
（2）就事业的执行而为之；（3）被使用人对第三人实施了侵权行
为。受害人应主张、举证这些要件，以便追及使用人的责任。③

（一）使用关系

构成使用人责任的第一个要件是：须为某事业而使用他人。此
所谓事业，其广义上与"工作"同义，包括一时的事业、家庭的事
业、非营利性的事业，乃至于企业的大规模的"事业"等。定作人
与承揽人之间，基本上承揽人独立进行工作，因此不应认为存在指
挥监督的支配关系，从而定作人对承揽人的侵权行为不负损害赔偿
责任。当然，定作人在其定做及指示中有过失时，则应负责。另外，
独立进行工作的律师等专家，其在与委托人的关系上，也不应解为
是被使用人。但是，当律师等专家与委托人存在实质上的指挥监督
关系时，也就应认为委托人与律师之间为使用人关系。④

须注意的是，在日本实务中，日本判例有时也从广义上理解指
挥监督（命令）关系。比如，哥哥甲让弟弟乙开自己的车子来接自
己，弟弟驾驶车子在回家途中与丙的汽车相撞。甲向丙提出损害赔
偿请求，而丙则基于使用人责任向甲提出反诉请求。日本最高法院

---

① 关于"固有责任"，请参见［日］平野裕之：《民法综合6：侵权行为法》，信山
社2009年版，第215页。

② ［日］石崎泰雄、渡辺达德：《新民法讲义5：无因管理、不当得利、侵权行为
法》，成文堂2011年版，第214-215页。

③ ［日］石崎泰雄、渡辺达德：《新民法讲义5：无因管理、不当得利、侵权行为
法》，成文堂2011年版，第215页。

④ ［日］石崎泰雄、渡辺达德：《新民法讲义5：无因管理、不当得利、侵权行为
法》，成文堂2011年版，第216页。

认可了使用人责任。① 最高法院这样判示："甲尽管是一时指挥监督乙，但因为能够认定其让乙从事开车将自己送回家的工作，因此可以认定甲和乙之间在本案事故发生时甲的上述工作属于日本民法第715条第1项的使用人与被使用人的关系。"②

另外，形式上缔结了承揽合同但实质上系雇佣关系时，应认定为使用人关系（使用人责任）。同样，企业的派遣职员、合同制员工、医院和聘用的医生之间是使用人和被使用人的关系。③

（二）"事业的执行"

1. 含义

被使用人实施侵权行为，其使用人是否承担责任的重要要件就是被使用人是在为"事业的执行"。一般而言，使用人的事业范围内的行为，也就是被使用人的职务范围内的行为。在比较判例法上，关于"事业"的范围，其并不限定于本来的事业，与事业密切相关的行为也属之。此外，"职务"的范围也与此同。④

2. 外形理论（外观标准说）

（1）交易行为与使用人责任：交易行为中的侵权行为

在今日，使用人责任的典型情形有二：一是在交易行为的过程中实施的侵权行为，二是像由于发生事故那样而引起的侵权行为。前者称为"交易中的侵权行为"，后者称为"事实行为中的侵权行为"⑤。以下先考量前者，后分析后者。

在比较判例法上，比如在日本，其早期的判例以与使用人的事

---

① 日本最判昭和 56 年 11 月 27 日民集 35 卷第 8 号，第 1271 页。
② ［日］圆谷峻：《判例形成的日本新侵权行为法》，赵莉译，法律出版社 2008 年版，第 284 页。
③ ［日］圆谷峻：《判例形成的日本新侵权行为法》，赵莉译，法律出版社 2008 年版，第 284 页。
④ ［日］石崎泰雄、渡边达德：《新民法讲义 5：无因管理、不当得利、侵权行为法》，成文堂 2011 年版，第 217 页。
⑤ ［日］内田贵：《民法 II 债权各论》，东京大学出版会 2011 年版，第 486 页。

业的执行相关联且与之构成一体的具有不可分关系（"一体不可分说"①）为标准来确定使用人责任②，但之后对此作扩大解释的判例出现了③。而且最终出现了以"外形理论"（"外观标准说"④）作为判断使用人责任的标准的判决⑤。

"外形理论"或"外形标准说"，指被使用人（如雇用人）滥用某种地位以谋私利或满足自己的欲望时，从行为的外部特征看，应属于其职务范围内的行为。⑥ 在该判例中，作为 Y 公司总务科长的甲承担股票发行等事务，为实施个人的金融融资，甲将自己保管的股票用纸、印章和经理印章拿出公司，伪造 Y 公司的股票，给 X 公司带来了损害。法院判决认为，甲的行为属于不当执行业务，但并不意味着该行为不属于执行职务的行为。⑦

值得指出的是，日本法院在上述判决之后又出现了如下的判例：通商产业部的司机在搭载大臣秘书时发生了交通事故，该秘书虽然已提交了辞呈但还未正式失去官职。对此，判决认为，即使是为了秘书私事而为之，仍然属于通商产业部司机的职务行为范围⑧；社交咖啡厅在营业中因顾客支付餐费而引起纠纷，店员在咖啡厅角落将顾客打伤。法院判决认为，由此等暴行而给顾客造成的损害，应属

---

① 关于此说的内容，参见［日］内田贵：《民法 Ⅱ 债权各论》，东京大学出版会 2011 年版，第 487 页。

② 日本大判大 5.7.29 刑录第 22 辑，第 1240 页。

③ 日本大连判大 15.10.13 民集第 5 卷，第 785 页。

④ 关于此说的内容，参见［日］内田贵：《民法 Ⅱ 债权各论》，东京大学出版会 2011 年版，第 487 页。

⑤ ［日］石崎泰雄、渡辺达德：《新民法讲义 5：无因管理、不当得利、侵权行为法》，成文堂 2011 年版，第 218 页。

⑥ 日本大审院连合部大正 15 年（1926 年）10 月 13 日判决，载《大审院民事判例集》第 5 卷，第 785 页。

⑦ ［日］田山辉明：《日本侵权行为法》，顾祝轩、丁相顺译，北京大学出版社 2011 年版，第 145 页。

⑧ 日本最判昭和 30.12.22 日判决，载日本《最高法院民事判例集》第 9 卷第 14 号，第 2047 页。

于店员在执行业务时产生的损害①；担任开具票据业务的公司的经理科长盗用董事长的印章以公司名义伪造票据，此行为属于执行公司的业务的行为②；从事公司送货上门业务且根据工作需要随时可以使用公司汽车的雇员，在工作时间外为私事使用公司汽车而引发交通事故时，日本法院判决应视为属于执行公司业务的行为③；即使是受雇人因私事驾驶不属于雇用人（汽车修理厂）所有的汽车而发生交通事故，雇用人基于《日本民法》第 715 条也要承担责任④；在能够遇见私立大学的拉拉队员遭受学长殴打的情况下，作为该大学教授会的成员，负有避免这种暴行发生的具体的作为义务，并且应采取相关措施，这属于作为雇用人的大学的分内事务⑤。⑥

（2）事实行为中的侵权行为

在今日比较实务上，在执行职务中实施侵权行为时，通常采取"与执行职务的密切关联性"这一新的标准，来肯定使用人的责任。例如，在敷设水管工程的现场，实施作业工程的人对其他实施作业的人员实施暴行而使其受伤的案件中，日本法院认为："这是以事业的执行为契机的有密切关联的行为"，从而使用人应承担责任⑦。另外，寿司店的店员送货途中与他人发生争吵并向对方施暴的案件中，日本法院也采取了相同的标准。⑧ 还有，Y 公司的销售负责人甲由于迟延未能搭上末班火车，尽管公司禁止将机动车用于私事，甲还是

---

① 日本最判昭和 31.11.1 判决，载日本《最高法院民事判例集》第 10 卷第 11 号，第 1043 页。

② 日本最判昭和 32.7.16 判决，载日本《最高法院民事判例集》第 11 卷第 7 号，第 1254 页。

③ 日本最判昭和 37.11.8 判决，载日本《最高法院民事判例集》第 16 卷第 11 号，第 2255 页。

④ 日本最判昭和 43.9.27 判决，载日本《最高法院民事判例集》第 22 卷第 9 号，第 2020 页。

⑤ 日本最判平成 4.10.6 日判决，载日本《判例时报》第 1454 号，第 87 页。

⑥ ［日］田山辉明：《日本侵权行为法》，顾祝轩、丁相顺译，北京大学出版社 2011 年版，第 146 页。

⑦ 日本最判昭和 44.11.18 民集第 23 卷第 11 号，第 2079 页。

⑧ 日本最判昭和 46.6.22 民集第 25 卷第 4 号，第 566 页。

擅自驾驶 Y 公司所有的吉普车回家，并在途中将行人 X 撞死。对于此案，法院判决认定甲的行为属于职务范围内的行为。① 但是，围绕从出差地驾驶私家车返回途中发生的事故，法院判决认为，尽管加害人（被使用人）的使用人 Y 公司"禁止直接加害人甲使用私家车出差，但甲使用私家车赶赴出差地这一行为，从行为的外形客观地看，不能说属于执行业务。因此，在从出差地返回途中发生的该起事故中，甲的驾驶行为不属于执行 Y 的业务的行为"②。③

最后，需指出的是，在今日的比较判例法上，如在日本，外形标准说在判例实务中是处于支配地位的。尽管如此，仍有必要指出，它是主要适用于交易行为中的侵权行为的。新近以来，在事实行为的侵权行为中，"与职务的密切关联性"标准正发挥其作用。而且，对于交易行为中的侵权行为，适用"与职务的密切关联性"标准而作出的判决也出现了④。⑤

（3）小结

综上，关于使用人责任的构成要件中的"事业的执行"的判断，如前述，其案型有两类：一是交易行为中的侵权行为，二是事实行为中的侵权行为。而后者的典型又包括由机动车那样的危险物所生的侵权行为，以及由被使用人实施暴力（暴行）所生的侵权行为。在今日比较判例法上，通常根据案型的不同而采取不同的基准（理论）来判断是否属于"事业的执行"。对此，可具体图示如下：⑥

---

① 日本最判昭和 39.2.4 判决，载日本《最高法院民事判例集》第 18 卷第 2 号，第 252 页。

② 日本最判昭和 52.9.22 判决，载日本《最高法院民事判例集》第 31 卷第 5 号，第 767 页。

③ ［日］田山辉明：《日本侵权行为法》，顾祝轩、丁相顺译，北京大学出版社 2011 年版，第 148－149 页。

④ 日本最判平成 15.3.25《判时》第 1826 号，第 55 页。

⑤ ［日］石崎泰雄、渡边达德：《新民法讲义 5：无因管理、不当得利、侵权行为法》，成文堂 2011 年版，第 220 页。

⑥ ［日］内田贵：《民法Ⅱ债权各论》，东京大学出版会 2011 年版，第 494－495 页。

交易行为中的侵权行为 ——→ 外形理论

危险物所生的侵权行为型

（机动车事故型）——→ 支配领域内的危险

事实行为中的侵权行为

暴力（暴行）行为型 ——→ 与事业的执行行
为的密切关联性

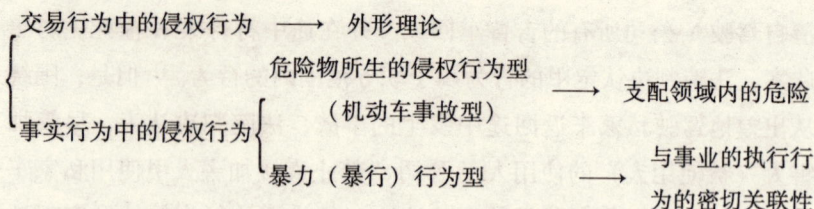

（三）被使用人（受雇人）对第三人实施了侵权行为

1. 第三人

第三人，指使用人和加害被使用人以外的人。加害被使用人对
作为同事的被使用人实施加害行为而造成了损害时，该被使用人也
属于第三人。另外，加害被使用人与受害被使用人在从事共同的业
务活动中发生事故的，受害被使用人也属于第三人。①

2. 被使用人的侵权行为

被使用人（如受雇人）须对第三人实施了侵权行为，方可发
生使用人（如雇用人）的侵权责任。应注意的是，若将使用人责
任的法律性质解释为代位责任，则当然就应以被使用人侵权行为
的构成作为使用人承担责任的前提。但是，如前述，使用人责
任，既有代位责任的一面，也有"自己的固有的责任"的一面。
因此，即使被使用人不符合侵权行为的要件，使用人也有可能承
担责任。

三、代理监督人的责任

在比较法上，《日本民法》第715条第2项规定：代替使用人而
为监督事业的人，也负使用人的责任。据此，代理监督人也负与使
用人相同的责任。应注意的是，代理监督人的责任也具有代位责任
的性质。但一般而言，其并非是使用人那样的利益归属主体，故并

---

① ［日］石崎泰雄、渡辺达德：《新民法讲义5：无因管理、不当得利、侵权行为
法》，成文堂2011年版，第221页。

非报偿责任。①

四、使用人责任的效果

（一）损害赔偿责任

在承担责任的要件充足时，使用人须对因被使用人的侵权行为而生的损害予以赔偿。当然，如前述，被使用人须因实施了侵权行为而依侵权责任的构成要件而负损害赔偿责任。使用人与被使用人的损害赔偿责任，为不真正连带债务关系。而所谓不真正连带债务，指尽管没有像连带债务那样的绝对效力，对连带债务人中的一人所生的事项（如其所作的债务免除或其债权的消灭时效的完成），对其他债务人不生效力（即对另一方债务人的债务没有影响）。也就是说，只有相对的效力②。

（二）求偿

1. 对被使用人的求偿

对受害人进行了损害赔偿的使用人、代理监督人，可对被使用人行使求偿权。若将使用人责任的法律性质解为代位责任，则当然可对实施侵权行为的被使用人行使求偿权。但是，若将使用人责任的本质解为报偿责任，则直接实施侵权行为的是被使用人。据此，对被使用人从事活动的结果所生的全额损害予以赔偿，就不妥当了。日本判例认为，使用人对被使用人行使求偿权，应依诚信原则而限制其数额，应仅限于其损害的四分之一。③

2. 逆求偿

受害人对作为直接侵权行为人的被使用人有基于一般侵权行为

①　[日] 石崎泰雄、渡边达德：《新民法讲义5：无因管理、不当得利、侵权行为法》，成文堂2011年版，第222页。

②　[日] 石崎泰雄、渡边达德：《新民法讲义5：无因管理、不当得利、侵权行为法》，成文堂2011年版，第223页。

③　日本最判昭和51.7.8民集第30卷第7号，第689页。

的损害赔偿请求权。据此请求权，被使用人支付其全部赔偿数额的情形也是有的。在此情形，被使用人对使用人是否可以求偿，即是否可以逆求偿，就成为问题而提出来了。对此，若从使用人责任系代位责任看，不应认可有之。与此不同，也有人认为，使用人的损害赔偿责任与被使用人的损害赔偿责任从具有不真正连带债务的属性看，应考虑二者过失的程度、原因力而决定各自应负担损害赔偿的比例，亦即应认可被使用人向使用人逆求偿。①

五、使用人责任与表见代理的关系

在交易中的侵权行为的场合，通过适用应保护对象方的信赖的外形理论而使使用人承担损害赔偿责任，但有时也会发生是否适用表见代理的问题。对此，一般而言，受害人为使合同内容得以实现这一目的而进入到交易关系中，因此其完全可以主张表见代理来谋求履行的实现。不过，若比较表见代理与适用外形理论的使用人责任，则可发现适用表见代理的要件更严。当然，若都符合这两项责任的要件，则当事人可选择其中之一而适用。②

为使以上所述更清晰，试将《日本民法》第715条的使用人责任与第110条的表见代理责任的法律构成表解如下:③

	民 715 条	民 110 条
使用人·被使用人的关系	使用关系·业务的执行	基本代理权（基本权限）

---

① 〔日〕石崎泰雄、渡边达德：《新民法讲义 5：无因管理、不当得利、侵权行为法》，成文堂 2011 年版，第 225 页。

② 〔日〕石崎泰雄、渡边达德：《新民法讲义 5：无因管理、不当得利、侵权行为法》，成文堂 2011 年版，第 225 页。

③ 〔日〕石崎泰雄、渡边达德：《新民法讲义 5：无因管理、不当得利、侵权行为法》，成文堂 2011 年版，第 226 页；〔日〕内田贵：《民法Ⅱ债权各论》，东京大学出版会 2011 年版，第 490 页。

	民 715 条	民 110 条
对象方的主观要件	无恶意、重过失	正当理由（善意、无过失）
法律效果	损害赔偿责任	履行责任

六、使用人责任与国家赔偿法

在比较法上，日本《国家赔偿法》第 1 条 1 项规定："行使国家或地方公共团体的公权力的公务员，其职务的行使因故意或过失违法致他人于损害时，国家或公共团体应负赔偿责任。"同条第 2 项规定："公务员有故意或重大过失的，国家或公共团体对该公务员有求偿权。"据此，于侵权法与国家赔偿法均对使用人责任有规定时，后者的规定应为前者的特别法的规定。特别法的规定应优先适用。①

---

① ［日］石崎泰雄、渡辺达德：《新民法讲义 5：无因管理、不当得利、侵权行为法》，成文堂 2011 年版，第 226 页。

第八章　多数人侵权行为责任

第一节　基本概要

在侵权行为中，一个损害的发生与多数人相关联的情形是不少的。特别是随着社会生活的高度化、复杂化，这样的情形在不断增加。另外，为了确保被害人实质性地得到赔偿，也多将有赔偿财力的人作为赔偿义务人。此外，在诉讼上与复数人相关联的侵权行为案件也在不断增加。从比较法的视角看，对复数（多数）加害人的责任，于民法典中未设立特别规定的是《法国民法典》代表的立法；未规定要件而只就效果设有规定的，是《意大利民法典》代表的立法；而就要件与效果均设有规定的，是《德国民法典》代表的立法。此即比较法上关于多数（复数）责任主体的侵权行为的三种立法成例。①

在日本，其民法典第 719 条定有共同侵权行为的规定，而且新近以来将该条的规定与第 709 条关于一

---

① ［日］淡路刚久："日本侵权行为法重述 13"，载日本《法学家》第 898 号，第 86 页以下；［日］吉村良一：《侵权行为法》，有斐阁 2010 年版，第 239 页。

般侵权行为的规定作分别理解，即将第 709 条规定的要件与效果和第 719 条的要件、效果作不同的理解。也就是说，依今日日本学者的通说，《日本民法》第 719 条的规定属于《德国民法典》所定的类型。但是，与德国法不同的地方在于，德国民法是将数人共同实施侵权行为时的规定（《德国民法典》第 830 条）作为由一个侵权行为而生的损害，由多数人相互负担责任，是一种连带责任（《德国民法典》第 840 条）；而《日本民法》第 719 条的适用，是就复数加害人中的三种情形——狭义的共同侵权行为、加害人不明的共同侵权行为及教唆、帮助——进行规定。①

第二节　多数人侵权责任的含义与体系

多数人侵权责任，指由二人或二人以上实施侵权行为时产生的损害赔偿责任。在今日，侵权行为中的加害人为多数人的情形十分常见。比如，机动车损害责任、产品责任、医疗损害责任及环境污染损害责任等侵权行为中，都有可能是多数人的侵权责任。在近现代各国民法中，《德国民法典》第 830 条与第 840 条、《日本民法》第 719 条、《瑞士债务法》第 50 条、《荷兰民法典》第 166 条、《俄罗斯民法典》第 1080 条与第 1081 条以及我国台湾地区"民法"第 185 条等，均就多数人的侵权责任定有明文，值得注意。

在 2009 年《侵权责任法》颁布之前，我国规范多数人侵权责任的规范是：（1）《民法通则》第 120 条；（2）《最高人民法院关于贯彻执行〈中华人民共和国民法通则〉若干问题的意见（试行）》第 148 条；（3）最高人民法院《关于人身损害赔偿的司法解释》第 3、4 条。依据这些法律规范，多数人侵权责任被分为两类：（1）承担连带责任的多数人侵权，即共同侵权行为。其又包括：共同加害行

---

① ［日］吉村良一：《侵权行为法》，有斐阁 2010 年版，第 239 页。

为、共同危险行为及教唆帮助行为。（2）承担按份责任的多数人侵权，即最高人民法院《关于人身损害赔偿的司法解释》第 3 条第 2 款规定的情形。《侵权责任法》第 8—12 条对多数人侵权责任重新作出规范。依其规定，多数人侵权责任体系分为三类：（1）共同侵权行为，包括共同加害行为（第 8 条）、共同危险行为（第 10 条）及教唆帮助行为（第 9 条）。（2）承担连带责任的无意思联络的数人侵权（第 11 条）。（3）承担按份责任的无意思联络的数人侵权（第 12 条）。①

在比较侵权法理论上，日本学者内田贵将多数加害人的侵权行为区分为四种类型（加害行为一体型、损害一体型、独立侵权行为竞合型及加害人不明型），并图示如下，② 值得注意。

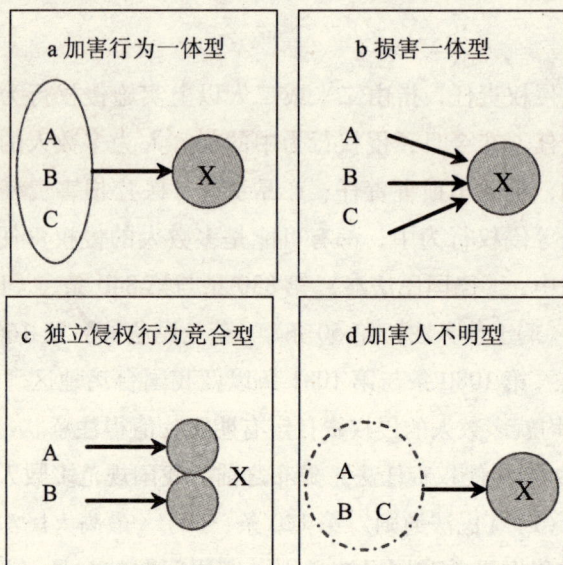

① 程啸：《侵权责任法》，法律出版社 2011 年版，第 238－239 页。
② ［日］内田贵：《民法Ⅱ债权各论》，东京大学出版会 2011 年版，第 533 页。

第三节　共同加害行为

共同加害行为，又称狭义的共同侵权行为，即典型的共同侵权行为。依据《侵权责任法》第8条的规定，它是指二人以上共同实施侵权行为，造成他人损害应承担连带责任的情形。构成共同加害行为，须具备如下客观要件：（1）须有二人或二人以上的加害人。（2）每个加害人的行为符合客观构成要件。即首先共同加害行为中的每一个加害人都必须实施了加害行为（含作为或不作为）；其次，每一个加害人的行为与受害人的权益被侵害都具有因果关系，即在造成受害人权益被侵害的过程中，每一个加害人都付出了努力，他们各自承担了一定数量的、相互之间有一定联系的行为部分（Tatbeitrag）[1]。

此外，构成《侵权责任法》第8条的共同加害行为还须具备主观要件。须注意的是，对于上述《侵权责任法》第8条中"共同"一语的含义之理解，有"主客观共同说"和"主观共同说"两种解释。今日居于有力地位的理解是"主观共同说"，本书也采此见解。应说明的是，《侵权责任法》第8条的"共同"仅指共同故意。若数个行为人仅仅分别具有过失，即使他们存在某种意思的沟通，只要这种沟通未使得他们在主观上存在共同故意，就不构成共同加害行为。一言以蔽之，《侵权责任法》第8条的"共同"并不包括"共同过失"。[2]

符合上述构成要件，二人以上共同实施侵权行为造成他人损害的，依《侵权责任法》第8条的规定，应承担连带责任。

---

[1] 程啸：《侵权责任法》，法律出版社2011年版，第243－244页。
[2] 程啸：《侵权责任法》，法律出版社2011年版，第244页以下。

第四节 共同危险行为

我国《侵权责任法》第 10 条规定："二人以上实施危及他人人身、财产安全的行为，其中一人或者数人的行为造成他人损害，能够确定具体侵权人的，由侵权人承担责任；不能确定具体侵权人的，行为人承担连带责任。"据此规定，可知共同危险行为与共同加害行为的主要区别之点在于免责事由的不同。具体言之，在共同危险行为，行为人既可以通过证明自己的行为与损害后果没有因果关系而免责，也可以通过证明具体的侵权人是谁而免责。但是，在共同加害行为中，行为人并无此等免责事由。

共同危险行为的构成要件包括如下几点：①

（1）基本构成要件。在共同危险行为，尽管受害人免负因果关系的证明责任，但仍须证明每一个共同危险行为人的行为符合其他的侵权责任成立要件，这些要件属于共同危险行为的基本构成要件。比如，须存在损害。另外，共同危险行为是解决因果关系不明而设立的制度，因在一般侵权行为和特殊侵权行为中都有可能出现因果关系不明的情形，所以，共同危险行为既适用于一般侵权行为，也适用于特殊侵权。

（2）不存在共同故意。即共同危险行为人之间不存在共同故意，此系共同危险行为区别于共同加害行为的分水岭。在共同加害行为与共同危险行为的适用顺序上，后者从属于前者，只有不构成共同加害行为，才能考虑能否适用共同危险行为。

（3）数人实施了危险行为。即存在数个共同危险行为人、二人以上实施了行为、共同危险行为人的行为无须时空同一性及数人的行为均具有导致他人权益遭受特定损害的危险性。

---

① 程啸：《侵权责任法》，法律出版社 2011 年版，第 254－258 页。

（4）因果关系不明。如前述，共同危险行为的规范目的在于消除因果关系不明给受害人造成的证明责任上的困难。所谓"因果关系不明"，其形态可能有以下三种：一是"原因人不明"（"加害人不明"）。指数人分别实施的对他人权益之损害具有危险的行为中，肯定是有至少一人的行为实际造成了损害，但不能确定何人所为；二是"加害部分不明"，即数人分别实施的对他人权益具有危险的行为，每一人的行为都足以产生共同的损害。现损害系由该数人行为中的某一行为或某几个行为造成，唯不能查明每一个行为造成的损害部分如何；三是加害人不明同时加害部分也不明。此在环境污染损害中较常见。

共同危险行为的法律后果包括两个方面：《侵权责任法》第10条规定："二人以上实施危及他人人身、财产安全的行为，其中一人或者数人的行为造成他人损害，能够确定具体侵权人的，由侵权人承担责任。"承担连带责任的，"被侵权人有权请求部分或者全部连带责任人承担责任。"（《侵权责任法》第13条）"连带责任人根据各自责任大小确定相应的赔偿数额；难以确定责任大小的，平均承担赔偿责任。支付超出自己赔偿数额的连带责任人，有权向其他连带责任人追偿。"（《侵权责任法》第14条）

应注意的是，共同危险行为中，因除了一个或多个侵权人的行为与损害之间存在真实的因果关系外，其他人的行为与损害之间存在的是"可能的因果关系"，所以共同危险行为人可以通过证明自己的行为与损害之间不可能存在因果关系而免责。①

第五节　教唆、帮助侵权行为

教唆、帮助侵权行为，又称为"视为的共同侵权行为"，指教

---

① 程啸：《侵权责任法》，法律出版社2011年版，第261页。

唆、帮助他人实施侵权行为的情形。在今日比较侵权法上，《德国民法典》第830条第2款、《日本民法》第719条第2款、《瑞士债务法》第50条、《韩国民法典》第760条第3款及台湾地区"民法"第185条第2款等，均在共同侵权行为中就教唆侵权和帮助侵权定有明文。在我国，《民法通则》对此未作规定，《最高人民法院关于贯彻执行〈中华人民共和国民法通则〉若干问题的意见（试行）》之第148条设有规定："教唆、帮助他人实施侵权行为的人，为共同侵权人，应当承担连带民事责任。教唆、帮助无民事行为能力人实施侵权行为的人，为侵权人，应当承担民事责任。教唆、帮助限制民事行为能力人实施侵权行为的人，为共同侵权人，应当承担主要民事责任。"基于对该条规定在理论与实务上的经验总结与检视，《侵权责任法》第9条就教唆、帮助的侵权行为作了修正性规定："教唆、帮助他人实施侵权行为的，应当与行为人承担连带责任。教唆、帮助无民事行为能力人、限制民事行为能力人实施侵权行为的，应当承担侵权责任；该无民事行为能力人、限制民事行为能力人的监护人未尽到监护责任的，应当承担相应的责任。"据此规定，教唆、帮助侵权行为包括：（1）教唆、帮助完全民事行为能力人实施侵权行为；（2）教唆、帮助无民事行为能力人或限制民事行为能力人实施侵权行为。

教唆、帮助他人实施侵权行为的人（教唆人、帮助人）被视作共同侵权（加害）行为人，其与直接侵权（加害）人一道就受害人（被侵权人）的损害承担赔偿责任。应注意的是，被侵权人（受害人）只需证明存在教唆或帮助行为即可使教唆人或帮助人与直接侵权人（直接加害人）一起承担连带责任。另外，在《侵权责任法》的立法过程中，有人提出无论监护人是否尽到监护责任，都应当由监护人与教唆人或帮助人承担连带责任。在存在教唆人、帮助人的情形下，监护人也要承担连带责任，因过于严厉，故《侵权责任法》

最终未规定监护人须承担连带责任。①

第六节 无意思联络的数人侵权

我国《侵权责任法》对于无意思联络的数人侵权行为的规定见于第 11 条和第 12 条。其中第 11 条规定："二人以上分别实施侵权行为造成同一损害，每个人的侵权行为都足以造成全部损害的，行为人承担连带责任"；第 12 条规定："二人以上分别实施侵权行为造成同一损害，能够确定责任大小的，各自承担相应的责任；难以确定责任大小的，平均承担赔偿责任"。据此规定，可知没有共同故意的数人分别实施侵权行为而造成他人同一损害的，即为无意思联络的数人侵权行为。概言之，《侵权责任法》的该两条规定为关于分别实施侵权行为而造成同一损害时承担连带责任或按份责任的规定，实际上是分别侵权的规定。②

无意思联络的数人侵权行为的构成要件包括三项：（1）数人分别实施侵权行为；（2）造成了同一损害；（3）存在因果关系。对此，应注意的是，适用《侵权责任法》第 11 条，须分别实施侵权行为的人中"每个人的侵权行为都足以造成全部损害"，属于"累积因果关系"、"聚合因果关系"、"等价因果关系"。③ 所谓"足以造成全部损害"，并不是指每个侵权行为都实际上造成了全部损害，而是指即便没有其他侵权行为的共同作用，独立的单个侵权行为也有可能造成全部损害。④

---

① 全国人大常委会法制工作委员会民法室编：《中华人民共和国侵权责任法条文说明、立法理由及相关规定》，北京大学出版社 2010 年版，第 39 页。

② 全国人大常委会法制工作委员会民法室编：《中华人民共和国侵权责任法条文说明、立法理由及相关规定》，北京大学出版社 2010 年版，第 46 页。

③ 吴晓明主编：《〈中华人民共和国侵权责任法〉条文理解与适用》，人民法院出版社 2010 年版，第 91 页。

④ 全国人大常委会法制工作委员会民法室编：《中华人民共和国侵权责任法条文说明、立法理由及相关规定》，北京大学出版社 2010 年版，第 273 页。

至于《侵权责任法》第 12 条，则并未要求每个人的侵权行为都足以造成全部损害，其规范的是"部分因果关系的无意思联络数人侵权"，意即每个侵权人的行为均不足以导致损害后果的发生，而必须相互结合才能导致损害后果的发生。此外，有学者指出，该第 12 条还规范了下列情形的侵权行为：分别实施侵权行为的数人中，一人的侵权行为足以导致全部损害的发生，而另外一人的侵权行为却仅能造成部分的损害。①

---

① 程啸：《侵权责任法》，法律出版社 2011 年版，第 274 页。

第九章　特殊侵权行为责任

第一节　产品责任

一、产品责任的含义与构成要件

产品责任（Product Liability），又称制造物责任，指因产品（制造物）的缺陷而遭受生命、身体、财产上的损害的受害人，对于产品的制造者等，可不经证明其有过失而追究其责任。产品的制造者等由于其交付的产品的缺陷而侵害他人的生命、身体、财产时，须对由此而生的损害负赔偿责任。在今日比较法上，产品责任实行的是一种不同于过错责任的严格责任（strict liability）或无过错责任。①

产品责任的构成须符合以下要件：（1）交付了产品；（2）产品存在缺陷；（3）损害赔偿的主体是产品的制造者等；（4）由于产品的缺陷而造成了对生命、身体、财产的侵害；（5）发生了损害；（6）产品

---

① ［日］内田贵：《民法Ⅱ债权各论》，东京大学出版会2011年版，第522页。

的缺陷与权利侵害、权利损害之间存在因果关系。应注意的是，即使满足这些要件，但若存在开发危险的抗辩、零部件制造业者的抗辩，以及规定了期间限制的期间的经过等任一情形，产品制造者可获免责。①

（一）交付了产品（将产品投入流通）

交付了产品，即将产品投入流通。产品的制造者等对交付的产品的缺陷所生的损害承担责任。所谓"交付"，指以自己的意思移转对产品的占有。据此，将从工厂盗取来的物用于流通，即不是产品责任法规制的范围。②

所谓"产品"，也称"制造物"，指被制造或被加工的动产。而所谓动产，指不动产（土地及其定着物）以外的有体物。有体物，指占据一定空间的固体、液体及气体。电气、热力等能量、软件等无体物，虽不是制造物，但软件一旦组装到产品中而有问题，多数情形也会将其作为产品的组成部分而认定产品存在缺陷。不动产之所以被排除在规制对象外，一方面是因为国际上今日的通行做法即如此，另一方面是因为缺陷不动产而肇致的损害以合同责任予以救济；所谓"制造"，指经由手工等将原材料制成新的物品。其较"生产"概念偏狭。原原本本采掘出来的、未实施加工的农产物、畜产物、水产物、矿物等，不属于制造物（产品）。所谓"加工"，指以动产为材料施以工作，因附加新的属性而使原材料（原动产）的价值增加。③

（二）缺陷

所谓缺陷，指考虑制造物的特性、其通常应预见的使用状态、

<hr />

① ［日］石崎泰雄、渡边达德：《新民法讲义5：无因管理、不当得利、侵权行为法》，成文堂2011年版，第285－286页。

② ［日］石崎泰雄、渡边达德：《新民法讲义5：无因管理、不当得利、侵权行为法》，成文堂2011年版，第286页。

③ ［日］石崎泰雄、渡边达德：《新民法讲义5：无因管理、不当得利、侵权行为法》，成文堂2011年版，第286－287页。

制造业者交付制造物的时间以及其他与该制造物有关的情事，该制造物欠缺通常应有的安全性。① 具体言之，缺陷包括：设计上的缺陷、指示与警告上的缺陷以及制造上的缺陷。②

产品的缺陷应以何时存在为必要？产品在其制造阶段没有缺陷，而在之后的使用中产生缺陷的情形是存在的。因此在解释上，缺陷必须是在产品交付之时存在。而对这一点的举证并不容易。由此，设立缺陷之推定的立法就出现了。比如，欧共体产品责任指令（EU指令）就规定：若事故发生时有缺陷，则推定产品投入流通（即交付）之时就存在缺陷。此种推定产品存在缺陷的规定遭到产业界的强烈反对。③

在今日，产品存在缺陷的判断时间，原则上为制造业者等将产品投入流通之时。因此，食品的制造业者交付食品时无问题，而因其后进行不卫生的管理发生食物中毒的，制造业者就不承担责任。④

（三）制造业者等

在比较法上，产品责任法上的责任主体是制造业者，即产品的制造者等。其主要包括实施制造、加工行为的制造业者，以及进行运输事业的运送业者等。

我国《侵权责任法》第41条规定："因产品存在缺陷造成他人损害的，生产者应当承担侵权责任"；第42条规定："因销售者的过错使产品存在缺陷，造成他人损害的，销售者应当承担侵权责任。销售者不能指明缺陷产品的生产者也不能指明缺陷产品的供货者的，销售者应当承担侵权责任"；第43条规定："因产品存在缺陷造成损害的，被侵权人可以向产品的生产者请求赔偿，也可以向产品的销售者请求赔偿。产品缺陷由生产者造成的，销售者赔偿后，有权向

---

① 参见《日本机动车损害赔偿保障法》第2条第2项。

② ［日］石崎泰雄、渡边达德：《新民法讲义5：无因管理、不当得利、侵权行为法》，成文堂2011年版，第287页。

③ ［日］内田贵：《民法Ⅱ债权各论》，东京大学出版会2011年版，第524页。

④ ［日］石崎泰雄、渡边达德：《新民法讲义5：无因管理、不当得利、侵权行为法》，成文堂2011年版，第288页。

生产者追偿。因销售者的过错使产品存在缺陷的，生产者赔偿后，有权向销售者追偿"；第44条规定："因运输者、仓储者等第三人的过错使产品存在缺陷，造成他人损害的，产品的生产者、销售者赔偿后，有权向第三人追偿"。

二、制造业者等的抗辩

（一）开发危险的抗辩

产品的制造者（制造业者）若能证明交付产品（即将产品投入流通）当时的科学技术的常识难以发现缺陷的，免负赔偿责任。①此所谓科学技术的常识，指交付产品之时全世界最高水准的常识，而不考虑地域的、经济的限制等。在日本，迄今认可开发危险的抗辩的判决尚无。②

（二）零部件制造业者的抗辩

零部件制造业者若能证明下列各点之一，即能免责：（1）该产品使用了其他产品的零部件、原材料；（2）该零部件等的缺陷完全是由于其他产品的制造业者对设计的指示而生；（3）零部件制造业者对该缺陷的发生无过失。不过，在今日比较法实务上，零部件制造业者能证明没有过失的情形是很少的，由此实务中认可该抗辩的情况也极少。③

（三）期间限制

1. 短期消灭时效

在比较法上，日本《制造物责任法》第3条的损害赔偿请求权，

---

① ［日］吉村良一：《侵权行为法》，有斐阁2010年版，第283页。
② ［日］石崎泰雄、渡边达德：《新民法讲义5：无因管理、不当得利、侵权行为法》，成文堂2011年版，第290页。
③ ［日］石崎泰雄、渡边达德：《新民法讲义5：无因管理、不当得利、侵权行为法》，成文堂2011年版，第290－291页。

于受害人或其法定代理人知道损害与赔偿义务人后 3 年间不行使而消灭。① 此 3 年期间，性质上属于短期消灭时效。而在我国，依《民法通则》第 136 条之二的规定，出售质量不合格的商品未声明的，其诉讼时效期间为 1 年。

2. 长期期间限制

在比较法上，日本《制造物责任法》第 5 条第 1 项后句规定：制造业者等自交付制造物（产品）经过 10 年的，因制造物的缺陷遭受损害的受害人的损害赔偿请求权消灭。

三、我国《侵权责任法》对产品责任的规定

我国《侵权责任法》关于产品责任的规定与今日比较法上的立场大体一致，但在下列各点上具有特色：

其一，因销售者的过错使产品存在缺陷，造成他人损害的，销售者应当承担侵权责任。销售者不能指明缺陷产品的生产者也不能指明缺陷产品的供货者的，销售者应当承担侵权责任。（第 42 条）

其二，因产品存在缺陷造成损害的，被侵权人可以向产品的生产者请求赔偿，也可以向产品的销售者请求赔偿。产品缺陷由生产者造成的，销售者赔偿后，有权向生产者追偿。因销售者的过错使产品存在缺陷的，生产者赔偿后，有权向销售者追偿。（第 43 条）

其三，因运输者、仓储者等第三人的过错使产品存在缺陷，造成他人损害的，产品的生产者、销售者赔偿后，有权向第三人追偿。（第 44 条）

其四，因产品缺陷危及他人人身、财产安全的，被侵权人有权请求生产者、销售者承担排除妨碍、消除危险等侵权责任。（第 45 条）

其五，产品投入流通后发现存在缺陷的，生产者、销售者应当

---

① 参见《日本制造物责任法》第 5 条第 1 项第 1 句。

及时采取警示、召回等补救措施。未及时采取补救措施或者补救措施不力造成损害的，应当承担侵权责任。（第46条）

　　其六，明知产品存在缺陷仍然生产、销售，造成他人死亡或者健康严重损害的，被侵权人有权请求相应的惩罚性赔偿。（第47条）

第二节　机动车交通事故责任

一、比较法上的观察

　　晚近以来，面临机动车的迅速普及与增加，为保护不可避免地发生机动车事故的受害人，在比较法上，各国大都建立了自己的机动车交通事故损害赔偿责任制度。例如1955年，日本通过完善、充实强制保险制度，而制定了接近于使加害人承担无过失责任的《机动车损害赔偿法》。该法确立了机动车事故的人身损害在一定范围内的保障制度，其旨趣在于谋求实现对受害人的保护。尤其是该法创设了"运行供用人责任"制度。①

　　按照日本《机动车损害赔偿法》的规定，为自己的利益而使机动车供运行之用的人（运行供用人），由于其运行而侵害他人的生命或身体时，应赔偿由此而生的损害。依据该法，运行供用人责任的成立须满足下列要件：（1）受害人请求损害赔偿的对象方为运行供用人；（2）须机动车供运行之用；（3）受害人须为他人；（4）由于机动车供运行之用而对他人的生命或身体发生加害行为；（5）发生了损害；（6）机动车的运行与生命、身体侵害、损害之间具有因果关系。同时，该《机动车损害赔偿保障法》第3条但书又规定：运行供用人就自己与驾驶人关于机动车的运行未怠于注意，受害人或驾驶人以外的第三人存在故意或过失，抑或证明机动车不存在构造

---

　　①　［日］石崎泰雄、渡辺达德：《新民法讲义5：无因管理、不当得利、侵权行为法》，成文堂2011年版，第278页。

上的缺陷或机能上的障碍的，免负责任。①

　　所谓运行供用人，指支配肇致事故的机动车的运行及机动车的使用的运行利益的归属人。② 机动车的所有人、有正当权利而使用机动车的人，原则上均为运行支配、运行利益的归属的运行供用人。盗窃机动车而使用的人，也是运行支配、运行利益之归属的运行供用人。至于运行支配与运行利益的关系，学说上存在分歧意见。主要有两说：一是认为两者均须具备，才能认定为运行供用人；二是认为只要具备运行支配，即能认定为运行供用人。③

　　所谓机动车的"运行"，指按照机动车装置的用法而使用机动车。其不仅指行驶的状态，也包括对机动车装置的操作。④

　　可请求赔偿的人（即"他人"），是指运行供用人及驾驶人以外的人。⑤ 所谓"驾驶人"，指为他人而进行机动车的运转或进行运转辅助的人。⑥

二、我国的机动车交通事故责任制度

（一）基本概要

　　在我国，规范道路交通事故责任的专门法律是《道路交通安全法》。因此，《侵权责任法》规定，"机动车发生交通事故造成损害的，依照道路交通安全法的有关规定承担赔偿责任"。（第48条）此

---

　　① ［日］石崎泰雄、渡辺达德：《新民法讲义5：无因管理、不当得利、侵权行为法》，成文堂2011年版，第279页。

　　② 日本最判昭和43.9.24判时第539号，第40页。

　　③ ［日］石崎泰雄、渡辺达德：《新民法讲义5：无因管理、不当得利、侵权行为法》，成文堂2011年版，第279页。

　　④ ［日］石崎泰雄、渡辺达德：《新民法讲义5：无因管理、不当得利、侵权行为法》，成文堂2011年版，第281页。

　　⑤ 日本最判昭和37.12.14民集第16卷第12号，第2407页；日本最判昭和47.5.30民集第26卷第4号，第898页。

　　⑥ ［日］石崎泰雄、渡辺达德：《新民法讲义5：无因管理、不当得利、侵权行为法》，成文堂2011年版，第282页。

外，为弥补《道路交通安全法》规定之不足，《侵权责任法》第49—52条又主要对机动车损害赔偿责任的主体作了规定。

按照《道路交通安全法》第76条第1款第1项、第2项的规定，机动车之间发生交通事故造成人身伤亡、财产损失的，应先由保险公司在机动车第三者强制保险责任限额范围内予以赔偿，不足的部分，由有过错的一方承担赔偿责任，双方都有过错的，按照各自过错的比例分担责任。换言之，在机动车之间发生交通事故时，就第三者责任强制保险赔偿限额范围外的损失之赔偿，适用的是过错责任。而当机动车与非机动车驾驶人、行人之间发生交通事故的，则适用无过错责任。①

机动车交通事故责任的构成要件是②：（1）造成了损害；（2）机动车处于运行中；（3）损害是因机动车的运行所致；（4）机动车之间发生交通事故时，加害人应具有过错。

（二）机动车交通事故的责任主体

《道路交通安全法》第76条规定，机动车交通事故的责任主体为"机动车一方"，此所谓"机动车一方"，依前述日本法的经验，应解释为机动车的保有人（运行供用人），即对机动车的运行享有支配权，并享受机动车运行所产生的利益之人。判断是否为机动车保有人（运行供用人）的标准有二：运行支配与运行利益。③

《侵权责任法》对机动车交通事故的责任主体作出了下列特别规定：

其一，因租赁、借用等情形机动车所有人与使用人不是同一人时，发生交通事故后属于该机动车一方责任的，由保险公司在机动车强制保险责任限额范围内予以赔偿。不足部分，由机动车使用人承担赔偿责任；机动车所有人对损害的发生有过错的，承担相应的赔偿责任。（第49条）

---

① 程啸：《侵权责任法》，法律出版社2011年版，第409页。
② 程啸：《侵权责任法》，法律出版社2011年版，第411–414页。
③ 程啸：《侵权责任法》，法律出版社2011年版，第416页。

其二，当事人之间已经以买卖等方式转让并交付机动车但未办理所有权转移登记，发生交通事故后属于该机动车一方责任的，由保险公司在机动车强制保险责任限额范围内予以赔偿。不足部分，由受让人承担赔偿责任。（第 50 条）

其三，以买卖等方式转让拼装或者已达到报废标准的机动车，发生交通事故造成损害的，由转让人和受让人承担连带责任。（第 51 条）

其四，盗窃、抢劫或者抢夺的机动车发生交通事故造成损害的，由盗窃人、抢劫人或者抢夺人承担赔偿责任。保险公司在机动车强制保险责任限额范围内垫付抢救费用的，有权向交通事故责任人追偿。（第 52 条）

（三）减责与免责事由①

机动车交通事故责任的减责事由是受害人过错。即机动车之间发生交通事故时，若受害人对损害的发生也有过错的，可以减轻加害人的责任。至于机动车与非机动车驾驶人、行人发生交通事故时，只有当受害人（即非机动车驾驶人、行人）有重大过失时，才能减轻机动车一方的责任。也就是说，因机动车造成非机动车驾驶人、行人损害的赔偿责任是无过错责任，所以宜将《道路交通安全法》第 76 条第 1 款第 2 句中的过错限缩解释为"重大过失"。减轻的比例是：（1）机动车之间发生交通事故的，按照各自过错的比例分担；（2）机动车与非机动车驾驶人、行人之间发生交通事故的，可根据非机动车驾驶人、行人的过错（"重大过失"）程度适当减轻机动车一方的赔偿责任。至于机动车交通事故责任的免责事由，则包括：受害人故意与不可抗力。

（四）强制责任保险与救助基金

即《侵权责任法》第 53 条规定："机动车驾驶人发生交通事故

---

① 程啸：《侵权责任法》，法律出版社 2011 年版，第 420－423 页。

后逃逸，该机动车参加强制保险的，由保险公司在机动车强制保险
责任限额范围内予以赔偿；机动车不明或者该机动车未参加强制保
险，需要支付被侵权人人身伤亡的抢救、丧葬等费用的，由道路交
通事故社会救助基金垫付。道路交通事故社会救助基金垫付后，其
管理机构有权向交通事故责任人追偿。"

第三节　医疗损害责任

一、医疗损害责任的含义

医疗损害责任有广义与狭义两种含义。其狭义的含义仅指医疗机
构及其医务人员在诊疗活动中过失侵害患者生命权、身体权、健康权
的侵权责任。其本质上属于一种专家责任；广义的医疗损害责任则还
包括药品、医疗器械的缺陷给患者造成损害时，医疗机构的侵权责任，
以及医疗机构及其医务人员在诊疗过程中侵害患者的生命权、健康权
与身体权之外的其他权利时，应承担的侵权责任。比如侵害患者隐私
权的责任即属之。狭义的医疗损害责任之外的此两类责任非属于专家
责任。其中，药品、医疗器械的缺陷给患者造成损害时医疗机构的
侵权责任，属于产品责任；而侵害患者隐私权的责任则属于一般的
侵权责任，应依《侵权责任法》总则的有关规定处理。①

二、医疗损害责任的归责原则与构成要件

（一）医疗损害责任的归责原则

依《侵权责任法》第 7 章的规定，医疗损害责任的归责原则除
第 58 条"推定医疗机构有过错"而承担侵权责任外，其余皆为一般

---

① 程啸：《侵权责任法》，法律出版社 2011 年版，第 432 页。

的过错责任原则。受害人只有就医疗机构的过失、医疗行为与损害之间存在因果关系予以举证后方可获得赔偿或救济。

（二）医疗损害责任的构成要件

医疗损害责任的构成要件如下：①

1. 加害人为医疗机构及其医务人员

医疗损害责任的加害人须为医疗机构，即依照《医疗机构管理条例》的规定，取得《医疗机构执业许可证》从事医疗活动的机构，包括从事疾病诊断、治疗活动的医院、卫生院、疗养院、门诊部、诊所、卫生所（室）以及急救站等；医务人员是指经过考核和卫生行政机关批准或承认，取得相应资格的各级各类卫生技术人员（如执业医师、执业助理医师、护士等）以及从事医疗管理、后勤服务等人员。

2. 在诊疗活动中受到损害

首先，诊疗活动是指医疗机构及其医务人员借助医学知识、专业技术、仪器设备及药物等手段，为患者提供的紧急救治、检查、诊断、治疗、护理、保健、医疗美容以及为此服务的后勤和管理等维护患者生命、健康所必需的活动的总和；其次，须患者遭受了损害；再次，须诊疗活动与患者的损害之间存在因果关系。

3. 医疗机构及其医务人员存在过错

首先，医疗过错仅指医疗过失，不包括故意的情形。若医疗机构及其医务人员在诊疗活动中故意给患者造成损害，则构成一般的侵权责任，而非医疗损害责任；其次，因医务人员是医疗机构的工作人员，其从事的诊疗活动属于执行工作任务，故医疗机构有无过错，在所不问。只要其医务人员是因执行工作任务即诊疗活动导致患者损害的，依据《侵权责任法》第34条，医疗机构作为用人单位应承担无过错责任。

应注意的是，《侵权责任法》第55、57条及第58条分别规定了

---

① 程啸：《侵权责任法》，法律出版社2011年版，第432－448页。

三种判断医疗过失的方法：（1）是否违反说明及取得同意之义务；
（2）是否违反诊疗义务；（3）在以下三种情形，推定医疗机构具有
过错：一是违反法律、行政法规、规章以及其他有关诊疗规范的规
定；二是隐匿或者拒绝提供与纠纷有关的病历资料；三是伪造、篡
改或者销毁病历资料。

值得指出的是，所谓"说明及取得同意之义务"，《侵权责任
法》第55条规定："医务人员在诊疗活动中应当向患者说明病情和
医疗措施。需要实施手术、特殊检查、特殊治疗的，医务人员应当
及时向患者说明医疗风险、替代医疗方案等情况，并取得其书面同
意；不宜向患者说明的，应当向患者的近亲属说明，并取得其书面
同意"；第56条规定："因抢救生命垂危的患者等紧急情况，不能取
得患者或者其近亲属意见的，经医疗机构负责人或者授权的负责人
批准，可以立即实施相应的医疗措施"。此条中的"不能"，依解释，
仅指客观上不能取得，即患者本人无法表达意志而一时又无法查明
患者的近亲属或联系其近亲属。至于患者本人能够表达意志而明确
拒绝同意，或患者本人虽无法表达意志但近亲属明确拒绝的情形等，
都不适用该条。①

另外，关于义务履行的方法，原则上，无论是否实施手术、特
殊检查、特殊治疗，医务人员都应当向患者履行说明及取得同意之
义务。但在"不宜向患者说明"时，应向患者的近亲属说明并取得
其书面同意。最后，医务人员在履行说明义务时应以通俗易懂的语
言，全面地说明患者的病情、可供选择的治疗措施、各种治疗措施
的利弊等。未将治疗措施的全部风险加以说明、隐瞒一些重要信息、
使用含混的词语等，若患者遭受损害，医疗机构仍然要承担责任。
最后，出于保存证据的考虑，避免将来发生纠纷时，医患双方就是
否履行了说明及取得同意的义务发生争执，医务人员应当取得患者

---

① 程啸：《侵权责任法》，法律出版社2011年版，第441页。

或者其近亲属的书面同意。①

三、与当时的医疗水平相应的诊疗义务

即《侵权责任法》第 57 条规定："医务人员在诊疗活动中未尽到与当时的医疗水平相应的诊疗义务，造成患者损害的，医疗机构应当承担赔偿责任。"

四、医疗过失推定

即《侵权责任法》第 58 条规定："患者有损害，因下列情形之一的，推定医疗机构有过错：（一）违反法律、行政法规、规章以及其他有关诊疗规范的规定；（二）隐匿或者拒绝提供与纠纷有关的病历资料；（三）伪造、篡改或者销毁病历资料。"

第四节　环境污染责任

一、环境污染责任的含义与归责原则

环境污染，是指由于人为的原因致使环境发生化学、物理、生物等特征上的不良变化，从而影响人类健康和生产生活，影响生物生存和发展的现象。② 我国《侵权责任法》第 65 条规定："因污染环境造成损害的，污染者应当承担侵权责任。"作为一种特殊的侵权责任，环境污染责任适用无过错责任的归责原则。

---

① 程啸：《侵权责任法》，法律出版社 2011 年版，第 442 页。

② 全国人大常委会法制工作委员会民法室编：《中华人民共和国侵权责任法条文说明、立法理由及相关规定》，北京大学出版社 2010 年版，第 266 页。

二、环境污染侵权的举证责任

即《侵权责任法》第 66 条规定："因污染环境发生纠纷，污染者应当就法律规定的不承担责任或者减轻责任的情形及其行为与损害之间不存在因果关系承担举证责任。"

三、两个以上污染者造成损害的责任承担

即《侵权责任法》第 67 条规定："两个以上污染者污染环境，污染者承担责任的大小，根据污染物的种类、排放量等因素确定。"

四、因第三人的过错污染环境的责任

即《侵权责任法》第 68 条规定："因第三人的过错污染环境造成损害的，被侵权人可以向污染者请求赔偿，也可以向第三人请求赔偿。污染者赔偿后，有权向第三人追偿。"

第五节　高度危险责任

一、基本概要

我国《侵权责任法》第 9 章对高度危险责任的一般规定和几种典型的高度危险作业的致害责任作出了规定。在此之前，《民法通则》第 123 条对高度危险作业责任作了原则性规定："从事高空、高压、易燃、易爆、剧毒、放射性、高速运输工具等对周围环境有高度危险的作业造成他人损害的，应当承担民事责任；如果能够证明损害是由受害人故意造成的，不承担民事责任。"高度危险责任包

括：高度危险物品责任和高度危险活动责任。

二、《侵权责任法》对高度危险责任的一般规定

即《侵权责任法》第69条规定："从事高度危险作业造成他人损害的，应当承担侵权责任。"高度危险责任的构成要件是：（1）从事了高度危险作业；（2）因高度危险作业造成他人损害。高度危险物品责任的主体包括高度危险物的所有人、管理人、使用人、非法占有人等；高度危险活动责任的主体，是该活动的从事者，包括民用核设施的经营者，民用航空器的经营者，高空、高压、地下挖掘活动或者高速轨道运输工具的经营者。①

另外，就多个主体时高度危险责任的承担，《侵权责任法》第74条规定："遗失、抛弃高度危险物造成他人损害的，由所有人承担侵权责任。所有人将高度危险物交由他人管理的，由管理人承担侵权责任；所有人有过错的，与管理人承担连带责任"；第75条规定："非法占有高度危险物造成他人损害的，由非法占有人承担侵权责任。所有人、管理人不能证明对防止他人非法占有尽到高度注意义务的，与非法占有人承担连带责任。"

高度危险责任的免责事由包括：②（1）受害人故意；（2）不可抗力；（3）战争等情形。

三、民用核设施致害责任

即《侵权责任法》第70条规定："民用核设施发生核事故造成他人损害的，民用核设施的经营者应当承担侵权责任，但能够证明损害是因战争等情形或者受害人故意造成的，不承担责任。"

---

① 参见程啸：《侵权责任法》，法律出版社2011年版，第471页。
② 参见程啸：《侵权责任法》，法律出版社2011年版，第471－472页。

四、民用航空器致害责任

即《侵权责任法》第71条规定："民用航空器造成他人损害的，民用航空器的经营者应当承担侵权责任，但能够证明损害是因受害人故意造成的，不承担责任。"

民用航空器致害责任包括：民用航空器对运输的旅客、货物造成损害时的侵权责任和民用航空器对地面第三人造成损害时的侵权责任。民用航空器致害的责任主体包括：（1）公共航空运输的承运人；（2）民用航空器的经营人、所有人。民用航空器致害的减轻与免除责任的事由：①免责事由：受害人故意、旅客本人的健康状况所致、行李、货物自身原因所致、战争或武装冲突及被有关国家机关剥夺民用航空器的使用权；②减责事由。即《民用航空法》第161条第1款第2句规定："应当承担责任的人证明损害是部分由于受害人或者其受雇人、代理人的过错造成的，相应减轻其赔偿责任。但是，损害是由于受害人的受雇人、代理人的过错造成时，受害人证明其受雇人、代理人的行为超出其所授权的范围的，不免除或者不减轻应当承担责任的人的赔偿责任。"①

第六节　饲养动物损害责任

一、饲养动物损害责任概要

人类与动物的渊源关系已十分悠久、深远。从很古的时代起，人类就将各种各样的动物作为家畜而利用。尤其是晚近以来，动物在陶冶人的情操，治愈人的心病等方面日益起着愈来愈重要的作用。

---

① 参见程啸：《侵权责任法》，法律出版社2011年版，第481页以下。

但是，动物有时也会给人类带来危险，造成损害。人饲养动物本来是其自由，但所饲养的动物若致他人损害则是不容许的。在比较法上，《日本动物爱护法》第 7 条第 1 项规定：动物的所有人或占有人应自觉担负起对动物的责任，应按照动物的习性、种类适当地饲养或保管，在努力确保动物的健康和安全的同时，要确保动物不对人的生命、身体及财产施加损害，尤其必须确保动物不给人们造成麻烦和困扰等。①

在私法上，当自己饲养的动物致人于损害时，该动物的饲养人或管理人须承担侵权责任。动物饲养人或管理人的此一责任系一种危险责任。动物的饲养人或管理人仅在证明损害是因受害人故意或重大过失造成时，方不承担或减轻其责任（《侵权责任法》第 78 条）。须注意的是，在今日比较法上，饲养动物的侵权责任并不是一种纯粹的无过错责任，而是中间责任。②

二、动物饲养人或管理人责任的构成要件

（一）构成要件

依《侵权责任法》第 78 条的规定，动物饲养人或管理人的责任的构成要件是：（1）须动物施加损害于他人；（2）须有动物的饲养人或管理人；（3）须无免责事由。对此三项要件，分述之如下。

（二）须动物对他人施加了损害

1. 动物

要发生《侵权责任法》第 78 条的责任，须是动物对他人施加了损害。不过，《侵权责任法》对"动物"的定义未设规定，而是由

---

① ［日］石崎泰雄、渡辺达德：《新民法讲义 5：无因管理、不当得利、侵权行为法》，成文堂 2011 年版，第 228 页。

② ［日］石崎泰雄、渡辺达德：《新民法讲义 5：无因管理、不当得利、侵权行为法》，成文堂 2011 年版，第 229 页。

社会观念定之。在比较法上，此处所谓动物，通常指处于人的支配下的动物，而不问其种类；另外，也不问是家畜、爱畜抑或野生动物。在比较判例法上发生问题的是，鸠、猿或者鹿所实施的加害是否适用民法关于动物饲养人或管理人责任的一般规定？我国《侵权责任法》第10章"饲养动物损害责任"提及的动物有：饲养动物、禁止饲养的烈性犬、动物园的动物以及遗弃、逃逸的动物。

在比较法上，近来发生的问题是：细菌、病毒是否为动物侵权责任中所称的"动物"？晚近的通说认为，细菌、病毒较之犬、牛、马等具有更大的危险性，因此应适用民法关于动物侵权责任的规定。① 当然，与此不同，也有人认为，动物的概念应依社会的一般观念而定，细菌、病毒等不能认为是动物。② 在今日，有力的学说认为，将细菌、病毒解释为动物确实并无问题，事实上支配细菌、病毒这一危险物的人，应承担其侵权责任。③

2. 动物对他人施加了损害

即动物不仅侵害了他人的生命、身体，而且也毁坏了他人的物。另外，也包括侵害动物损伤他人饲养的动物，即侵害他人的所有物的情形。最后，在比较判例法上，对于犬的叫声而生发的噪音侵害④、由于粪尿的恶臭而生发的对他人生活利益的侵害⑤，日本法院判决也应适用动物的侵权责任规则。⑥（《日本民法》第718条）

须注意的是，对于动物施加的损害是否以动物的独立行动而生发为必要，尤其是人挑动动物而该动物才对他人施加损害的应否适用动物侵权责任规则，存在争论。在日本，其以往的通说认为，动

---

① ［日］前田达明：《民法Ⅳ2（侵权行为法）》，青林书院1980年版，第170页。
② ［日］我妻荣：《无因管理、不当得利、侵权行为》，日本评论社2004年版，第189页。
③ ［日］石崎泰雄、渡边达德：《新民法讲义5：无因管理、不当得利、侵权行为法》，成文堂2011年版，第230页。
④ 日本横滨地判昭和61.2.18判时第1195号，第118页。
⑤ 日本京都地判平成3.1.24判时第1403号，第91页。
⑥ ［日］石崎泰雄、渡边达德：《新民法讲义5：无因管理、不当得利、侵权行为法》，成文堂2011年版，第231页。

物饲养人或管理人的责任是对动物本身具有的特有危险的责任，所以损害须由动物的独立行动而引起或生发。在人挑动动物而动物才施加损害的情形，并不适用《日本民法》第 718 条的动物占有人的侵权责任规则，而应适用《日本民法》第 709 条。①

另外，所谓动物施加的损害，还须是动物的行动与损害的发生之间存在因果关系。且此因果关系不能以推定来确定。换言之，受害人须举证证明动物的行动与损害的发生之间有因果关系。②

（三）动物的饲养人或管理人

1. 赔偿义务人

负《侵权责任法》第 78 条的损害赔偿责任的是动物的饲养人或管理人。而比较法上，《日本民法》第 718 条则定为"占有人"，称为"动物占有人的责任"。

2. 第三人的管理与赔偿义务人

（1）由占有机关、占有辅助人所为的管理

关于赔偿义务人，在饲养人、管理人现实地自己占有、管理动物的情形，不会发生困难。而成为问题的是，饲养人、管理人自己不占有、管理动物，而是让第三人管理动物的情形。当饲养人、管理人委托占有机关、占有辅助人管理动物或占有人让占有代理人占有动物的情形，谁对受害人负损害赔偿责任？

①使占有机关、占有辅助人管理动物的人的责任

饲养人委托占有机关、占有辅助人管理动物的，动物的饲养人、占有机关、占有辅助人是否应分别承担《侵权责任法》第 78 条的损害赔偿责任？使占有机关、占有辅助人管理动物的人，应作为《侵权责任法》第 78 条中的饲养人（占有人）、管理人而负其责任。在

---

① ［日］末弘严太郎：《债权各论》，有斐阁 1920 年版，第 1098 页。
② ［日］石崎泰雄、渡边达德：《新民法讲义 5：无因管理、不当得利、侵权行为法》，成文堂 2011 年版，第 231 页。

比较判例法上，日本判例实务也采此立场。①

②占有机关、占有辅助人的责任

占有机关、占有辅助人是否应负《侵权责任法》第78条的责任？在比较法上，日本以往的判例、学说认为，占有辅助人应解为被《日本民法》第718条第2项中的管理（保管）人所包含（涵盖）；但在今日，其判例、学说认为，不具有独立地位的占有机关、占有辅助人不应负《日本民法》第718条那样重的责任。其理由是：占有机关、占有辅助人并不相当于《日本民法》第718条第2项中的管理（保管）人。② 不过，须注意的是，在具体的案件中，当动物的饲养人、管理人与动物的占有机关、占有辅助人难以辨识、分开时，则应使这些人共同承担责任。比如在日本，近年来在饲养的犬造成的加害案件中，法院通常认定妻、子女为共同占有人，从而由他们共同承担赔偿责任。③

（2）由代理占有人所为的管理

①直接占有人的责任

动物的饲养人、管理人让他人运送动物或者让他人保管动物抑或将动物出租给他人的场合，动物的原饲养人、管理人就是间接占有人，而他人则为直接占有人。此种场合直接占有人与间接占有人应否各自依《侵权责任法》第78条的规定而对受害人负损害赔偿责任？

对此，须注意的是，像直接占有、管理动物的运送人、保管人或承租人是否负《侵权责任法》第78条的责任，即使在比较法上也有争论。在日本，此等人究竟是作为《日本民法》第718条第1项的占有人而负责任，抑或作为该条第2项的管理人而负责任，存在

---

① ［日］石崎泰雄、渡辺达德：《新民法讲义5：无因管理、不当得利、侵权行为法》，成文堂2011年版，第233页。

② ［日］石崎泰雄、渡辺达德：《新民法讲义5：无因管理、不当得利、侵权行为法》，成文堂2011年版，第234页。

③ 日本东京地判平成13.10.11判夕第1139号，第180页，名古屋地判平成14.9.11判夕第1150号，第225页。

争论。日本有学者认为，若将此等人解释为占有人，则他们就要负《日本民法》第 718 条第 1 项的赔偿责任。不过，日本判例认为，运送动物的人，应将其解释为《日本民法》第 718 条第 2 项的管理人。①

②间接占有人的责任

发生问题的是，上述运送人、保管人或承租人等为直接占有人情形下的间接占有动物的本人（间接占有人：委托人、托运人、寄存人、出租人）是否也要负责任？在日本法上，也就是其是否要作为《日本民法》第 718 条的占有人而负责任？

在日本，其以往的肯定说认为，间接占有人即本人是要负《日本民法》第 718 条的赔偿责任的；而否定说则认为，《日本民法》第718 条的旨趣是使现实占有、管理动物的人负其责任，因此间接占有人即本人不负第 718 条的赔偿责任。但是，作为间接占有人的本人就其对管理人的选任、监督有怠于注意的情形时，须负《日本民法》第 709 条的责任。② 在新近，从更加实质的理由出发而肯定间接占有人的本人应负《日本民法》第 718 条的责任的主张出现了。③ 日本法院的判例总体上也是肯定间接占有人即本人应承担《日本民法》第 718 条的责任的④。⑤

值得注意的是，日本法的上述肯定主张与否定主张，其差异在于：在肯定说，其将动物占有人的责任理解为不仅是对动物的直接的管理，而且也涵括作为对管理人的选任、监督的比较广泛的责任；而否定说则将动物占有人的责任理解为对动物的直接的管理责任。但是，应注意的是，《日本民法》第 718 条动物占有人责任的根据，

----

① 日本最判昭和 40.9.24 民集第 19 卷 6 号，第 1668 页；［日］潼田充见：《侵权行为法》，有斐阁 2007 年版，第 226 页。

② ［日］加藤一郎：《侵权行为法》，有斐阁 1974 年版，第 203－204 页。

③ ［日］石崎泰雄、渡边达德：《新民法讲义 5：无因管理、不当得利、侵权行为法》，成文堂 2011 年版，第 235 页。

④ 日本最判昭和 40.9.24 民集第 19 卷 6 号，第 1668 页。

⑤ ［日］石崎泰雄、渡边达德：《新民法讲义 5：无因管理、不当得利、侵权行为法》，成文堂 2011 年版，第 236 页。

是动物占有人应防止由于动物的加害而生发的损害。从此视点看，间接占有人尽管确实没有直接管理动物，但他仍然可以处分该动物，详言之，其有权决定由谁、在什么地方以及如何利用该动物，或者有权对这些事项加以监督。在此范围内，即使是间接占有人也可透过采取恰当的措施来避免发生损害的。由此，就不应像否定说那样，将动物占有人的责任限定为其作为直接管理人的责任。换言之，上述肯定说更具正当性，亦即间接占有人也应负《日本民法》第718条的动物侵权责任。①

（四）无免责事由，尤其是"相当的注意"的含义

在今日比较法上，《日本民法》第718条但书规定：动物的占有人"按照动物的种类与性质而以相当的注意实施了管理时"，动物的占有人可以免责。对于以相当的注意而对动物实施了管理的举证责任，由占有人、管理人承担。②

上述所谓"相当的注意"，依日本判例指"通常应该具有的注意义务，而非对异常的事态所应具有的注意义务"。③ 据此，在实际判定是否尽到了"相当的注意"时，在具体的个案中应依动物的种类、性质及周围的情况等而决定。一般而言，是否以"相当的注意"而管理动物应依下列各要素综合判定④：（1）动物的种类、雌雄、年龄；（2）动物的性质、性癖、病症；（3）动物加害前的情况；（4）占有人等对其职业、保管的熟练程度、动物的驯化、调训程度，动物实施加害时采取的措施、态度；（5）保管动物的状态；（6）被侵权人有无警戒心，其是否诱发被侵害以及其被侵害时的状况等。⑤

---

① ［日］石崎泰雄、渡边达德：《新民法讲义5：无因管理、不当得利、侵权行为法》，成文堂2011年版，第236页。

② ［日］石崎泰雄、渡边达德：《新民法讲义5：无因管理、不当得利、侵权行为法》，成文堂2011年版，第237页。

③ 日本最判昭和37.2.1民集第16卷第2号，第143页。

④ ［日］芜山严：《最判解民事编昭和37年度》，日本法曹会1962年版，第28－29页。

⑤ ［日］石崎泰雄、渡边达德：《新民法讲义5：无因管理、不当得利、侵权行为法》，成文堂2011年版，第237页。

三、动物饲养人或管理人的赔偿责任

（一）赔偿责任与责任关系

动物的饲养人与管理人向受害人赔偿其遭受的损害。当动物饲养人的责任与管理人的责任并存时，它们之间为一种不真正连带关系。①

（二）求偿

依《侵权责任法》第 78 条而进行了赔偿的饲养人、管理人，若存在其他真正应负责任的人时，其对该人可予求偿。比如，由于占有机关的被使用人（如受雇人）的过失而使用人（如雇用人）负赔偿责任的，或者由于动物用的栅栏、门锁等有瑕疵而饲养人、管理人负赔偿责任的情形，进行了赔偿的饲养人或管理人可向作为真正的责任人的被使用人或栅栏、门锁的制造者、贩卖者，追及其责任，向其求偿。②

第七节 物件损害责任

一、《日本民法》上的土地工作物责任观察③

（一）土地工作物责任的特征

在比较法上，《日本民法》第 717 条第 1 项规定：由于土地工作物的设置或保存有瑕疵而造成他人损害时，该工作物的占有人应对

---

① ［日］我妻荣：《债权各论下卷 1（民法讲义 V1）》，岩波书店 1972 年版，第 191 页。

② ［日］石崎泰雄、渡边达德：《新民法讲义 5：无因管理、不当得利、侵权行为法》，成文堂 2011 年版，第 243 页。

③ 本部分的内容，除有注释特别说明外，主要参考并依据：［日］石崎泰雄、渡边达德：《新民法讲义 5：无因管理、不当得利、侵权行为法》，成文堂 2011 年版，第 244 − 253 页，谨此说明。另外，本部分的研习也可参考：［日］内田贵：《民法 II 债权各论》，东京大学出版会 2011 年版，第 512 页以下；［日］藤冈康宏、矶村保、浦川道太郎、松本恒雄：《民法 IV 债权各论》，有斐阁 2011 年版，第 326 页以下；［日］吉村良一：《侵权行为法》，有斐阁 2010 年版，第 222 页以下。

受害人负赔偿责任。但占有人对于防止损害的发生已经尽到了必要的注意时，所有人须赔偿其损害。树木的栽植及其支撑物有瑕疵时，亦然。（《日本民法》第717条第2项）在日本法上，此两条关于土地工作物的占有人或所有人的责任，被称为"土地工作物责任"。

一般的侵权行为是着眼于故意或过失这一"人的行为"，因该行为而侵害他人权利的，即要承担责任。但是，土地工作物责任则是着眼于土地工作物这一"物"，由于该"物"的瑕疵而侵害他人权利的，被课予责任。由此，土地工作物责任与一般的侵权行为责任具有很大的不同。具有与土地工作物责任的相似的法律构造的，是国家赔偿法上的营造物责任和制造物责任。

另外，关于责任主体，其第一次性的，是由土地工作物的占有人作为赔偿义务人，占有人免责时，第二次性的是使土地工作物的所有人作为赔偿义务人。并且，所有人之作为赔偿义务人是不能免责的。

（二）土地工作物责任的性质与根据

土地工作物的占有人，因工作物的瑕疵而致他人于损害的，原则上须负赔偿责任，其仅在为防止损害的发生而尽到了必要的注意时，方可免负赔偿责任。此免责事由，应解为由占有人负证明责任。占有人的责任由此是一种中间责任。另一方面，关于工作物的所有人，其免责事由并不存在，于占有人免责时，其通常须负赔偿责任。这样，土地工作物的所有人的责任，即是一种无过错责任。

根据上述分析，与一般的侵权行为责任相较，土地工作物的占有人与所有人，其所以被课予很重的责任，乃系基于危险责任的思想，即设置、管理危险的工作物的人，应负该危险发生时的责任。此外，经由使用危险的工作物而获利益的人，应负危险的现实化发生的责任。此即报偿责任的思想，是土地工作物责任的重要法理根据。

（三）土地工作物责任的要件

1. 须为土地工作物

土地工作物，指定着于土地的、通过进行人工作业而形成的物。① 据此，土地工作物须满足两项要素：一是定着于土地，二是通过人工的作业活动而形成的物。例如，建筑物、屏障、电线杆子、石垣（石墙、石围墙）、道路、桥梁、隧道、水坑、池子、游泳池，即是典型的土地工作物。另外，高尔夫球场、滑雪场的练习场、滑行场，因为也是通过土地建成、树木的采伐等人工作业活动而形成或构建的，故也属于土地工作物。但是，由土地独立出来的动产，以及未施予人工作业活动的自然的地形，原原本本的山林、悬崖等，则不是土地工作物。不过，值得注意的是，晚近判例有扩大解释与土地的"定着"这一要素的倾向。例如，在建筑物内设置的电梯即作为建筑物的构成部分而为土地工作物。

2. 须有设置、保存的瑕疵

设置、保存的瑕疵，指土地工作物在其客观的、物理的形状上，对按照其种类而一般预计可能会发生的危险欠缺通常应具备的安全性。② 设置时产生的瑕疵，为"设置的瑕疵"；设置后产生的瑕疵，为"保存的瑕疵"。这两种瑕疵，均系土地工作物责任的对象，因此并无严格区分的实益。对"通常预料的危险欠缺应具备的安全性"的判断，应综合考虑该工作物的构造、用法、场所的环境及利用状况等而为之。而且，考虑到《日本民法》第 717 条是对土地工作物的占有人、所有人课予严格的责任的特殊侵权行为，故进行瑕疵判断时，较之《日本民法》第 709 条的过失的判断，应对土地工作物的占有人、所有人进行更为严格的判断。

3. 因果关系

即土地工作物的设置、保存的瑕疵与损害的发生之间须有因果关系。

（四）土地工作物责任的法律效果

满足以上要件时，土地工作物的占有人、所有人对于受害人负

---

① 日本大判昭和 3.6.7 民集第 7 卷，第 443 页。
② 日本最判昭和 45.8.20 民集第 24 卷第 9 号，第 1268 页。

损害赔偿责任。赔偿的范围，准用一般的侵权行为。就土地工作物责任而言，其作为特殊的问题，是工作物的瑕疵与自然灾害互起作用而使危险发生，由此发生了损害的场合。由此，所发生的损害中何者是工作物的占有人、所有人应负赔偿责任的？对此，在今日比较判例与学说上，按照自然灾害对损害发生的影响度，而依一定的比例减少占有人、所有人的损害赔偿金额。①

（五）土地工作物责任的赔偿义务人

1. 占有人

在日本法上，土地工作物责任的首要的赔偿义务人，是土地工作物的占有人。但是，当占有人为防止损害的发生而尽到了必要的注意时，即被免责。（《日本民法》第717条第1项但书）此时，占有人须就尽到了必要注意这一免责事由负证明责任。在此意义上，占有人的责任，是中间责任。

谁为占有人？对此，应以物权法上的占有规则来决定之。不过，此所谓占有人，其原则上并不包括间接占有人。何以如此？因为，比如土地工作物被借用出去的情形，间接占有人就是土地工作物的出借人（所有人），若该人作为间接占有人而负首要的责任，则按照对危险的工作物的支配关系的强弱，与占有人应负第一次性的责任、所有人应负第二次性的责任的规则相悖。

2. 所有人

在比较法上，如《日本民法》第717条第1项但书规定，土地工作物的所有人仅在占有人被免责的情形，才作为第二次性的赔偿责任人承担责任。与占有人的责任不同，土地工作物的所有人的责任是不能被免责的。在此意义上，所有人的责任是无过错责任。另外，当土地工作物的实体法上的所有人与登记名义人不同时，是前者抑或后者作为"所有人"而负责任，在今日的日本并无判例存在，

---

① 日本名古屋地判昭和48.3.30判时第700号，第3页；日本神户地判平成11.9.20判时第1716号，第105页。

由此在学说上也有分歧意见。

3. 进行了赔偿的占有人或所有人的求偿权

在工作物的占有人或所有人对受害人进行了损害赔偿时，就损害的发生有别的其他应负责任的人的，基于责任人之间的公平考量，占有人或所有人对损害的原因者可行使求偿权（《日本民法》第717条第3项）。

二、我国《侵权责任法》上的物件损害责任

（一）基本概要

依《侵权责任法》的规定，物件损害责任是指建筑物、构筑物、道路、林木等人工物造成他人损害时的侵权责任。在《侵权责任法》之前，《民法通则》第125、126条以及《人身损害赔偿解释》第16条是规范物件损害责任的主要条文。

《侵权责任法》依造成损害的物件的不同以及物件造成损害的方式的不同，就物件损害责任规定了四种归责原则：① （1）建筑物、构筑物或者其他设施倒塌致害责任（第86条），以及公共道路遗撒物致害责任（第89条），适用无过错责任；（2）建筑物、构筑物或者其他设施及其搁置物、悬挂物发生脱落、坠落造成他人损害（第85条）、堆放物倒塌致害责任、林木折断致害责任，以及窨井等地下设施致害责任（第91条），适用过错推定责任；（3）地面施工致害责任（第91条第1款），适用一般过错责任；（4）抛掷物、坠落物致害责任（第87条），适用公平责任。

（二）建筑物、构筑物或者其他设施及其搁置物、悬挂物脱落、坠落造成他人损害的责任

即《侵权责任法》第85条规定："建筑物、构筑物或者其他设

---

① 程啸：《侵权责任法》，法律出版社2011年版，第512页。

施及其搁置物、悬挂物发生脱落、坠落造成他人损害，所有人、管理人或者使用人不能证明自己没有过错的，应当承担侵权责任。所有人、管理人或者使用人赔偿后，有其他责任人的，有权向其他责任人追偿。"

（三）建筑物、构筑物或者其他设施倒塌造成他人损害的责任

即《侵权责任法》第 86 条规定："建筑物、构筑物或者其他设施倒塌造成他人损害的，由建设单位与施工单位承担连带责任。建设单位、施工单位赔偿后，有其他责任人的，有权向其他责任人追偿。因其他责任人的原因，建筑物、构筑物或者其他设施倒塌造成他人损害的，由其他责任人承担侵权责任。"

（四）从建筑物中抛掷物品或者从建筑物上坠落的物品造成他人损害，难以确定具体侵权人时，对受害人的救济的规定

即《侵权责任法》第 87 条规定："从建筑物中抛掷物品或者从建筑物上坠落的物品造成他人损害，难以确定具体侵权人的，除能够证明自己不是侵权人的外，由可能加害的建筑物使用人给予补偿。"

（五）堆放物倒塌造成他人损害的责任

即《侵权责任法》第 88 条规定："堆放物倒塌造成他人损害，堆放人不能证明自己没有过错的，应当承担侵权责任。"

（六）在公共道路上堆放、倾倒、遗撒妨碍通行物造成他人损害的责任

即《侵权责任法》第 89 条规定："在公共道路上堆放、倾倒、遗撒妨碍通行的物品造成他人损害的，有关单位或者个人应当承担侵权责任。"

（七）林木折断造成他人损害的责任

即《侵权责任法》第 90 条规定："因林木折断造成他人损害，林木的所有人或者管理人不能证明自己没有过错的，应当承担侵权

责任。"

（八）在公共场所或者道路上施工等造成他人损害的责任和窨井等地下设施造成他人损害的责任

即《侵权责任法》第 91 条规定："在公共场所或者道路上挖坑、修缮安装地下设施等，没有设置明显标志和采取安全措施造成他人损害的，施工人应当承担侵权责任。窨井等地下设施造成他人损害，管理人不能证明尽到管理职责的，应当承担侵权责任。"

第八节　网络服务提供者的侵权责任

一、基本概要

网络技术服务提供者的侵权责任，规定于《侵权责任法》第 36 条："网络用户、网络服务提供者利用网络侵害他人民事权益的，应当承担侵权责任。网络用户利用网络服务实施侵权行为的，被侵权人有权通知网络服务提供者采取删除、屏蔽、断开链接等必要措施。网络服务提供者接到通知后未及时采取必要措施的，对损害的扩大部分与该网络用户承担连带责任。网络服务提供者知道网络用户利用其网络服务侵害他人民事权益，未采取必要措施的，与该网络用户承担连带责任。"

根据上述规定，网络侵权是指发生在互联网上的各种侵害他人民事权益的行为，亦即是指一切发生于互联网空间的侵权行为，其具有主体、客体、损害后果及管辖的特殊性。[①] 在今日比较侵权法上，域外国家或地区大都设有网络侵权的规定。比如，美国《千禧年数据版权法案》（1998 年）、日本《特定电气通信提供者损害赔偿

---

① 全国人大常委会法制工作委员会民法室编：《中华人民共和国侵权责任法条文说明、立法理由及相关规定》，北京大学出版社 2010 年版，第 142 页。

责任之限制及发信息者信息揭示法》（2001 年）及台湾地区"著作权法"（2009 年修订）等，均有关于网络侵权的规定。尤其值得注意的是，我国于《侵权责任法》之外，最高人民法院曾于 2000 年制定了《关于审理涉及计算机网络著作权纠纷案件适用法律若干问题的解释》，且该解释分别于 2003 年、2006 年经历两次修改。此外，国务院于 2006 年还制定了《信息网络传播权保护条例》，其根据网络服务提供者的不同类型而分别规定了免责事由。

二、网络用户、网络服务提供者利用网络侵害他人民事权益

实务中，网络用户利用网络侵害他人民事权益可分为下列 3 种类型：①

1. 侵害人格权

其包括：（1）盗用或假冒他人姓名，侵害姓名权；（2）未经许可使用他人肖像，侵害肖像权；（3）发表攻击、诽谤他人的文章，侵害名誉权；（4）非法侵入他人电脑、非法截取他人传输的信息、擅自披露他人个人信息、大量发送垃圾邮件，侵害隐私权。

2. 侵害他人财产利益

比如，窃取他人网络银行账户中的资金，尤其是侵害网络虚拟财产，窃取他人网络游戏装备、虚拟货币等。

3. 侵害知识产权

其主要表现为：（1）侵犯著作权。比如擅自将他人作品进行数字化传输，侵犯数据库等；（2）侵犯商标权。比如，在网站上使用他人商标，故意使消费者误以为该网站为商标权人的网站，恶意抢注与他人商标相同或相类似的域名等。

---

① 全国人大常委会法制工作委员会民法室编：《中华人民共和国侵权责任法条文说明、立法理由及相关规定》，北京大学出版社 2010 年版，第 148 - 149 页。

三、网络服务提供者利用网络侵害他人民事权益

所谓"网络服务提供者"，其包括网络技术服务提供者和网络内容服务提供者。前者指提供接入、缓存、信息存储空间、搜索以及链接等服务类型的网络主体。其不直接向网络用户提供信息，一般而言，除符合《侵权责任法》第 36 条第 2、3 款的规定，其无须对网络用户提供的信息侵犯他人民事权益承担责任。但技术服务者若主动实施侵权行为，如破坏他人技术保护措施、利用技术手段攻击他人网络以及窃取他人个人信息等，也应承担侵权责任；内容服务提供者，是指主动向网络用户提供内容的网络主体。其法律地位与出版者相同，应当对所上传内容的真实性与合法性负责，若提供了侵权信息（如捏造虚假事实诽谤他人、发布侵犯著作权的影视作品等），应承担侵权责任。①

四、网络服务提供者对网络用户侵权行为承担责任

即《侵权责任法》第 36 条第 1 款规范的是网络用户、网络服务提供者的直接侵权行为；第 2、3 款规范的是网络用户利用网络实施侵权行为时网络服务提供者在何种情况下须与网络用户承担连带责任。②

---

①　全国人大常委会法制工作委员会民法室编：《中华人民共和国侵权责任法条文说明、立法理由及相关规定》，北京大学出版社 2010 年版，第 149 页。

②　全国人大常委会法制工作委员会民法室编：《中华人民共和国侵权责任法条文说明、立法理由及相关规定》，北京大学出版社 2010 年版，第 149－150 页。

第九节　国家赔偿法上的损害赔偿责任

一、日本《国家赔偿法》上的损害赔偿责任观察①

（一）国家赔偿法的含义

在比较法上，于各国早期，对于权力的活动，即实施为命令、强制、一方法律关系的形成等的行政活动，是否定国家或公共团体之要承担民事责任的。也就是说，是采取国家无责任的立场。而仅对非权力的活动，认可依民法规范而追责。但是，二次世界大战结束后，一些国家的宪法（如《日本宪法》第 17 条）则开始否定国家无责任的立场。尤其在日本，其于 1947 年制定了《国家赔偿法》。该《国家赔偿法》第 1 条立基于《日本宪法》第 17 条的规定，明定因公务员行使权力的行为而发生的侵权行为，国家或公共团体须负责任。同时，对于公共营造物的设置、管理的瑕疵而发生的损害赔偿请求，日本最高法院一方面认可应负《日本民法》第 717 条的责任，同时为了进一步明确起见，又于其《国家赔偿法》第 2 条中明文规定国家须负赔偿责任。

（二）由公务员的侵权行为引起的国家赔偿责任

1. 因公权力的行使而生的国家赔偿责任的要件

国家或公共团体对行使公权力的公务员，就其行使职务而因故意或过失不法对他人施加（造成）的损害，负赔偿责任。在当代比较法上，国家或公共团体之承担责任的要件是：（1）加害人是行使国家或公共团体的公权力的公务员；（2）对权利或法律所保护的利

① 本部分的内容，除有注释特别说明外，主要参考并依据：［日］石崎泰雄、渡边达德：《新民法讲义 5：无因管理、不当得利、侵权行为法》，成文堂 2011 年版，第 270－275 页，谨此说明。

益实施加害行为；（3）加害行为因执行职务而实施；（4）在（2）的情形，公务员存在故意或过失；（5）加害行为具有违法性；（6）发生了损害；（7）故意、过失的违法行为与权利侵害、权利损害之间具有因果关系。

对于国家或公共团体的责任的性质，存在两说：（1）代位责任说。即认为国家或公共团体的责任与民法上的使用人责任相同，是加害公务员本来应负的赔偿责任而由国家或公共团体代替负担之。此说是比较法理论与实务上的通说。（2）自己责任说。认为国家或公共团体行使公权力本身即存在内在的危险，由享有行使公权力的它们承担责任，就是其所负的因行使公权力而产生的固有的危险责任。应注意的是，若严格贯彻第（1）说——代位责任说，则当不能特定加害公务员或加害行为时，国家赔偿责任即被否定。

（1）国家或公共团体

所谓"国家或公共团体"，在比较法上指除国家（中央人民政府等）、地方政府外，还包括公共组合、独立行政法人及特殊法人等。不过在日本，依其《国家赔偿法》第1条，国家或公共团体，意指行使公权力的主体。因此在多数情形，承担责任的主体就是国家或公共团体。

（2）公务员

所谓公务员，在比较法上不限于指正规的公务员，被委托实施行政事务的私人等行使公权力的，也属之。

（3）公权力的行使

所谓"公权力的行使"，指除国家或公共团体的纯粹私的经济的活动和营造物的设置管理外的一切权力、非权力的公共行政活动。是为"广义说"。此外；该广义说还认为，包括私的经济活动的一切国家、公共团体的活动，也属于"公权力的行使"。在今日比较判例法上，采用广义说者最多。具体言之，教育活动、行政指导等应适用《国家赔偿法》第1条，但国家医院的一般的诊疗行为则不属之。此外，"公权力的行使"，不仅指行政权的行使、不行使，而且包括立法权、司法权的行使与不行使。

（4）行使职务

行使职务，指客观上具备执行职务的外形即可，即采外观标准说。由此，公务员即使谋求自己利益的行为，具备执行职务的外观的，也应定为职务行为。不过，此外观标准说的妥当之处应解释为仅限于：实施加害行为的人是公务员，且该加害行为系在该公务员的事务管辖范围内。由此，私人即使假扮警察而实施侵权行为，对其外观有信赖的理由的，也不能依《国家赔偿法》对国家或公共团体追究责任。

2. 对加害公务员的求偿

即当实施加害行为的公务员存在故意或重过失时，国家或公共团体可行使求偿权。不过，当公务员为轻过失时，国家或公共团体不能行使求偿权。因为，若公务员轻过失时认可求偿，则公务员在执行职务、完成自己的工作时就会踌躇、犹豫，甚至可能停滞自己的职务。另外，对于是否认可全额的求偿，比较法上有判例认为，在有监督上的过失时，应类推适用过失相抵来限制求偿的范围。①

（三）营造物责任

设例：由于国道上落下石头，致使国道上行使的巴士翻车，巴士驾驶员与乘客死亡。试问：受害人的遗属甲等可否请求国家乙损害赔偿？

在今日比较法上，日本《国家赔偿法》第 2 条第 1 项规定：国家或公共团体因道路、河川及其他公共营造物的设置或管理有瑕疵而致他人于损害时，应负损害赔偿责任。据此规定，在日本，因公共营造物而生的国家赔偿责任的构成要件是：（1）系公共营造物；（2）公共营造物存在设置或管理的瑕疵；（3）由于公共营造物设置或管理的瑕疵而对他人权利或法律所保护的利益造成了侵害；（4）发生了损害；（5）公共营造物的瑕疵与权利侵害或损害之间存在因果关系。

---

① 日本浦和地判平成 8.6.24 判时 1600 号，第 122 页。

1. 公共营造物

所谓"公共营造物"，指由国家或公共团体兴建的供公共目的的有体物与物的设备。其不仅限于道路、建筑物等所谓"人工公物"，也包括河川、湖泊、沼地等所谓"自然公物"，另外其也不限于不动产，即使车辆、警犬、枪支等动产也属之。但应注意的是，因公共营造物须为有体物，所以知识财产、能量等无体物不包括之。此外，所谓"公共营造物"，其也不以属于国家或公共团体所有为必要。事实上管理，只要是供公共的使用即可。

2. 设置或管理的瑕疵

所谓"设置或管理的瑕疵"，指公共营造物"欠缺通常应有的安全性"。① 另外，有无设置或管理的瑕疵，应分别考量营造物的构造、用法、场所的环境及利用状况等而具体个别判定。② 值得注意的是，对于设置管理的瑕疵，存在下列各说：（1）指由于设置、管理的不完备而产生的物的瑕疵。（2）指营造物自身的客观的物的瑕疵。（3）指因设置、管理行为人违反结果回避义务而出现或产生的设置、管理的瑕疵。

3. 对其他责任人的求偿

即国家或公共团体承担责任时，若还存在其他引起损害的原因的，可向该原因者求偿。

（四）民法有关规定的适用

即比如过失相抵、诉讼时效期间限制等，于国家赔偿法无规定时，应适用民法的规定。

二、我国《国家赔偿法》关于损害赔偿责任的规定

我国的《国家赔偿法》于 2010 年曾进行修改，共计 6 章 42 条。

---

① 日本最判昭和 45.8.20 民集第 24 卷第 9 号，第 1268 页。
② 日本最判昭和 53.7.4 民集第 32 卷第 5 号，第 809 页；日本最判昭和 61.3.25 民集第 40 卷第 2 号，第 472 页。

其中，第一章为"总则"，第二章为"行政赔偿"，第三章为"刑事赔偿"，第四章为"赔偿方式和计算标准"，第五章为"其他规定"，第六章为"附则"。

第2条第1款规定："国家机关和国家机关工作人员行使职权，有本法规定的侵犯公民、法人和其他组织合法权益的情形，造成损害的，受害人有依照本法取得国家赔偿的权利。"第3条规定："行政机关及其工作人员在行使行政职权时有下列侵犯人身权情形之一的，受害人有取得赔偿的权利：（一）违法拘留或者违法采取限制公民人身自由的行政强制措施的；（二）非法拘禁或者以其他方法非法剥夺公民人身自由的；（三）以殴打、虐待等行为或者唆使、放纵他人以殴打、虐待等行为造成公民身体伤害或者死亡的；（四）违法使用武器、警械造成公民身体伤害或者死亡的；（五）造成公民身体伤害或者死亡的其他违法行为。"第4条规定："行政机关及其工作人员在行使行政职权时有下列侵犯财产权情形之一的，受害人有取得赔偿的权利：（一）违法实施罚款、吊销许可证和执照、责令停产停业、没收财物等行政处罚的；（二）违法对财产采取查封、扣押、冻结等行政强制措施的；（三）违法征收、征用财产的；（四）造成财产损害的其他违法行为。"第6条规定："受害的公民、法人和其他组织有权要求赔偿。受害的公民死亡，其继承人和其他有扶养关系的亲属有权要求赔偿。受害的法人或者其他组织终止的，其权利承受人有权要求赔偿。"第32条规定："国家赔偿以支付赔偿金为主要方式。能够返还财产或者恢复原状的，予以返还财产或者恢复原状。"

第三部分　无因管理

第十章　无因管理的基本概要①

设例（如下图所示②）：A 发现 B 置放于道路上的自行车，随即将其带回自己的回家中由自己保管。A 向 B 表达保管该自行车的意旨后，B 以没有获得其同意而保管其所有物为由，主张移动并保管其自行车系侵害自己对该车的所有权。试问：A 是否须承担侵权行为责任？

① 本部分的写作，除有注释说明者外，主要依据并参考 ［日］石崎泰雄、渡辺达德：《新民法讲义 5：无因管理、不当得利、侵权行为法》，成文堂 2011 年版，第 1-28 页，谨此说明。

② ［日］石崎泰雄、渡辺达德：《新民法讲义 5：无因管理、不当得利、侵权行为法》，成文堂 2011 年版，第 1 页。

第一节 无因管理在民法中的地位、目的与功能

一、无因管理在民法中的地位

无因管理，是指尽管就他人的生活领域没有权利、义务，但为该他人的利益而处理其事务。从私法自治原则的角度看，未受他人的委托、承诺而对他人的干涉行为本来是违法的，但是自"为了他人"这一利他主义的观点看，只要满足一定的要件，即是适法的，而对此种行为人与他人间的相应的法律关系（债权债务关系）予以规律的，即是无因管理制度。例如在上图中，A 的行为因系基于为真正的所有人（他人）B 这一意思而实施，所以，若其他的要件也满足或具备，则即成立无因管理而为适法。而且，如后文将要述及的，A 负有继续管理等的一定的义务，而且 B 也负有就 A 对管理事务所支出的有益费用予以偿还等的义务。这样，两当事人之间即发生一定的义务（债务），从而无因管理即作为非因意思表示而引起债务之发生的一种原因，是一种法定的债权债务关系。①

从个人主义的视角看，应极力排除对于他人的事务进行干涉的行为，而从相互辅助的角度看，应当对于他人的干涉行为予以奖励，此点自各国立法例的情况看，系因国而异，未尽一致。② 我国《民法通则》关于无因管理制度的立法旨趣是：一方面奖励无因管理，但同时对于管理人不认可损害赔偿请求权、对于本人不认可管理人之有报酬请求权，在这些方面，我国的无因管理制度可以说有些消极。当然，如后述，对于这些方面可以通过解释而予以修正或克服。

---

① ［日］石崎泰雄、渡边达德：《新民法讲义5：无因管理、不当得利、侵权行为法》，成文堂2011年版，第1-2页。

② ［日］石崎泰雄、渡边达德：《新民法讲义5：无因管理、不当得利、侵权行为法》，成文堂2011年版，第2页。

另外，在比较无因管理法（如德国法）上，其关于无因管理存在诸多判例，而在我国，法院实务围绕无因管理的判例则并非很多。

二、无因管理制度的目的与功能

无因管理是自社会连带的视角上被认可的制度。也就是说，强调社会连带的重要性，尊重利他的行为（亲切行为），是法律认可无因管理的重要理由之一。所谓"利他主义"，如《圣经》上所说的"好的撒玛利亚人"。看见困难的人即伸出援手，且不需要对方付出任何费用或代价，此属于积极的亲切行为。无疑，它也是法律认可无因管理的缘由之一。①

换言之，强调并重视"为他人"这一点，并从人类扶助和社会连带这两方面释明无因管理的正当性是妥当的。不过，应指出的是，无因管理并不仅仅基于这样的思想理念而存在或具有正当性。例如作为交通事故的受害人（被使用人、受雇人）的使用人（雇用人），其基于无因管理可代受害人之位而请求加害人支付赔偿金额。此种情形，是使用人（雇用人）基于或为了自己利益的无因管理。而且，当事人之间以合同约定无因管理尽管可能不被认可，但对于没有义务而管理（处理）他人事务的情形，比较判例法上也是认可其成立无因管理的。② 因此，东方的日本在其制定自己的民法时参考的德国民法，将无因管理制度厘定为对未受委托的出于为了他人的利益而实施的行为所生的不当财产状态进行矫正的一种制度。后文将要论及的准无因管理制度，也认为具有这样的功能。不过，自当代的视角看，无因管理制度的功能并不仅限于调整财产利益，它也具有违法性阻却等其他功能。③

---

① ［日］内田贵：《民法Ⅱ债权各论》，东京大学出版会 2011 年版，第 554 页。

② 例如日本福冈高判 2.3.28 判时第 1363 号，第 143 页。

③ ［日］石崎泰雄、渡辺达德：《新民法讲义 5：无因管理、不当得利、侵权行为法》，成文堂 2011 年版，第 2－3 页。

总之，在今日，无因管理制度是私人间的相互扶助行为、人命救助行为等所谓社会连带性质的行为，而且它还具有对不当的财货状况予以调整等功能。一言以蔽之，无因管理制度具有广泛地实现公平的社会这一人世间的理想的功用。

第二节 无因管理与法律行为的关系

一、无因管理与法律行为

无因管理，虽然以管理人具有"为他人（本人）"这一意思为要件，但是却并不赋予按照或依该意思的内容的法律效果，而是基于相互扶助的理念赋予其一定的法律效果。由此，无因管理并非意思表示或法律行为，而是"准法律行为"或"法律上的行为"①。

二、无因管理与民法关于意思表示、法律行为的规定的适用

无因管理因并非法律行为，所以民法关于意思表示、法律行为的规定或规则（含原则）等，即当然不得适用之，而且类推适用原则上也不允许。须注意的是，在日本法上，作为无因管理的成立要件之一的"事务的他人性"即使存在错误，也不适用《日本民法》第 95 条的规定，而是只能在无因管理的法理中寻求解决之策。此为日本今日学界的通说。②

---

① ［日］石崎泰雄、渡辺达德：《新民法讲义 5：无因管理、不当得利、侵权行为法》，成文堂 2011 年版，第 3 页。
② ［日］石崎泰雄、渡辺达德：《新民法讲义 5：无因管理、不当得利、侵权行为法》，成文堂 2011 年版，第 3 页。

三、无因管理中的意思能力、行为能力

（一）本人的能力

关于本人为无意思能力者的无因管理，比较判例法上有判例认为：代替无意思能力者申报、缴纳继承税时，应成立无因管理。① 即便关于行为能力，比较法上有判例认为：关于无因管理的债务，其无论是否系关于该事务的本人的意思，基于无因管理的事实，法律上都当然发生，所以无须本人为具有行为能力者。② 此外，学说也认为，本人对于无因管理的成立没有关联，换言之，无因管理与合同不同，其成立并不需要本人的"承诺"等意思表示。因此就本人而言，其是否具有意思能力、行为能力是不予考虑的，也是不需要的。③

（二）管理人的能力

因无因管理的成立要件是要求管理人具有"为他人的意思"，所以学说认为，管理人须有意思能力。至于管理人是否须有民事行为能力，过往有学说认为不需要，但今日的通说认为：无因管理一经成立，对于管理人就要产生一定的义务，自保护限制行为能力人的视角看，管理人应具备行为能力。④

（三）无因管理中的本人

无因管理中的本人并不限于自然人。在比较判例法上，以集体、村等为本人的无因管理皆予认可。而且，今日比较法上的通说也认

---

① 日本最判平成18年7月14日民集220号，第855页。但是，本判决关于本人有无意思能力是否对无因管理的成立施以影响并无争论。

② 日本大判明治36年10月22日民录9辑，第1117页。

③ ［日］石崎泰雄、渡辺达德：《新民法讲义5：无因管理、不当得利、侵权行为法》，成文堂2011年版，第3—4页。

④ ［日］石崎泰雄、渡辺达德：《新民法讲义5：无因管理、不当得利、侵权行为法》，成文堂2011年版，第4页。

为，无因管理中的本人并不仅限于自然人，私法人、公法人等法人，也均可成为无因管理中的本人。①

第三节　紧急无因管理及无因管理与特别法

一、紧急无因管理

为避免他人的身体（也包含生命）、名誉、财产遭受急迫的危害而进行无因管理的，称为紧急无因管理。对此，在比较法上，东方的《日本民法》第698条定有明文。紧急无因管理这样的行为无论对社会还是对本人皆系有益，且因具有紧急性的情形，所以法律规定，管理人的注意义务应予减轻。②

二、无因管理与特别法

为了促进和助长对社会有益的一些行为，关于无因管理，当代各国多定有一些特别法。而所谓特别法，其包括特别私法与特别公法。分述之如下：

（一）特别私法

在比较法上，拾得遗失物而交还给失主的人，可向其请求支付报酬。（如日本《遗失物法》第28条）此外，拾得漂流物、沉没物而予以返还或上交的人，以及救助遭遇海难的船舶、货物的人等，均可请求本人给予一定的报酬。③ 还须提及的是，在日本《水难救

---

① ［日］石崎泰雄、渡辺达德：《新民法讲义5：无因管理、不当得利、侵权行为法》，成文堂2011年版，第4页。

② ［日］石崎泰雄、渡辺达德：《新民法讲义5：无因管理、不当得利、侵权行为法》，成文堂2011年版，第5页。

③ 参见日本《水难救护法》第24条、第27条；日本《商法》第800条。

护法》、《商法》等进行这些规定之前，对于无义务而救助漂流中的船舶、货物的救助行为是否成立无因管理是存在争论的。日本大审院认为，在这些规定制定前实施的行为，应认为成立无因管理①。②

我国《物权法》第109—114条定有拾得遗失物、漂流物等法律效果的规定。这些规定属于《民法通则》第93条关于无因管理的基本规定的特别规定，相当于日本等外国法上其特别法（如日本《遗失物法》）中的无因管理规定。其中，《物权法》第112条规定："权利人领取遗失物时，应当向拾得人或者有关部门支付保管遗失物等支出的必要费用"，"权利人悬赏寻找遗失物的，领取遗失物时应当按照承诺履行义务"，"拾得人侵占遗失物的，无权请求保管遗失物等支出的费用，也无权请求权利人按照承诺履行义务"。值得注意的是，依《物权法》的规定，拾得人并无向失主请求支付报酬的权利。至于拾得漂流物的，系参照拾得遗失物的规定。（《物权法》第114条）易言之，拾得漂流物之适用无因管理，参照拾得遗失物的无因管理而解决。

此外，我国《海商法》（1993年7月1日起施行）专设第九章"海难救助"，于第174条、第177条、第178条、第179条、第181条、第183条、第185条等规定我国的属于特别私法（商法）上的无因管理问题，值得注意。③

（二）特别公法

在比较法上，日本《水难救护法》第2条规定：发现遭难船舶的人，负有报告的义务。另外，其《船员法》第14条规定：知道其他的船舶、飞机遭难的船长，为救助人命须尽力采取必要的手段。显然，这些义务属于公法上的义务，而并非私法上的当然的义务。

---

① 参见日本大判大4.6.26民录21辑，第1039页。

② ［日］石崎泰雄、渡边达德：《新民法讲义5：无因管理、不当得利、侵权行为法》，成文堂2011年版，第5页。

③ 这些条文对于全面掌握我国法上的无因管理制度体系甚为重要，习法诸君应阅读之。

尽管如此,这些行为在与遭难者的关系上有可能构成无因管理。①

换言之,上述行为与其说是民法上的无因管理,不如说是法律课予具有一定地位的人的公的义务。② 但是,这样的救助行为同时也构成民法上的无因管理,其产生的费用偿还请求权应予以认可。因为,其以自己的费用进行救助活动前,并不当然负有义务。当然,须注意的是,警察、消防员等的救助行为是其职务行为,不是无因管理。此外,指派(派遣)警察、消防员等的国家、公共团体的行为是根据法律而实施的,它们属于公共活动,故仍然不是无因管理。③

---

① [日] 石崎泰雄、渡边达德:《新民法讲义5:无因管理、不当得利、侵权行为法》,成文堂2011年版,第5页。

② [日] 広中俊雄:《债权各论讲义》,有斐阁1994年版,第370页以下。

③ [日] 内田贵:《民法Ⅱ债权各论》,东京大学出版会2011年版,第554-555页。

第十一章　无因管理的成立要件[①]

依今日比较法、判例及学者之通说，无因管理的成立要件包括如下四项：[②]（1）管理人没有义务而管理他人的事务；（2）为他人的意思（事务管理意思）；（3）开始事务的管理；（4）不违反本人的意思或利益（合于本人的意思和利益）。分述之如下。

第一节　管理人管理他人事务不存在法律上的义务

一、何谓义务？

判断无因管理是否成立的所谓"义务"，其在与本人的关系上系指法律上的义务。自对他人的生活领域的干涉的视角看，无因管理的管理人之对他人的事务进行管理并非"没有义务"，而是没有"权限"。

[①]　本部分的写作，除注释说明者外，主要参考并依据［日］石崎泰雄、渡边达德：《新民法讲义5：无因管理、不当得利、侵权行为法》，成文堂2011年版，第6—15页，谨此说明。

[②]　［日］藤冈康宏、礒村保、浦川道太郎、松本恒雄：《民法Ⅳ债权各论》，有斐阁2011年版，第384页以下。

因此，日本、德国民法关于无因管理的成立即规定："管理人未受委任或无权限"。① 当管理行为系基于合同而实施时，即变成由合同的约定决定事务的内容，并不成立无因管理。②

在管理行为系清偿他人的债务的场合，未受第三人清偿债务的委托而清偿时，构成对债务人的无因管理。同样，未受主债务人的委托而承担保证人的，履行保证债务是对债权人的自己的义务的履行，其在与主债务人的关系上构成无因管理；还有，就同一义务而有多数的义务人，其中一人履行了超过自己的负担部分的义务时，其在与其他义务人的关系上构成无因管理。③

须注意的是，决定无因管理之是否成立的"没有义务"（即"没有法律上的义务"），系指管理人没有私法上的义务。而关于公法上的义务，其是否也能变成私法上的义务，须依具体情形而确定。例如如前述，知道飞机等遭难的船长等的义务，其在救助者之间即不是私法上的义务，船长实施的救助行为成立无因管理。另一方面，引起交通事故的人所负的救济受伤者且予以报告的义务④，既是公法上的义务，也是私法上的义务，此种情形不成立无因管理。轮船上发生冲突时的船长的救护义务⑤也与此同。像这些由自己的行为引起事故的情形的公法上的救难义务，一般也是私法上的义务，对这些义务予以懈怠（即不为这些义务或不实施这些义务抑或懈怠这些义务）时，将构成侵权行为⑥。

---

① 参见《德国民法典》第677条、《日本民法》第697条。

② ［日］石崎泰雄、渡边达德：《新民法讲义5：无因管理、不当得利、侵权行为法》，成文堂2011年版，第6页。

③ ［日］藤冈康宏、矶村保、浦川道太郎、松本恒雄：《民法Ⅳ债权各论》，有斐阁2011年版补订第4刷发行，第385页。

④ 参见日本《道路交通法》第72条第1项。

⑤ 参见日本《船员法》第13条。

⑥ ［日］泽井裕：《教科书：无因管理、不当得利、侵权行为》，有斐阁2001年版，第6页。

二、管理义务存在与否的判断时间①

设例（如下图所示②）：A 保护迷途的饲主不明的犬，给予该犬食物等。不久，该犬的饲主找到，与之进行电话联络后饲主承诺委托 A 保管、收存、管理该犬。

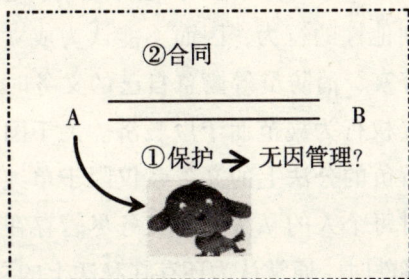

关于管理义务的存在与否，通常以开始管理之时为基准而判断。管理开始后，管理者即使变得具有该事务的管理义务或取得了管理权限，但在此以前所实施的行为也不能否定系无因管理。在本案例中，A 由于受 B 的委托，A 作为受托人即变成负有管理狗的义务，但是，其在此之前进行的管理，应成立无因管理。另外，有义务的管理人在义务消灭后也继续进行管理的，即变成"没有义务"的管理行为。最后，管理开始时尽管有义务或权限，但管理人由于误认为没有义务或权限而开始进行管理行为的，无因管理不成立。

三、公务员实施的救助与医疗行为

如下对公务员、护士等本来负有一定行为义务的人实施的行为

---

① ［日］石崎泰雄、渡边达德：《新民法讲义5：无因管理、不当得利、侵权行为法》，成文堂2011年版，第7页。
② ［日］石崎泰雄、渡边达德：《新民法讲义5：无因管理、不当得利、侵权行为法》，成文堂2011年版，第7页。

是否构成无因管理加以分析。

（一）公务员实施的救助

警察、消防员等进行职务中的救助活动，系基于其职务的公法上的义务而实施，属于国家或地方政府等公共机关的行为（也称为"服务行为"），单个的警察、消防员等与被救助者之间不成立无因管理，不发生偿还费用的义务。国家、地方政府等公共机关的行为，并不能认其为系利他性的行为，因而不能认为成立无因管理。在今日比较法上，当警察、消防员等懈怠自己的义务时，相关之人可基于国家赔偿法的侵权行为规范而予以救济。关于国家、地方政府等公共机关对人民所负的公法上的义务系仅限于单纯的秩序维持，还是意味着尚负有对每个人的私法上的义务尽管存在争论，但在发生涉及人的生命的事件时，通常认为还存在私法上的义务。①

（二）医疗

医疗行为的救助行为通常基于合同而实施。发生问题时，其非依无因管理，而是依合同或侵权行为规则处理。也就是说，运送到医院急诊室的具有判断能力的患者与医院之间，得成立医疗合同而依合同处理。② 作为医院的履行辅助人的医师等与患者的关系即变成依债务不履行或侵权行为规则而处理。问题是，没有意识的患者被运送到医院急诊室时的医疗行为是否是无因管理行为，对此理论与实务上存在分歧意见。如果从医师负有私法上的应诊义务看，则无因管理不成立。另一方面，如果认为医师并不具有这样的义务，则无因管理成立。③

---

① ［日］石崎泰雄、渡边达德：《新民法讲义5：无因管理、不当得利、侵权行为法》，成文堂2011年版，第7—8页。

② 日本札幌地判平13.4.19判时第1756号第12页：被紧急运送到救济医院的患者，医院在其同意之下进行的诊疗行为，不构成无因管理，即不得作为无因管理对待。

③ ［日］石崎泰雄、渡边达德：《新民法讲义5：无因管理、不当得利、侵权行为法》，成文堂2011年版，第8页。

第二节　为他人

本来，作为违法行为的对他人的生活领域的干涉要变成适法，其法律上的要件就是要求管理者系"为了他人"而管理事务。对此，今日比较法上的通说进一步将此细分为两项要件：一是具有为他人的意思，二是须是他人的事务（此被称为"事务的他人性"）。分述之如下：

一、须具有为他人（利益）的意思

须具有为他人（利益）的意思，即要求管理人须具有为自己以外的人的利益的意思，即利他的意思。此种必须具有的"为他人利益的意思"，称为"事务管理意思"[1]。如前述，因无因管理并非法律行为，而是准法律行为，所以，并不需要管理人具有使法律效果归属的意思[2]——效果意思，而只要具有使事实上的利益归属的意思即为已足[3]。

这里成为问题的是，利"他"的意思。例如在前举例子中，迷途的狗的所有人是谁不能判明或不能确定时被保护的，其与不明确或不能确定的狗的主人之间成立无因管理。将本属他人的事务而误认为自己的事务加以管理的，因不存在利他的意思，所以无因管理不成立。此时，发生不当得利或侵权行为的问题。

另外，在"为他人的意思"与"为自己的意思"并存、两立的情形，也不影响无因管理的成立。也就是说，除"为他人的意思"

---

① ［日］内田贵：《民法Ⅱ债权各论》，东京大学出版会2011年版，第556页。
② 例如在代理的情形，其代理意思的法律效果即归属于他人。
③ ［日］石崎泰雄、渡边达德：《新民法讲义5：无因管理、不当得利、侵权行为法》，成文堂2011年版，第8页。

外，即使有"为自己利益的意思"也是可以的。例如在驱除邻家的
庭院中的害虫的情形，即包含了不要让害虫扩及延展到自己的庭院
从而遭受被害这样的目的，此时驱除邻家的庭院中的害虫的行为仍
成立无因管理。再如，为使邻居家的狗不发出声音以使自己可以更
好地睡眠而实施的行为，就是无因管理。① 还有，共有人中的一人保
存、管理共有财产的情形，也系如此。②

二、事务的他人性③

关于"他人的事务"，像临时垫付他人的债务、救助人命等，其
性质上当然是他人的事务。这样的事务叫做"客观的他人事务"，具
有利他的意思乃是被推定的。另一方面，为迷途的狗购买食物的情
形，从"食物的购入"这一事务的性质看，既可能是他人的事务，
也可能是自己的事务，此种究竟属于他人的事务抑或属于自己的事
务不能确定的情形，称为"中性的事务"。以"为迷途的狗"这一
"为他人的意思"而处理事务，事实上带有作为他人的事务的性质，
称为"主观的他人的事务"。

再如，修理邻居的窗户的行为，从性质上看当然是他人的事务，
此就称为"客观的他人的事务"；在商店收买修理的材料，从行为的
性质上看既可能是为他人的事务，也可能是为自己的事务，此称为
"中性的事务"。而若此具有为他人的意思时，则就是为他人的事务，
此称为"主观的他人事务"④。

"事务的他人性"系依该事务的性质而以与"为他人"的联系

---

① ［日］藤冈康宏、矶村保、浦川道太郎、松本恒雄：《民法Ⅳ债权各论》，有斐阁
2011 年版，第 385 页。

② ［日］石崎泰雄、渡辺达德：《新民法讲义 5：无因管理、不当得利、侵权行为
法》，成文堂 2011 年版，第 9 页。

③ ［日］石崎泰雄、渡辺达德：《新民法讲义 5：无因管理、不当得利、侵权行为
法》，成文堂 2011 年版，第 9 页。

④ ［日］内田贵：《民法Ⅱ债权各论》，东京大学出版会 2011 年版，第 556 页。

上进行判断。另外，申报、缴纳个人所得税以及清偿自己的债务等，系"客观的自己的事务"，即使将这些事务与他人的事务错判而处理，该处理行为也不是无因管理。①

第三节 开始（着手）了事务的管理

一、事务

无因管理中的"事务"，指生活中必要的一切工作、事情，无论其为法律行为（如缔结医疗合同）抑或事实行为（如修理窗户），均无不可。第三人于债务的清偿期前所为的清偿，只要不违反本人的意思，构成无因管理。② 另外，无论是连续性（继续性）还是一次性的，即使以单一的行为完结的行为，也成立无因管理。③ 今日比较无因管理法上的通说也持这样的立场。还有，无因管理的事务不仅仅限于改良行为、利用行为及处分行为，像解除买卖合同那样的对他人权利的处分行为，也可构成无因管理。④

此外，不仅物质的、财产性质的行为，而且精神的行为乃至于救助人命那样的身体的行为，也属于事务的范围。根据今日比较法上的判例，交易的义务并不存在而将病人带到自己的住宅与之同住的人，该人也负有无因管理上的继续管理义务⑤。⑥

---

① 日本最判平成 22.1.19 判时第 2070 号，第 51 页。
② 日本大判昭和 9.9.29 新闻第 3756 号，第 7 页。
③ 日本大判大 8.6.26 民录 25 辑，第 1154 页。
④ 日本大判大 7.7.10 民录 24 辑，第 1432 页；[日] 藤冈康宏、矶村保、浦川道太郎、松本恒雄：《民法Ⅳ债权各论》，有斐阁 2011 年版补订第 4 刷发行，第 384 页。
⑤ 日本大判大 15.9.28 刑集第 5 卷，第 387 页。
⑥ [日] 石崎泰雄、渡辺达德：《新民法讲义 5：无因管理、不当得利、侵权行为法》，成文堂 2011 年版，第 10 页。

二、管理

所谓事务的"管理",指对事务的处理。通常,"管理"一语是保存、利用、改良的上位概念,与处分一语系对置的概念。但是,比较法上的判例认为,处分债务人的财产的行为,也是无因管理。① 对此,比较法上的通说也肯定之。与此不同,对于管理,处分行为并不包含之。另外,所谓管理,其不仅指本人的既存的权利关系的处理,而且也包含使新取得权利关系。②

三、开始③

设例(如下图所示④):A 发现外出旅行中的邻人 B 的房屋的窗户玻璃被台风刮破。于是,乃约请 C 前来修理。同时,A 打 B 的手机,对修理其玻璃窗户获得其追认。试问:A 的行为作为无因管理而成立是在什么时点?

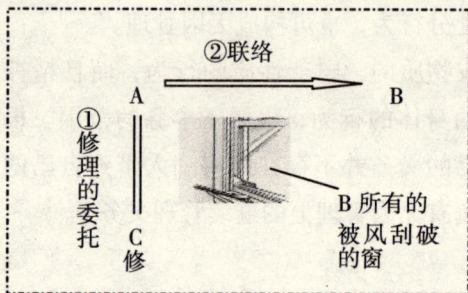

---

① 日本大判明治 32.12.25 民录第 5 辑第 11 卷,第 118 页。

② [日] 石崎泰雄、渡辺达德:《新民法讲义 5:无因管理、不当得利、侵权行为法》,成文堂 2011 年版,第 11 页。

③ [日] 石崎泰雄、渡辺达德:《新民法讲义 5:无因管理、不当得利、侵权行为法》,成文堂 2011 年版,第 11 页。

④ [日] 石崎泰雄、渡辺达德:《新民法讲义 5:无因管理、不当得利、侵权行为法》,成文堂 2011 年版,第 11 页。

无因管理以管理人"开始"对事务进行管理而成立。关于"开始"的时点，并不是对本人的领域发生影响的时点，而是应解释为以利他的意思而开始处理事务的时点。在本例子中，对本人 B 的领域产生影响的，是 C 开始修理的时点抑或本人 B 为追认之时；但是，无因管理在 A 与 C 之间订立修缮合同的时点之前即已成立。

第四节　管理人所为的事务管理合于本人的意思或利益①

在无因管理，管理人应按照事务的性质，以最适合于本人的利益的方法进行管理。当管理人知道本人的意思时，或者可以推知时，应依本人的意思而定。如果判明是违反本人的利益、意思的，则不能继续进行管理。②

一、作为无因管理的成立要件的"本人的意思或利益"

在无因管理中，管理人的"为他人"这一利他的意思，授予了其自己一定的权利，但是，基于利他的意思，对于本人而言可能会觉得管理人是管闲事，甚或感到遭遇了麻烦或困扰。这样，对于本人而言是有益的值得奖励的管理行为，与对于本人而言是麻烦、困扰而不值得保护的管理行为之进行区别的标准，就在于"对本人的意思或利益的适合性"。因此这一点也成为无因管理的构成要件。今日比较法上的通说也肯认之。

二、应该尊重的本人的意思、利益

在无因管理成立上应该考虑的本人的意思、利益是否有限制呢？

---

① ［日］石崎泰雄、渡边达德：《新民法讲义 5：无因管理、不当得利、侵权行为法》，成文堂 2011 年版，第 12－15 页。

② ［日］内田贵：《民法Ⅱ债权各论》，东京大学出版会 2011 年版，第 556 页。

根据比较法上的判例，违反本人的意思明显时，无因管理不成立。但是，此种场合的意思必须不能违反强行法规、公序良俗。违反强行法规、公序良俗的意思，本人即使表示之，其对于无因管理的成立也不应考虑，亦即，其不影响无因管理的成立。① 须指明的是，学说上对此也并无不同意见。另外，在今日比较民法上，多数人认为，规律违反公序良俗的法律行为的规定，其对作为准法律行为的无因管理，也应同样适用。在比较判例法上，市政当局对其管理的废弃物实施违法处理等行为，而向废弃物管理人（本人）请求偿还该费用的案件中，法院最终判示："无因管理违反公共的意思的，即使违反本人的意思或利益，也应成立。"②

救助自杀的人，自杀意思是否违反公序良俗存在争论。通说认为，自杀意思之是否违反公序良俗没有考虑的必要，因此即使救助自杀的人，无因管理也成立。详言之，救助自杀者是否无因管理？若自杀者真的就想死，则救助行为就是违反本人的意思的。但是，本人的意思违法（也包括违反公序良俗）时，也不影响成立无因管理。③ 也有学者指出："自杀是人的自由，并不违反公序良俗"。④ 并且，公序良俗这一概念本来是规制法律行为的概念。所以，我们认为，从奖励救助行为的视点出发，不应认为拒绝救助行为的意思违反公序良俗，从而对自杀者的救助应成立无因管理。

三、无因管理的追认

违反本人的意思的管理行为将不构成无因管理，但是存在追认的情形时，作与无因管理相同的处理是妥当的。管理行为即使违反本人的意思、利益时，也将作为不违反而认可管理人有费用偿还请求权。

---

① 日本大判大 8. 4. 18 民集 25 辑，第 574 页。
② 日本名古屋地冈崎支判平成 20. 1. 17 判时第 1996 号，第 60 页。
③ ［日］内田贵：《民法Ⅱ债权各论》，东京大学出版会 2011 年版，第 557 页。
④ ［日］四宫和夫：《现代法律学全集、无因管理、不当得利、侵权行为》（上卷），青林书院新社 1981 年版，第 21 页。

第十二章　无因管理的效果[①]

无因管理的法律效果，分为本人与管理人之间的效力与对第三人的效力。前者称为"对内的效果"，后者称为"对外的效果"。而且，"对内的效果"又可分为"违法性阻却"、"管理人的义务"及"本人的义务"。分述之如下。

第一节　无因管理的对内效果[②]

一、违法性阻却

设例（如下图所示[③]）：A 在车站的站台上等电车。在电车来到之前，看到心情不好的 B 即将掉进站台的铁轨上。A 慌忙中立即飞奔过去抱住即将掉进

---

① 本部分的写作，除注释说明者外，主要参考并依据 [日] 石崎泰雄、渡辺达德：《新民法讲义 5：无因管理、不当得利、侵权行为法》，成文堂 2011 年版，第 15 – 24 页，谨此说明。

② 本部分的写作，主要参考并依据 [日] 石崎泰雄、渡辺达德：《新民法讲义 5：无因管理、不当得利、侵权行为法》，成文堂 2011 年版，第 15 – 23 页。

③ [日] 石崎泰雄、渡辺达德：《新民法讲义 5：无因管理、不当得利、侵权行为法》，成文堂 2011 年版，第 15 页。

站台的铁轨上的 B，间不容发中救助成功。A 救助之际拉住 B 的衣服，该衣服因此被弄破损。试问：A 对该衣服的破损负赔偿义务吗？

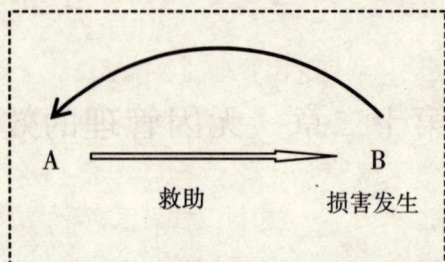

A　　　　　　　　　　B
　救助　　　　　损害发生

构成无因管理的最重要、最基本的法律效果是违法性阻却。没有义务、没有权限的人尽管明知他人的权利、财产而仍然加以干涉，若没有像正当防卫等的违法性阻却事由，就应变成侵权行为。但是，若无因管理成立，则干涉行为即变为正当化。并且，干涉的结果即使对本人产生损害，其违法性也被阻却。换言之，如果具备无因管理的要件，则即使发生了对他人权利领域的侵入，也不违法，在结果上即使造成了某些损害，也不构成侵权行为。[1] 对此，各国民法虽未明言，但基于无因管理的利他性、社会连带、相互扶助等理念，是当然如此的。

在上例中，A 的救助行为因构成无因管理，所以其对于 B 的干涉行为就变为适法的行为，其法律效果由此就是：A 的行为即使对 B 产生损害，A 也不负赔偿义务。

二、管理人的义务

管理人的义务大体上与委托合同中的受托人的义务相当。[2] 因此，管理人须按事务的性质，以最适宜本人利益的方法管理本人的事务。管理人已知本人的意思或可推测到其意思时，须按其意思进

---

① ［日］藤冈康宏、矶村保、浦川道太郎、松本恒雄：《民法Ⅳ债权各论》，有斐阁 2011 年版，第 386 页。

② ［日］藤冈康宏、矶村保、浦川道太郎、松本恒雄：《民法Ⅳ债权各论》，有斐阁 2011 年版，第 386 页。

行事务管理。①

若某人以"为他人"的意思而管理他人的事务，则管理人与本人之间发生无因管理关系，管理人即负有与受托人相同的债务（注意义务）。此正是法律认可无因管理的法律地位，于保护管理人的同时，也通过对开始管理他人事务的人课予义务，而排除过度的胡乱或随意的干涉。该管理人所负的义务包括："管理义务"、"继续管理义务"、"信息提供义务"、"交付、移转义务"以及"利息赔偿义务"。分述之如下。

（一）管理义务

此"管理义务"，又分为"管理方法"与"注意义务"。

1. 管理方法

即无因管理开始后，（1）管理人已知本人的意思或可以推测到其意思时，须按其意思进行事务管理；（2）第（1）项不明的场合或违反强行法规抑或公序良俗而不应考虑的场合，管理人须按其事务的性质，以最适于本人利益的方法管理其事务。

2. 注意义务

今日各国民法中大多未就管理人的注意义务作明文规定。但是，通说认为，与受托人一样，管理人负有善良管理人的注意义务，称为"善管注意义务"。在通常的并非急迫的危害的情形，管理人即使因轻过失而造成损害，其对本人也不负赔偿责任。也就是说，管理人只负善良管理人的注意义务，即"善管注意义务"②。其理由如下：

（1）通常，民法上"为他人"而实施或为行为的情形，都要求为行为的人尽善良管理人的注意。据此，对他人的事务进行管理而要求管理人尽善良管理人的注意，系属当然。

（2）从对紧急无因管理中的管理人的注意义务被限定为恶意或

---

① 参见《日本民法》第697条。

② ［日］藤冈康宏、矶村保、浦川道太郎、松本恒雄：《民法Ⅳ债权各论》，有斐阁2011年版，第387页。

重过失的责任（《日本民法》第 698 条）的反对解释看，也应当如此。

（3）关于义务，民法有关委托法律关系的规定应准用之。（《日本民法》第 701 条）

3. 紧急无因管理时的注意义务

即管理人为使本人能够避免其身体、名誉或财产遇到的紧急危害而做出的事务管理，除非有恶意或重大过失外，对因此发生的损害不负赔偿责任（《日本民法》第 698 条）。例如，救助河中溺水的人之际，即使因救助者的轻过失使溺水之人受伤，该救助者也不负损害赔偿责任。而且，即使将在河中戏弄、开玩笑戏水误判为溺水而实施救助行为的，只要实施救助行为的人的判断没有恶意、重过失，救助者也不负责任。

（二）继续管理义务

当管理并不是一时性的而是具有继续性的性质时，管理人一旦开始管理，在本人及其继承人或法定代理人能够进行管理前，须继续为其管理。① 因中途停止而给本人造成损害时，构成债务不履行。② 不过，若继续管理违反本人的意思或对其不利时，管理人须中止管理。亦即，此时作为无因管理不应继续，而是应当中止。

（三）信息提供义务

管理人关于无因管理，第一，除本人知道外，管理人须将其已开始管理的事实毫不迟延地通知本人③。第二，当本人请求时，管理人应随时向其报告管理状况。第三，无因管理结束后，管理人须随时报告无因管理的处理状况，并须在管理终止后毫不迟延地报告管理的经过和结果④。

---

① 参见《日本民法》第 700 条第 1 句。

② ［日］藤冈康宏、矶村保、浦川道太郎、松本恒雄：《民法Ⅳ债权各论》，有斐阁 2011 年版，第 387 页。

③ 参见《日本民法》第 699 条。

④ 参见《日本民法》第 645 条、第 701 条。

（四）受领物的交付、移转义务

即管理人在为事务的管理中收取的金钱等物，须移交于本人。其收取的孳息，亦同。另外，管理人以自己的名义为本人取得的权利须移转于本人。① 此时，标的物非因可归责于管理人的事由而灭失时，基于受益与危险相对应的考量，管理人无须进行价格赔偿。

（五）消费了金钱时的偿付利息、赔偿义务

即管理人将应向本人移交的金钱或应为其利益而使用的金钱已用于自己的消费时，须支付其消费之日以后的利息。如另有损害的，须对其予以赔偿。②

三、本人的义务：费用偿还义务

设例（如下图所示③）：A 散步途中发现被汽车的车轮压伤的迷途的犬，将其带回自己的家中保护。在该犬的主人找来之前，A 购买狗食品等来饲养之。不久，犬的主人 B 来领取了该犬。试问：（1）A 对 B 可否请求狗食品的购买费用？（2）救助该狗时 A 受伤，A 对 B 可否请求治疗费用？（3）A 是兽医，发生事故之际治疗受伤的狗时，A 可否向 B 请求报酬？

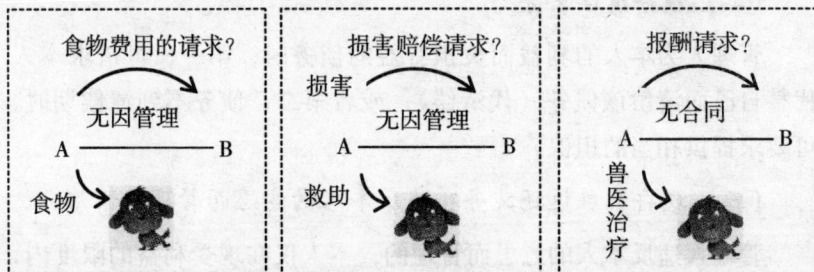

---

① 参见《日本民法》第 646 条。
② 参见《日本民法》第 647 条。
③ ［日］石崎泰雄、渡辺达德：《新民法讲义 5：无因管理、不当得利、侵权行为法》，成文堂 2011 年版，第 19 页。

本人因基于管理人的利他的行为而受益，所以，管理人在进行事务管理而支出了一定的费用时，本人负有予以偿还的义务。具体分析如下。

（一）偿还有益费用的义务

管理人已支出的对本人有益的费用（如修理费用、出租车费用），可以向本人请求偿还①。依判例②，有益费用的范围包括：①作为管理的目的而增加物的价格所花去的费用，②为保存标的物而花去的必要费用。

在学说上，日本通说认为，所谓有益费用，其并不限于对物的费用，而且必要的费用也包括在内。并且，关于其范围，应以支出时为标准而依一般社会观念客观判定。例如，关于修缮这样的保存行为，若使用与修缮不相当的价格非常高的材料时，就不具有有益性，从而不构成有益费用。如果支出时系适正的费用，而请求偿还时却是便宜的费用，则管理人也可请求支出时的数额。另外，基于无因管理实质上与委托处理事务并无不同的理由，在无因管理中，管理人请求所支出金额的利息，也是准许的。

另外，判断是否有益费用的时点，是在为管理行为之时③，即以管理之时为基准（标准）而判断④。

（二）债务清偿义务

管理人为本人的利益而负担有益的债务时，第一，可请求本人代替自己而清偿该债务（代清偿），或者第二，债务不到清偿期时，可要求提供相当的担保。

（三）现存利益返还义务：违反本人的意思而管理的情形

管理人违反本人的意思而管理的，本人仅在现受利益的限度内，

---

① 参见《日本民法》第 702 条第 1 项。
② 日本大判大 10.7.12 大审院判决全集 1 辑，第 20 号，第 24 页。
③ ［日］藤冈康宏、矶村保、浦川道太郎、松本恒雄：《民法Ⅳ债权各论》，有斐阁 2011 年版，第 387 页。
④ ［日］内田贵：《民法Ⅱ债权各论》，东京大学出版会 2011 年版，第 558 页。

偿还有益费用，负代清偿或提供担保的义务。须注意的是，有学者认为，违反本人的意思的情形无因管理不成立，管理人依不当得利规则而受保护，因此，此种情形属于不当得利的返还。

（四）损害赔偿义务

即无因管理人为事务的管理时遭受损害的，本人是否负有赔偿损害责任？在委托法律关系中，受托人为处理受托事务自己无过失而遭受损害时，对委托人可请求赔偿。而关于无因管理则多无明文规定。因此，若进行反对解释，则就不应予以认可。不过，学说上有人认为，即使对于无因管理，也应作与委托相同的处理，即应认可本人负有损害赔偿义务。只有这样，方称公平。不过，今日各国民法的解释论一般对此持否定态度。其理由是：既不是委托（托付）人，也不是加害人的本人，要负担与委托人相同的损害赔偿责任，是不合情理的。

但是，作为立法论，其较委托法律关系中的委托人的责任稍微轻一些而认可损害赔偿义务是适当的。并且，通说认为，也可通过弹性地解释"费用"而求得解决。其方法是：将该事务中可以预见的损害包含于"费用"中。这样做的理由是：所谓"费用"，是指为某种目的而有意识地支出的财产上的出损，它不限于管理人为无因管理时所认识到的损害发生的危险。也有学者认为，虽然应将费用与损害分开，但是，仅限于"准用""费用"的损害，才应予以赔偿。另外，还有学者指出，应将身体的损害与财产的损害分开，身体的损害不应解释为"费用"。

在今日，多数学者认为，像救助行为那样的对社会有益的行为应该被奖励，另外，强制使基于利他的意思而实施行为的管理人承受负担是不适当的。由此，今日比较法上的通说认为，应当透过对"费用"的解释而解决之。不过，"费用"与"损害"是不同的，应仅限于"准用费用的损害"，方可予以赔偿。

（五）可否请求报酬

所谓报酬，是指对劳务的对价，其与"损害"为不同的概念。

今日各国民法尽管未对无因管理中管理人可否请求报酬作出规定，但基于委托的委任因以无偿为原则①，所以，作为利他的行为的无因管理，也不认可管理人之有报酬请求权。

但是，医师、律师等所谓专家实施的无因管理，当其作为没有义务的营业上的行为而为无因管理时，今日通说认为，应认可报酬请求权。其理由是"作为定型化的费用"而认可之，抑或"在社会观念上，只有有偿方能期待无因管理"等等。②

在上述例子中，若非兽医的人实施救助，而是为疗伤赴动物医院接受治疗的，其所作的支出应作为费用请求偿还，所以，作为兽医本人的 A 予以救助的，报酬请求权作为"费用"而认可。

与上述不同，有学者认为，医生与患者之间应是成立医疗合同，所以根本不发生无因管理的问题。于被救助者有意识的场合，可认可成立医疗合同，但医生与没有意识的被救助者之间认为成立医疗合同，乃是不妥的。

（六）灾害救助与公的补偿

保护一般人民的生命、身体、财产不因犯罪或灾害而受到侵害，是国家及公共机关的职责。为此，国家设有警察、消防等机关或组织而实施保护。并且，私人代行这些机关或组织的职责而遭受损害时，国家建立了认可法律上予以补偿的制度。③ 但是，其给付的金额并非包括一切损害，超过该给付金额的损害，应该如何解决于是成为问题。换言之，此时应如何保护管理人，就成为问题。如前述，它实质上就变成关于无因管理的"费用"的解释问题。

---

① 例如《日本民法》第 648 条第 1 项规定："受托人如无特殊约定，不能向委托人请求报酬。"

② ［日］藤冈康宏、矶村保、浦川道太郎、松本恒雄：《民法Ⅳ债权各论》，有斐阁 2011 年版，第 388 页。

③ 参见《日本警官援助法》、《日本消防法》等。

第二节　无因管理的对外效果①

无因管理因系规律本人与管理人之间的债之关系（债权债务），所以其法律效果不及于第三人。不过，当管理人透过与第三人的法律行为而为管理行为时，即会围绕第三人而发生法律效果。

一、以管理人的名义实施的法律行为

管理人以"自己的名义"为法律行为的，该法律行为的效力在该管理人与对象方之间发生，而不及于本人。也就是说，此种场合是归属于管理人。不过，若此时为本人的利益而产生了有益的债务负担，则管理人可以请求本人自己为清偿。② 另外，管理人出卖本人的物时，即变成出卖他人之物，但是，若本人予以追认，则对象方可取得所有权。此追认与无因管理的追认不同。

二、以本人的名义实施的法律行为

管理人作为代理人或直接以本人的名义为法律行为的，其法律效果是否归属于本人？对此，日本判例曾判示："无因管理，是管理人与本人间的法律关系，管理人与第三人所为的法律行为的效果及于本人的关系并不是无因管理的问题，即使管理人以本人的名义与第三人为法律行为，其行为的效果也并不当然及于本人。要发生及于本人的效果，必须基于代理或其他法律关系。"可见，管理人以本

---

① 本部分的写作，主要参考并依据［日］石崎泰雄、渡边达德：《新民法讲义5：无因管理、不当得利、侵权行为法》，成文堂2011年版，第23－24页。
② ［日］藤冈康宏、矶村保、浦川道太郎、松本恒雄：《民法Ⅳ债权各论》，有斐阁2011年版，第389页。

人的名义实施的法律行为，并不认可其法律效果归属于本人。① 此种
情形，管理人的行为变成无权代理行为。②

三、无权代理的追认

须注意的是，在无因管理中，管理人为本人的利益而以本人的
名义为法律行为时虽然构成无权代理，但是，若本人予以追认，则
成为有权代理，其法律效果归属于本人。此时就变成具有无因管理
的性质。③

出卖本人的物的处分行为在与本人的意思与利益相合时，是适
法的无因管理，之后本人若予追认，则物的所有权也移转。共同买
受人中的一人擅自代理另一人而为解除意思表示的场合，若本人就
代理行为予以追认，则发生解除的效果④。⑤

今日比较法上的通说，也支持上述立场。

① 日本最判昭和 36.11.30 民集第 15 卷第 10 号，第 2629 页。
② 日本大判昭和 10.5.24 法学第 5 卷，第 98 页；[日] 藤冈康宏、矶村保、浦川道太郎、松本恒雄：《民法Ⅳ债权各论》，有斐阁 2011 年版，第 389 页。
③ 日本大判昭和 17.8.6 民集第 21 卷第，第 850 页。
④ 日本大判大 7.7.10 民录第 24 辑，第 1432 页。
⑤ [日] 藤冈康宏、矶村保、浦川道太郎、松本恒雄：《民法Ⅳ债权各论》，有斐阁 2011 年版，第 389 - 390 页。

第十三章　准无因管理①

　　设例（如下图所示②）：A 在互联网上发表小说后，阅读该小说之后的 B 擅自（私自）将其动画片化，获得巨大利益。试问：A 对 B 可提出怎样的请求？

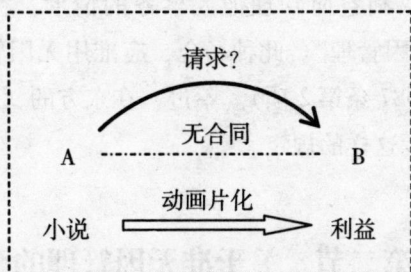

第一节　问题的提起：非为了他人的对"他人事务的管理"

　　如前述，无因管理是以"为他人利益"而管理

---

　　①　本部分的写作，除注释说明者外，主要参考并依据 [日] 石崎泰雄、渡边达德：《新民法讲义 5：无因管理、不当得利、侵权行为法》，成文堂 2011 年版，第 25 - 28 页，谨此说明。
　　②　[日] 石崎泰雄、渡边达德：《新民法讲义 5：无因管理、不当得利、侵权行为法》，成文堂 2011 年版，第 25 页。

其事务。在无因管理中，管理人须具有为他人利益而管理其事务的意思，称为"事务管理意思"。与此不同，为自己自身的利益而管理他人事务时，即称为准无因管理。①

某人利用、管理他人的财产或权利而产生利益时，应怎样处理该利益？若无因管理成立，则管理人负有应将所收取的利益全部返还给本人的义务。但是，尽管没有权限，但由于"不合于本人的意思"、"并非基于利他的意思的行为"等的理由，使无因管理不成立时，通常即变成应依不当得利或侵权行为而处理。此种场合，"干涉者"对被害人负有"利益（损失）的返还"（《日本民法》第703条）、"损害的赔偿"（《日本民法》第709条）等义务。但无论何者，均以本人遭受的损害为其限度。②

值得注意的是，在德国，将虽然知道自己没有权限，但仍然以为自己谋取利益而管理他人事务的情形，称为准无因管理，也叫"不真正无因管理"。此种场合，应准用无因管理的规定（《德国民法典》第687条第2项）。不过，在东方的《日本民法》和我国民法上，则并无这样的规定。

第二节　关于准无因管理的学说与思想

在学说上，关于准无因管理，存在肯定与否定两说，迄今并未形成其通说。

一、肯定说

该说认为，没有利他的意思，但却使该利益归属于故意干涉他

---

① ［日］内田贵：《民法Ⅱ债权各论》，东京大学出版会2011年版，第560页。
② ［日］石崎泰雄、渡边达德：《新民法讲义5：无因管理、不当得利、侵权行为法》，成文堂2011年版，第25页。

人权利的违法行为人，这会产生不公平的结果并助长违法者，从对行为人的制裁与保护本人的观点看，与德国相同，应认可准无因管理概念予以解决。其要件是：虽然知道是他人的事务，但仍将该客观的他人事务为自己的利益并以占有（或持有）的意思而处理。其法律效果是：管理人除负有与无因管理成立场合相同的对本人的义务外，还负有移交自己所取得的全部利益的义务。同时，本人若由此而受利益的，则依公平与诚实信用原则，负有偿还费用的义务。此外，从"无因管理的追认"这一视角看，也会导出与肯定说相同的结论。[①]

二、否定说[②]

该说认为，无因管理是奖励利他行为而设的制度，作为利己行为的违法的管理行为使其准用无因管理制度，是不适宜、不恰当的。

上述两说中，确实，无因管理是为奖励利他的行为而设的制度。没有利他的意思，而使利益归属于故意干涉他人权利的违法行为人会产生不公平的结果并助长不法。因此，采取否定说自一般社会正义的立场看，也不妥当。如前述，在德国法上，将此种场合准用无因管理而处理并设准用的规定，是妥当的。东方的《日本民法》与我国民法未设准无因管理的规定，系属不妥。我国将来制定民法典时，宜借鉴德国法的经验而设准无因管理的规定，应可期待。

根据以上分析，在上述例子中，B 的行为宜准用无因管理而处理，B 作为无因管理人对本人负有善管注意义务。并且，其负有将因动画片化而获得的全部利益移交给 A 的义务。另一方面，A 作为准无因管理中的本人，负有对 B 偿还有关费用等的义务。

---

① ［日］石崎泰雄、渡边达德：《新民法讲义 5：无因管理、不当得利、侵权行为法》，成文堂 2011 年版，第 27 页。

② ［日］石崎泰雄、渡边达德：《新民法讲义 5：无因管理、不当得利、侵权行为法》，成文堂 2011 年版，第 27－28 页。

第三节　关于准无因管理的比较法上的判例

日本法院曾对如下案件作出判决：共有某船舶的二人，其中一人在未获得另一共有人同意的情况下就将自己的份额与另一共有人的份额出卖，另一共有人请求出卖的共有人向其给付出卖价金的一半。对此，法院判决如下：没有获得另一共有人的同意的出卖行为是侵权行为。但是，若另一共有人之后对该出卖行为予以认可时，则应依无因管理的规则解决。① 不过，日本法院在关于该案件的判决正文中，并没有提到"准无因管理"这一概念。由此，对于该判决是否即是关于准无因管理的判决，日本学者间还是存在争论。②

---

① 日本大判大 7. 12. 19 民录第 24 辑，第 2367 页。
② ［日］石崎泰雄、渡辺达德：《新民法讲义 5：无因管理、不当得利、侵权行为法》，成文堂 2011 年版，第 26 页。

第四部分　不当得利

第十四章　不当得利的基本概要

第一节　不当得利的含义与法制史上的沿革

一、不当得利制度的含义

不当得利（Ungerechtfertigte Bereicherung）[1] 制度是一个具有悠久历史的制度，其在私法体系中占据十分重要的地位。其含义指没有正当的理由或法律上的原因抑或法律上的根据而取得财产性利益，由此致他人遭受损失，遭受损失的他人得对利得者请求返还其利得。在不当得利关系中，取得财产性利益的人，称为"受益人"，丧失财产性利益的人称为"受损人"。受益人之向受损人返还其所获利益，此从受损人的视角看系为权利，此权利正是使返还利得的请求权（债权）得以发生的原因。此法律上的原因，是使返还利得得以正当化的法律上的理由乃至根据。[2]

---

[1]　[日] 山田晟：《德国法律用语词典》，大学书林1995年版，第643页。

[2]　[日] 西村峯裕、久保宏之：《民法4债权各论》，中央经济社2012年版，第169页。

二、不当得利制度的沿革

(一) 大陆法系中的不当得利制度

不当得利制度与民法中的多数制度一样，系起源于罗马法。具体言之，该制度系肇端于罗马法的 condictio 诉权，是立基于"无论何人不应从他人的损失中得利"这一公平理念而生的制度。但是，在罗马法上，仅限于在各个具体的情形认可不当得利，因此并未建立起一般化的不当得利制度。

1804 年《法国民法典》未对不当得利设概括规定，而仅就非债清偿 (paiement de l'indu) 于第 1376 条规定："因误解或故意受领不当受领之物的人，对给付人负有返还其受领之物的义务。"须注意的是，法国民法中的非债清偿与无因管理 (gestion d'affaires) 均被认为系准契约。今日法国民法中的不当得利制度系由学说与判例所创设。19 世纪时，Aubry、Rau 两位民法学者创造出不当得利制度的一般原则，法国破毁法院 (Cour de Cassaton，最高法院) 于著名的 Boudier 案件①中加以肯定、承认②。由此，以判例法为基础的法国的不当得利 (enrichissement sans cause) 的一般理论得以形成。③

在德国，其普通法时代因开始受到自然法思想的影响，所以建立起了"无论何人不应从他人的损失中得利"的一般法律原则④。《德国民法典》第 812 条第 1 项规定："无法律上原因 (ohne rechtli-

---

① 本案事实为：甲承租乙的农地，向丙购买肥料，施于农地。甲、乙协议解除契约后，约定由乙收取尚未收取的果实，折算支付租金。原告丙知悉此事，乃以甲迄未支付肥料价金为理由，径直以乙为被告请求偿还。法国破毁法院基于衡平观念，肯定原告的不当得利请求权。王泽鉴：《不当得利》，北京大学出版社 2009 年版，第 7－8 页。

② ［日］石崎泰雄、渡边达德：《新民法讲义 5：无因管理、不当得利、侵权行为法》，成文堂 2011 年版，第 31 页；王泽鉴：《不当得利》，北京大学出版社 2009 年版，第 7－8 页。

③ ［日］石崎泰雄、渡边达德：《新民法讲义 5：无因管理、不当得利、侵权行为法》，成文堂 2011 年版，第 31 页。

④ ［日］松坂佐一：《民法提要》，有斐阁 1981 年版，第 239 页。

chen Grund），由于他人的给付，或依其他方法藉他人的费用而有所取得者，应负返还的义务。法律上的原因嗣后归于消灭，或依法律行为的内容，给付所欲达成的结果不发生者，亦应负返还的义务。"应注意的是，《德国民法典》的该条规定是不当得利这一法律制度之首先纳入民法典中予以规定的第一个先例，由此具有里程碑的意义。

德国判例学说关于不当得利的争论在于：不当得利请求权是否具有统一的原则？对此持肯定立场者，称为"统一说"（Einheits-theorie）；反之，则为"非统一说"（类型区别说，Trennungstheo-rie）。奥地利学者韦堡（Wilburg）于1934年提出非统一说，区分给付与非给付两种情形而分别探讨受利益是否有法律上的原因；德国学者冯·克默雷尔（von Caemmerer）以维尔贝格（Wilburg）的见解为基础，建立不当得利类型化理论，发展并形成了"现代不当得利法"（modernes Bereicherungsrecht）。其主要特色在于：区别不当得利的类型，即除给付不当得利外，还特别重视侵害他人权益的不当得利。①

《瑞士旧债务法》（1881年）与《瑞士新债务法》（1911年）均将不当得利单独列为债之关系发生的一种原因，并设有不当得利制度的一般规定。其第62条规定："以不当的方法（in ungerechtfer-tigter Weise）从他人的财产中得利的人应返还其利得。"应指出的是，新近瑞士判例学说将此不当得利概括条款予以类型化，分为给付不当得利（Leistungs – oder Zuwendungskondition）与非给付不当得利（Nichtleistungskondition），并分别规定此两类不当得利的构成要件与法律效果②。

《日本民法》（1898年施行）第703、704条关于不当得利的规

---

① 王泽鉴：《不当得利》，北京大学出版社2009年版，第9页。
② 王泽鉴：《不当得利》，北京大学出版社2009年版，第8页。

定系仿德国民法第二草案及《瑞士旧债务法》而来。① 其于第 703 条规定："无法律上原因，由他人的财产或劳务而得到利益，为此致使他人遭受损失的人，在其利益存在的限度内负有返还义务。"此为日本民法关于不当得利的一般规定。近年来，日本民法学界区分不当得利的类型而建立起了给付不当得利与非给付不当得利的所谓"二类型理论"②，值得注意。

（二）英美法中的不当得利制度

英美法上的不当得利，传统上称为 Restitution③。而 Restitution，其基本含义系"恢复原状"（restoration）、"复旧"、"返还不当得利"。所谓"恢复原状"，指丧失利益的原告请求被告之返还不当利得（unjust enrichment）。须注意的是，英美法上的不当得利制度与德国、日本、瑞士等前述大陆法系国家的不当得利制度的重要不同系在于：被告之返还不当得利的范围并不限于原告所遭受的损失的范围。另外，在英美法中，Restitution 的含义有时也指通过回复被害人的损害而恢复原状，此点须予注意。④

（三）我国法上的不当得利制度

我国之有民法上的不当得利制度始于清季的法律变革。1911 年公布的大清民律草案于第 2 编"债权"之第 7 章设有不当得利的规定计 16 条，其基本内容取自于德国民法；1925 年公布的民律第二草案同时采取《瑞士新债务法》的经验，专设"债之发生"一章，于第 3 款规定不当得利；1929—1930 年颁布的《中华民国民法》设 5 个条文规定不当得利，于第 179 条规定："无法律上之原因而受利益，致他人受损害者，应返还其利益。虽有法律上之原因，而其后

① ［日］谷口知平、甲斐道太郎编：《新版注释民法（18）债权（9）》，加藤雅信执笔，有斐阁 2003 年版，第 335 页以下；［日］松坂佐一：《民法提要》，有斐阁 1981 年版，第 239 页。

② 王泽鉴：《不当得利》，北京大学出版社 2009 年版，第 9 页。

③ 王泽鉴：《不当得利》，北京大学出版社 2009 年版，第 10 页。

④ ［日］田中英夫等编集：《英美法辞典》，东京大学出版会 1991 年版，第 728 页。

已不存在者，亦同。"① 这一规定于今日的台湾地区适用。

我国于 1986 年制定的《民法通则》第 92 条规定："没有合法根据，取得不当利益，造成他人损失的，应当将取得的不当利益返还受损失的人。"是为我国民法关于不当得利的基本规定，具有重要意义，值得注意。

（四）小结

以上分析表明，自近代以来迄至今日，大陆法系与英美法系中的不当得利制度在下列各点上值得特别提出：

第一，大陆法与英美法两大法系大体上均建立起了不当得利的一般化条款，建立起了一般不当得利请求权。尤其值得指出的是，欧洲在走向私法统一化的进程中也建立了不当得利一般化的条款。由 Eric Clive 教授拟定的未来欧洲民法典中关于不当得利的 7 条规定中，第 1 条即是关于不当得利的一般化条款，其规定："任何人受利益致他人受损害而无法律上原因者，负返还所受利益的义务"。而此背后所基于的理念或原则，是罗马法学家 Pomponius 的"损人而利己乃违反衡平"（Jure aequum est neminem cum alterus detrimento et iniuria fieri locupletiorem）这一较为古老的法言。②

第二，不当得利被区分为给付不当得利与非给付不当得利，即将不当得利予以二分化类型处理。如此一来，不当得利制度将更能发挥其调节利益失衡的功能。

第三，英美法系不当得利制度具有自己的特色。具体言之，英美法系不当得利制度乃包括两种情形：一是恢复或维持原状的不当得利制度；二是不当得利的债之关系中，债权人得请求返还的范围并不以其业已丧失的利益为限的不当得利制度。

---

① 王泽鉴：《不当得利》，北京大学出版社 2009 年版，第 13 页。
② 王泽鉴：《不当得利》，北京大学出版社 2009 年版，第 7 页、第 11－12 页。

第二节　不当得利的本质、效果与功能

一、不当得利的本质与效果

不当得利的本质是：特定当事人之间发生的财产变动当从对社会一般第三人的关系上考量时，其并不基于法律保护交易安全的需要而必须予以认可。但将此种当事人之间发生的财产变动仅置于当事人之间考量时，则会因其违反法律的公平原则而必须予以否定。对此两种情形，应通过使财产的取得人返还取得的利得，而这就是不当得利制度。概言之，不当得利制度是起着对当事人之间的财产变动发挥调节作用的效果或功能的制度。[1]

不当得利制度的法律效果是：取得利益的人必须返还所取得的利益，但此返还义务与当事人的行为无关，其系由于发生了没有法律上的原因的利得这一事实而引起。因此，不当得利的性质是事件。[2]

二、不当得利制度的功能[3]

如前述，今日比较法上的不当得利制度建立在给付不当得利与非给付不当得利（尤其是侵害他人权益的不当得利）两个类型之上，共同调整无法律上原因的财产变动[4]。由此其具有两项功能：其一，矫正欠缺无法律上原因的财产移转；其二，保护财产的归属。比如，在擅自出卖他人寄存的画，致受让人善意取得其所有权；无权出租他人的房屋，收取租金；径直在他人墙壁悬挂广告而获得利益；擅

---

① 　[日] 松坂佐一：《民法提要》，有斐阁 1981 年版，第 239 - 240 页。
② 　[日] 松坂佐一：《民法提要》，有斐阁 1981 年版，第 240 页。
③ 　王泽鉴：《不当得利》，北京大学出版社 2009 年版，第 3 页。
④ 　王泽鉴：《债法原理》，台湾兴丰综合印刷有限公司 2012 年版，第 1 页。

自以他人的肖像作为营业广告而获取利益等情形，权利人得向加害人请求返还侵害其权益归属而取得的利益。因此，不当得利制度具有保护财产的归属的功能。

值得注意的是，由不当得利制度的上述两项功能，我们可以看到，不当得利制度的旨趣在于：去除"受益人"无法律上原因而受的利益，即"去除所受利益的功能"（Abschöpfungsfunktion），而并非在于赔偿"受损人"所受的损害，从而受益人是否具有故意或过失，其行为是否具有可非难的违法性，均非所问。

第三节　不当得利制度的存在基础与不当得利的类型化

一、不当得利制度的存在基础

不当得利制度的形成与发展迄今已有 2000 余年的历史。在这漫长的过程中，公平（衡平）观念及其思想始终是其存在基础。法制史上，不当得利由罗马法中的个别的诉权而发展成为近代法中的一般化概括条款（即"不当得利法"），均无不秉承于此点。唯在今日，无法律上原因的财产变动是否构成不当得利，应以具体法律所规定的构成要件予以判定，而不宜以公平（衡平）观念及其思想为断①，此点应予注意。

二、不当得利的类型化

（一）基本概要

如前述，在今日比较法上，不当得利除因给付而引起者外，还

---

① 王泽鉴：《不当得利》，北京大学出版社 2009 年版，第 15－16 页；［日］铃木禄弥：《债权法讲义》，创文社 1992 年版，第 687 页。

可能因非给付而引起。前者称为给付的不当得利，后者称为非给付的不当得利，或称为"从他人的财货中取得的不当得利"。此为两种最基本的不当得利类型。此外，在理论与实务中，还存在一种"三角关系的不当得利"①。对此三种类型的不当得利，后文将展开分析。

前文已述，今日各国民法中作为统一的制度而规定的不当得利法制，其沿革虽可追溯到罗马法，但在罗马法中仅在每个具体的事案中认可不当得利返还请求权，而当然不认可统一的不当得利法。17、18 世纪在近代自然法的影响下，德国通过统一具体、单个的不当得利返还请求权而建立起了统一的一般不当得利规则。也就是说，依据近代自然法思想，法与数学一样应具有体系性，于是在单个的不当得利返还请求权的基础上，就认为应当存在一个高层次的统一的不当得利规则——不当得利法②。

值得指出的是，在日本学界，有学者指出，《日本民法》中的不当得利制度的旨趣具有不明确性。特别是与《日本民法》中的契约、侵权行为等作为债之关系发生的原因而具有充分的明确性与清晰性相较，不当得利制度显得不太明确。由此，日本的大多数民法教科书均只是谈到不当得利制度是在当事人之间的利害发生失衡时而加以修正的制度。显然，这是一种对不当得利制度的类似万能膏药似的功能的说明。换言之，如前述，仅仅以公平（衡平）的观念或原则来释明不当得利法的旨趣，或以公平（衡平）的理念或原则来判断是否构成不当得利于今日已是陈旧的、过时的③，相反是应当依具

---

① ［日］铃木禄弥：《债权法讲义》，创文社 1992 年版，第 670 页。

② ［日］内田贵：《民法Ⅱ债权各论》，东京大学出版会 2011 年版，第 565 页。

③ ［日］铃木禄弥：《债权法讲义》，创文社 1992 年版，第 687 页。另外，诚如 Wilburg 所言："衡平者，乃在表示由严格的形式法到弹性法，由硬性的规则到个别精致化的发展，不当得利请求权曾艰辛地借助于衡平思想而成为一项法律制度。业经制度化的不当得利，已臻成熟，有其一定的构成要件与法律效果，正义与公平应该功成身退"。Wilburg, Die Lehre von der ungerechtfertigten Bereicherung nach österreichischem und deutschem Recht, 1934, S. 18. 转引自王泽鉴：《不当得利》，北京大学出版社 2009 年版，第 15 - 16 页。

体法律规定的不当得利的构成要件予以判定。

应注意的是，给付不当得利与非给付不当得利这一不当得利的二分法类型是存在一定区分基准的。

在当代财产法制之下，各种财产分别属于特定的权利人。而属于特定权利人的财产原则上若非基于该权利人的意思而不得变更其归属状态。即使在例外的情形，若无一定的改变归属状态的法定事由，也系同样如此。使财产的归属正当化地发生变更的诸多事由中，"法律上的原因"是最重要、最基本、最常见的事由。无法律上的原因的财产归属状态的变动，不为法律所认可。因此，须将当事人之间的财产失衡状态回复到之前的应有状态。这就是请求返还不当得利的制度。①

给付不当得利与非给付不当得利的基本差异，在于财货的移动是否以存在"法律上的原因"为前提而为之。但是"法律上的原因"是完全不存在，抑或只是外观上存在，有时不易判定。由此，判定属于不当得利中的哪种类型就会发生困难。例如，一个5岁的孩童购买物品而向出卖人支付金钱的情形，该孩童若有意思能力（意识能力、判断能力、识别能力），其后若买卖合同被撤销，则仅仅发生给付不当得利返还的问题；而若该孩童无意思能力，且也不存在买卖合同这一外观，则出卖人之占有由孩童移转交付的金钱，即是类似于一种盗窃，此时即属于"由他人的财货中获得不当得利"。在此两种情形中，判定究竟属于何种类型的关键之点，在于该孩童有无意思能力（此与有无行为能力不同）。而在实践中则往往不容易作出判断。同样，乙以胁迫的方式从甲那里取得金钱的情形，也属于一种以强迫的方式而"由他人的财货中获得不当得利"；至于因受强迫而实施的赠与，其是否属于给付不当得利，于具体的个案判定中往往是微妙的。②

---

① ［日］铃木禄弥：《债权法讲义》，创文社1992年版，第690页。
② ［日］铃木禄弥：《债权法讲义》，创文社1992年版，第691页。

占有他人的物的人就占有的物而投下有益费用，其请求物的所有人返还所投下的费用的情形，若二者间存在合同关系，则有益费用的偿还应依约定；若二者间不存在合同关系，则属于"由他人的财货而获得不当得利"①。

三角关系的不当得利，应将之归入哪种类型的不当得利，有时难以决定。在因捐赠而引起返还不当得利的情形，可认为它是一种给付不当得利。但是，在典型的给付不当得利，是以捐赠人与受赠人之间存在直接的债权关系为前提的。此两者间为直接的给付，且返还利得的问题也在此两者间发生。尽管如此，但在三角关系的不当得利的情形，比如丙擅自使用甲所有的油漆（涂料）而粉刷乙的墙壁的情形，发生乙从甲的财货中获得不当得利的问题。②

值得注意的是，在实务中，涉及返还不当得利的大多数案件要么是"由他人的财货中获得的不当得利"，要么是"给付不当得利"。但是，不当得利的类型化是否就意味着这样两种不当得利类型就可将不当得利的类型区分、概括净尽，对此是需要认真加以检讨的。今日德国不当得利类型论的主要提倡者冯·克默雷尔（von Cae-mmerer）认为，除前述两种类型外，还有以求偿、偿还费用等为类型的不当得利。另外，日本主张不当得利应当予以类型化的学者中，也有人认为，在前述两种类型之外，至少还应将求偿关系作为一种独立的不当得利类型。而求偿关系之得以发生，多半是三角关系的不当得利问题③。

（二）今日学者关于不当得利的类型的划分④

首先，依性质上的不同，不当得利可以区分为两种类型：一是没有法律关系而从他人的财产中获得利益时应返还该利得的情形，

---

① ［日］铃木禄弥：《债权法讲义》，创文社1992年版，第691－692页。
② ［日］铃木禄弥：《债权法讲义》，创文社1992年版，第692页。
③ ［日］铃木禄弥：《债权法讲义》，创文社1992年版，第693页。
④ ［日］石崎泰雄、渡边达德：《新民法讲义5：无因管理、不当得利、侵权行为法》，成文堂2011年版，第33－35页。

称为"侵害利得";二是虽然基于法律关系（合同）而为给付，但因该法律关系本身无效或被撤销，应返还所作的给付的情形，称为"给付利得"。此二者中，侵害利得是民法规范的财产归属的物权法秩序的问题；而给付利得则是作为其前提的合同法秩序有问题而发生的返还给付的关系。

1. 侵害利得

即没有权利而使用、收益、处分他人的所有物或知识产权而获得利益的情形，抑或盗窃他人的存折而由债务人（比如银行）那里受清偿的人（债权的准占有人，此种情形属于侵害债权）等，均属于侵害利得。此等侵害利得是因对财货归属秩序的侵害而获得的利益，故应将所获利益予以返还。

2. 给付利得

基于为或实施给付的前提的法律关系（比如合同）而进行了给付，但作为该给付之前提的法律关系由于不成立、无效或被撤销，受益人所获利益就欠缺法律上的原因，由此产生返还的义务。此种情形又可分为：因一方的给付的场合与因双务合同的给付的场合。

在比较法上，日本民法典中的不当得利一章（第703—708条）所规定的，主要就是一方的给付的情形。它包括：广义上的作为"非债清偿"的不当得利，狭义的"非债清偿"、期限前的清偿，以及误信为自己的债务而向第三人的清偿。另外，还有不法原因给付和有关返还请求等的特别规定。《日本民法》未规定但其判例实务认可的不当得利——标的消灭的不当得利、目的不达的不当得利，也属于因一方的给付而获得利益的情形。所谓标的消灭的不当得利，指在给付的时点法律上的原因（比如债务）虽然存在，但其后消灭的不当得利返还请求①；所谓目的不达的不当得利，比如以将来结婚为前提而给付彩礼，但结果却没有结婚，此种场合接收彩礼的一方

---

① 参见日本最判平成 16. 11. 5 民集第 58 卷第 8 号，第 1997 页。

应返还彩礼①。

另外一种给付利得，是双务合同中实施了给付，但其却无效或被撤销，由此发生的返还请求。对于此种类型的不当利得，早期的民法典（如1898年施行的《日本民法典》）未设规定。

3. 支出利得

支出利得，是受损者自身以给付以外的方式，有意地支出了物、劳务、金钱等（此点与侵害利得不同），而且为清偿债务，并无使利得者的财产增加的意图（此点与给付利得不同）。其可分为两种类型。

（1）费用利得

对他人的物支出有益费用、必要费用时，依民法的规则，应允许支出者请求偿还。比如占有人的费用偿还请求、留置权人的费用偿还请求以及承租人的费用偿还请求等即属之。应注意的是，基于不当得利而认可费用利得的，是此等规定不能适用的场合。

（2）求偿利得

即受损者清偿他人的债务，该债务消灭时，对该消灭的债务的债务人（受益人）也有求偿的权利。比如，连带债务人的清偿权、接受委托的保证人的求偿权等即属之。

第四节　不当得利制度在民法典与民法教义学或教科书中的地位

不当得利是引起债之关系（债权债务关系）发生的一种重要原因或情形。世界各国进行自己的民法典编撰时，通常将其置于民法典的债法总则中规定。但是，在不当得利的法教义学或教科书叙事中，则通常将"由他人的财货中获得的不当得利"置于物权法讲义或教科书中的所有物返还请求权的部分进行研讨、分析；而"给付

---

① 参见日本大判大6.2.28民录第23辑，第292页。

不当得利",则通常置于民法总则的法教义学讲义或教科书的民事行为的无效、撤销的效果部分予以研讨、分析。此点值得注意。

第五节 公法上的不当得利请求权①

一、基本概要

在公法关系上,无法律上的原因而受利益者,也可成立不当得利请求权(公法上的返还请求权)。例如居民自行申报缴纳法律未规定的税款等,就会发生返还不当得利的问题。比较法上,公法上的不当得利请求权之发展在德国经历了三个阶段:第一阶段是直接适用民法关于不当得利的规定;第二阶段是类推适用民法上的不当得利,而称之为公法上的不当得利请求权(öffentlichrechtlicher Bereicherungsanspruch),其后则发展成为一种独立的制度,称为公法上的返还请求权(öffentlichrechtlicher Erstattungsanspruch),成为一种独立的公法上的制度,其以行政法为基础,规范国家与人民间无法律上原因的财产移动。

在今日行政法理论与实务上,公法上的不当得利制度渐受重视。"公法上的不当得利"这一概念已被提出,并受到理论与实务的重视。

二、公法上不当得利请求权的成立要件与法律效果

(一)成立要件

公法上不当得利请求权的成立,须具备以下要件:

1. 须在公法的法律关系发生财产上变动,受有利益。此财产变

---

① 王泽鉴:《不当得利》,北京大学出版社2009年版,第226-229页。

动应基于一方的给付（如缴纳捐税、给予社会补助），或其他方式
（如地方政府擅自开采私人土地的鹅卵石以铺设道路）。

2. 一方受利益须致他方受损害。

3. 须无法律上原因，包括自始无法律上原因（如自行申报法律
上未规定的税捐，行政合同自始不成立或无效），以及法律上的原因
其后不存在（如撤销违法的课税处分）。应注意的是，在公法上，无
法律上原因与违法性系不同的概念。基于违法但非无效的行政处分
而发生的财产移转，其移转并非无法律上原因，但该违法行政处分
经撤销者，则自撤销时成为无法律上原因。由此，不当得利请求权
所调整的，不是违法的财产移转，而是无法律上原因的财产移动。①

应注意的是，公法上不当得利请求权的当事人可以是居民对行
政主体（如退还法律未规定缴纳的税捐）、行政主体对居民（如退还
溢付的退税款项）抑或行政主体对行政主体。②

（二）法律效果③

公法上不当得利请求权的客体，应准用或类推适用民法的规定，
除返还其所受的利益外，如本于该利益更有所取得者（如就金钱已
收取的利息），并应返还。但依其利益的性质或其他情形不能返还
者，应偿还其价额。最具有疑问的是，如何准用或类推适用民法所
定的不当得利的返还范围，尤其是善意受领人可否主张其所受利益
已不存在，而免返还或偿还责任。在行政主体为返还义务人时，因
其具有返还的财力及依法行政原则，应认为其不得主张所受利益不
存在。在居民为返还义务人时，学理上有认为应区别其受领利益系
基于行政处分或非基于行政处分而异其处理或对待。前者应适用公
法上信赖保护原则，其明知行政处分违法或因重大过失而不值得保
护者，经行政机关撤销原授益处分时，通常应不得主张所受领的利

---

① 陈敏：《行政法总论》，台湾三民书局1998年版，第1088页；王泽鉴：《不当得利》，北京大学出版社2009年版，第228-229页。
② 王泽鉴：《不当得利》，北京大学出版社2009年版，第229页。
③ 王泽鉴：《不当得利》，北京大学出版社2009年版，第229页。

益已不存在（以公法上信赖保护原则取代民法上所受利益不存在的规定）。后者因无授益处分存在，不适用信赖保护原则，则可主张所受利益不存在，免负返还或偿还的责任。①

---

① 参见陈敏：《行政法总论》，台湾三民书局 1998 年版，第 1098 页；Ossenbühl, Staatshaftungsrecht, S. 432ff.

第十五章　不当得利的一般成立要件

第一节　由他人的财产或劳务中受利益①

此称为"受益"要件。即不当得利的成立，其第一要件是：须某人由他人的财产或劳务中受利益（etwas erlangt）②，或者说须某人经由或通过某种事实而受利益。所谓经由或通过某种事实而受利益，是指若没有该事实存在，则现在的财产就不会增加。它包括得利人的财产积极增加与消极地避免了当然应发生的财产之减少两种情形。比如，取得所有权、他物权、占有、债权、期待权等即属于前者。此外，无登记原因而受取得不动产物权的登记，以及正在负担的债务的消灭等，也属于前者；而免去了本应由自己的财产支出的费用，本应负担债务但却未负担债务，免去了本应于自己的所有物上设定他物权等情形，则属于后者。不过应注意的是，债务人单纯的不履行债务

---

① 〔日〕松坂佐一：《民法提要》，有斐阁 1981 年版，第 241－242 页。

② 〔日〕山田晟：《德国法概论（2）》，有斐阁 1987 年版，第 161－162 页。

本身，不能认为是得利。

　　另外，所谓"他人的财产"，其不仅意指现实已经归属于该他人的财产，而且意指当然应归属于该他人的财产。此外，由他人的财产而受利益，其最常见的情形是指受他人的财产权或财产性利益的移转，但也包括他人的财产消灭而由此使自己的财产增加的情形。比如，将自己占有的他人的动产有偿让与给善意的第三人，第三人取得该动产所有权的情形，以及行使他人的债权而从善意的债务人处受清偿等，均属之。另外，利用他人的特许权或著作权的情形，也应解释为受利益。

　　至于受益的方法，则并无限制。无论是法律行为抑或事实行为，也无论是损失者的行为抑或仅仅是受益人的行为；也无论是两者之间抑或其中的一方与第三人的行为，甚至是第三人的行为还是国家机关的行为，只要一方受益，另一方受损，就可能构成不当得利。

第二节　因受益而致他人遭受损失①

　　此称为"损失"要件。不当得利制度是在违反公平的财产性价值的移动发生时，剥夺受益人的利得，以恢复财产的原来的状态为旨趣的制度。若受益人的利得未对请求返还的人的财产状态产生任何影响，此时却依然认可其返还，则与不当得利制度的旨趣相悖。由此，他人即使由某人的财产中受有利益，但如果因此未使某人遭受损失的，则不得请求受益人返还其利得。比如，由于铺设铁路而使沿线的居民受利益，以及由于开设河渠，河渠下游的居民即使因此可使用其余水，也不构成不当得利。

　　须注意的是，不当得利中的损失，正如侵权行为中的损害一样，不仅指既有财产的减少（damnum emergens），而且包括应得利益的

---

　　①　［日］松坂佐一：《民法提要》，有斐阁1981年版，第242页。

丧失（lucrum cessans），即财产本应增加而未增加。

第三节　受益与损失之间存在因果关系

今日比较法上的判例与通说认为，不当得利的构成须"受损人"的损失与"受益人"的利得之间具有因果关系。并且，因果关系须是直接的因果关系，即同一事实一方面产生损失，另一方面导致利得。不过，损失与利得在内容上并不要求是同一的。由此，债务人向债权的准占有人为清偿的情形，真正的债权人遭受的损失是债权，准占有人取得的利益是给付之物。损失与利得异其内容。唯损失与利得之间须存在直接的因果关系。此外，多数说和有力说认为，只有损失与利得基于同一事实而引起，方可构成不当得利①。

第四节　无法律上的原因（法律上原因的阙如）

此称为"不当性"要件。所谓无法律上的原因，《瑞士新债务法》将之称为"以不当的方法"，意指不当得利法律关系中受益人之受益的不当性。在今日市场经济中，很多情形是允许他人受损，而自己获利的。这实际上也是市场经济的一个重要特征。所以，并非凡是一方得利而致他人于损失的情形，均可作为不当得利而允许请求返还。相反，其仅限于那些获得利益完全是不当的情形，方可允许请求返还。若以财产的移转为取得的样态（Erwerbsmodus），则法律上的原因是取得财产的权源（Erwerbstitel）。并且，严格地说，也是保留所取得的财产的权源（Behaltenstitel）②。

---

① ［日］松坂佐一：《民法提要》，有斐阁1981年版，第243－244页。
② ［日］松坂佐一：《民法提要》，有斐阁1981年版，第246－247页。

　　那么，在怎样的情形下才有保留利得的权利呢？对此，有人主张应就此设立统一的标准，称为"统一说"；也有人主张不必设统一的标准，而是依具体情形判定是否构成不当得利，是为"非统一说"。尽管如此，此二者在以"无法律上的原因"这一点来判定不当得利的构成上却是一致的。

　　在今日比较债法上，是以"无法律上的原因"这一术语来表示利得的不当性。在罗马古典时期的私法中，仅在给付行为欠缺原因的情形，认可严格法上的 conditiones，而此外的基于其他事由的情形，认可法务官法上的具体的不当得利之诉。而且，至优士丁尼时代，扩张了后者情形中的不当得利返还请求权。但是，优士丁尼并没有创设出一般化的不当得利返还请求权。如前述，在近代德国的普通法时期，不当得利规则被一般化，它适用于所有类型的不当得利。这样，因给付行为以外的事由而生的不当得利，系作为 conditio sine causa 而被包摄到 conditiones 的体系中，以与基于给付行为的不当得利相同的诉讼而诉求。于是尝试将基于给付行为以外的事由而生的不当得利，与基于给付行为而生的不当得利加以统一。其结果，"无原因"（sine causa）即被认为是不当得利的一般性特征①。

　　"无原因"在非依给付行为的不当得利中并不具有积极意义，其只不过消极性地意味着受益人取得的利得的不当性。此利得的不当性包含了基于给付行为的不当得利和基于此外的其他情形而生的不当得利的不当性。由此，若对无法律上的原因的含义加以厘定，则须区分这两种样态而分别为之②。

①　［日］松坂佐一：《民法提要》，有斐阁 1981 年版，第 247－248 页。
②　［日］松坂佐一：《民法提要》，有斐阁 1981 年版，第 248 页。

第十六章　由他人的财货中获得的
不当得利——侵害利得[①]

设例：丙盗取甲所有的米而置于乙处，乙误信为自己的物而食用之。甲可否向乙请求支付该米的价额？本案中，自不用说，甲对丙可依侵权行为规则而请求损害赔偿。该米系甲享有所有权的物，它应由甲使用、收益、处分。该米被作为他人的乙消费掉，此并非基于甲的意思或法律的规定，由此使财货的归属秩序发生紊乱。因此，这一不当地归属于乙的利益的米的价值，乙必须向甲返还。

第一节　由他人的财货中获得的不当得利
的返还请求权的发生

上例中的乙，并非基于米的所有人甲的意思乃至法律的规定（即"无法律上的原因"），而食用了由甲享有所有权的米，从而未消费自己的米（即"受有利益"），而且由此造成了甲所有的该米的丧失这一损害。所以，乙对甲负有返还自甲的财货中取得的

---

① 本部分依据［日］铃木禄弥：《债权法讲义》，创文社 1992年版，第 635 –645 页，谨此说明。

不当得利的义务。

一、由他人的财货中取得不当得利的动因

由他人甲的财货中乙获得不当得利这一事件的发生，除上例中由第三人丙的原因而引起外，还可能是：（1）由于发生洪水，甲所有的养鱼池里的鱼流入相邻的乙所有的养鱼池，即由于自然力而引起不当得利的发生；（2）甲将乙所有的马错认为系自己所有，由此将自己所有的饲料来喂养该马，此即由利得返还请求权人的行为而引起不当得利的发生；（3）像上述乙食用了甲所有的米的情形那样，由利得返还义务人的所为（行为）而引起不当得利的发生。

二、与所有物返还请求权的关系

上例中，若甲的米还未消耗掉而依然存在于乙处时，则甲对乙可基于所有权而请求返还该米。换言之，在原物可能返还的情形下，仅所有物返还请求权发生其作用，而不发生返还不当得利的问题。而在上例中，因米被消耗掉了，所以不存在请求返还原物的余地，取而代之的是认可基于米的价值的金钱的返还请求权。这样，由他人的财货中获不当得利时，该他人（受损人）的不当得利返还请求权，是作为所有物返还请求权的补充功能而发挥其作用的。

不过，甲误将自己的金钱存入到乙的活期存款账户时，所有物返还请求权并不首先登场，而是立即或即刻发生返还不当得利的问题。另外，甲因为错觉而将乙所有的田地误认为自己所有而耕种时，甲的不当得利返还请求权也不变形为一开始就存在的所有物返还请求权。概而言之，物权请求权与不当得利返还请求权的关系可归纳如下：①

---

① ［日］内田贵：《民法 2 债权各论》，东京大学出版会 2011 年版，第 594 页。

物权请求权→以返还现物这一请求为基础；不当得利返还请求权→是返还现物之不能时以请求返还物的价值为基础。

如上述，不当得利请求权是起着补充物权请求权的作用。所谓返还不能，其情形包括：标的物的所有权已被处分，抑或破坏标的物、消耗了标的物，乃至标的物已经灭失等。

三、法律上的原因

乙消耗掉甲所有的米，若此存在法律上的根据（法律上的原因），则并不发生乙返还不当得利的义务。此所谓法律上的原因，除指甲、乙之间存在合同外，也涵括各种法律规定的原因或事由。

第一，甲举证由甲至乙发生了财产利益的移动时，甲请求乙返还由甲的财产中获得的不当得利，应予以认可；乙要拒绝，则须举证证明该移动存在法律上的原因。

第二，留置权人可于保存留置物的必要范围内使用留置物。但是，此意味着仅认可使用留置物本身，而保有作为使用留置物的结果的利益，则不允许。因此，支付了所承租的房屋的修缮费的承租人，在此必要费用由出租人偿还前，即使租赁合同终了，其也可以继续占有、使用所承租的房屋。但是，与此继续占有、使用的期间相当的房租金额，却须作为不当得利支付给房屋出租人。

第二节　由他人的财货中获得的不当得利的返还义务

一、以金钱而为返还

如前述，当原物有返还可能时，仅所有物返还请求权发生作用，即只可提出返还所有物。也就是说，关于他人的财产及自身的价值的不当得利返还请求权，只有在返还原物不可能时方可成立或发动。

此时，是专门采取金钱债权的形式。当不当得利关系中的债务人乙发生破产时，不当得利关系中的债权人甲，只是与乙的其他一般债权人一起以平等资格，由乙的总财产中按债权额的比例而受清偿。

在前举大米案中，在米存在于乙处期间，甲即使对乙的债权人，也享有其所有物（大米）的返还请求权。易言之，乙的一般债权人若强制执行该大米，则甲可以提起第三人异议之诉；若乙破产，则甲可以行使取回权①。

假设 1：保管甲所有的大米的乙，将该大米出卖并交付给了丁。甲如何才能回复其利益？

本例中，若丁不具备善意取得的要件，则甲可以向丁予以追及而行使所有物返还请求权。但是，若具备了善意取得的要件，则乙自丁处接受了价款的支付时，甲作为乙的一个一般债权人只可请求返还不当得利或损害赔偿。乙将大米出卖给丁而尚未从丁处受领价款而破产的，乙对丁的应收账款债权，可以说是大米的代替物，所以，甲得向乙的破产财产管理人请求将该债权移转给自己（日本《破产法》第 91 条第 1 项），其优先于乙的一般债权人收回丧失的大米的价值。

另外，无占有权源的乙所占有的财产现实存在，自乙返还给所有人甲时，乙收取了占有财产的孳息或对之进行了利用时，在甲、乙间应发生请求权。此请求权具有返还由他人的财货中取得的不当得利的性质。

二、应返还的利得的数额

假设 2：在前述设例中，大米是一等大米，但乙过去一直食用二等大米，由于成为问题的大米被消费（食用），乙节约了的出费（费用）与二等大米的价格相当，以及在假设 1 中大米的价值是 10 万

---

① ［日］铃木禄弥：《债权法讲义》，创文社 1992 年版，第 639 页。

元，但乙以 8 万元的价格出卖给丁时，甲对乙可分别请求返还多少利得？

1. 通过请求他人返还由自己的财货中取得的不当得利，即透过返还利得，才能给与权利人以回复原物自身相同的利益。但是，此种情形应返还的金额，应当然是在不能返还原物的时点而与原物的市价相当的金额。不过，若坚持这一原则，则在假设 2 中，乙没有二等大米而食用了一等大米，抑或乙将市价 10 万元的大米而以 8 万元卖掉而由此引起的损失，也要负其责任。但是，这样的结果是否妥当，值得慎思。

2. 在不能返还原物的时点，乙若是善意（其不知道大米不属于自己的所有物）的，则在假设 2 中，乙返还二等大米的价额或返还 8 万元即足矣。

三、返还利得额时应加减的金额

乙无权源而占有甲所有的物，在甲请求返还原物是可能的状态下，甲、乙间的法律关系如下：

（1）乙为该物而支出了必要费用或有益费用时，乙对甲可请求其偿还。

（2）乙因可归责于自己的事由而致标的物毁损或灭失（即就该毁损或灭失，乙的侵权行为的要件具备）时，乙若是恶意占有人，则须赔偿甲所遭受的全额损害；若是善意占有人，则须于现存利益的限度内予以赔偿（《日本民法》第 191 条）。

（3）标的物产生孳息时，乙若是善意，则有取得的权利（《日本民法》第 189 条第 1 项），但若为恶意（知道自己没有收取孳息的权利，不必限于其收取孳息具备侵权行为的要件）的，则无此权利。

假设 3：丙盗窃甲所有的市价为 10 万元的大米，将之以 8 万元的价额出卖并交付给乙，乙将该大米消耗掉了。甲、乙之间的法律关系如何？

若该大米现实还存在于乙的手中，无论乙为恶意抑或善意，甲均可自乙处取回该大米（《日本民法》第193条）。但是，上述假设3中，是说乙已经消耗掉了该大米，所以作为代替原物的返还的，就是返还金钱。但问题在于：乙向丙支付作为该大米的对价的8万元这一点。

对于乙之返还不当得利，比较法上有一种观点认为，乙一方面为买入该大米而支付了8万元，另一方面，由于消耗该大米，所以使其回避了没有消耗自己所有的本来有10万元价值的大米，所以经由此买入、消费，他只获得了2万元的利得。由此，乙仅返还此2万元的不当得利即足矣。但是，对此观点，日本学者铃木禄弥作出如下解释：[1]

甲的不当得利返还请求权是返还自己所有的大米的请求权——所有物返还请求权——的补充性质的东西。即使乙将大米消耗掉了，其对于甲的不当得利返还请求，也是不能以他对丙支付了价金而予以抗辩的，而是应无条件地将大米的价额的10万元返还给甲。

四、当事人的过责程度的考量

在上述假设3中，若丙系出入甲的家中的木匠（木工），一次修缮甲的房屋时进入甲的家中，将甲的家中置放于桌子上的钥匙拿走，由此利用该钥匙而从甲的家中盗窃大米。对此，也应认定所盗窃的大米为赃物，进而不适用善意取得规则。此种场合，自甲让丙进入自己的家中，而且对自己家的钥匙的保管欠缺注意这些方面看，作与一般情形相同的处理是不妥当的，具体分析如下：

第一，在这里，丙盗窃出大米并出卖给乙，之后乙将大米消耗掉这一连串的过程中，应检视不当得利返还请求关系的当事人甲、乙中谁有大的过责。乙为善意时，甲的过责比乙的过责大，此点是

---

[1]　［日］铃木禄弥：《债权法讲义》，创文社1992年版，第654页。

清楚的。须特别注意的是，甲、乙的过责，并不是像作为侵权行为的要件的故意、过失那样的严密或严格的东西，而是应理解为：为由自他人的财货中取得不当得利提供了机缘。此种意义上的过责，在多数情形下，并不是100%的仅仅存在于当事人的一方而另一方完全不存在（过责），事实上双方都存在过责，只是双方当事人的过责存在程度上的差异。

第二，在上例中，乙因善意而相信丙为真正的所有人，其也是有过失的。在此当事人双方均有过责的情形，即使甲的过责较乙的过责大，丙无资力时不能由他那里取回价金的风险仅由甲负担，也是不妥当的。相反，是应按两者过责的大小（比例）分担此风险，这样才是公平的。

第十七章　给付不当得利——给付利得①

第一节　给付不当得利的含义、功能与成立要件

一、含义与功能

基于给付而生的不当得利请求权，称为给付不当得利请求权或给付的返还（Leistungskondiktion）②，其旨趣在于使给付者可向受领者请求返还其欠缺法律上的原因而为的给付③。给付不当得利是一种主要的、重要的不当得利类型。

---

① 本部分的写作，除注释说明者外，主要依据并参考：［日］铃木禄弥：《债权法讲义》，创文社 1992 年版，第 647－668 页，谨此说明。

② ［日］山田晟：《德国法律用语词典》，大学书林 1995 年版，第 399 页。

③ 王泽鉴：《不当得利》，北京大学出版社 2009 年版，第 26 页。

二、成立要件

《民法通则》第 92 条规定："没有合法根据，取得不当利益，造成他人损失的，应当将取得的不当利益返还受损失的人。"当代域外比较不当得利法也通常规定：无法律上的原因而受利益，致他人受损害者，应返还其利益。虽有法律上的原因，而其后已不存在者，亦同①。

根据上述规定，给付不当得利请求权的成立要件是：（1）受领人受有利益；（2）由此致他人于损失；（3）无法律上的原因；（4）受领人受利益与受损人受损失之间具有因果关系。

第二节　基于表见性合同的给付的情形

一、一方的给付不当得利

1. 设例 1：甲从乙那里以 1000 万元购买其所有的房屋并签订买卖合同，双方约定：支付价款的时间为 3 月 3 日，登记与交房的时间为 12 月 31 日。甲在所定期日向乙支付价款后，该房屋买卖合同被认定为无效。9 月 30 日，甲要求乙返还价款。乙应如何返还？

对于上述案例，首先，因买卖合同无效，所以乙无法律上的原因自甲的损失中得利 1000 万元，所以他负有将这 1000 万元作为不当得利而返还给甲的义务。

其次，价款被返还前 6 个月期间的利息怎么办？就合同的无效，乙如果是善意的，则其对银行支付给他的利息无须返还。此为今日比较民法上的一般规定。比如《日本民法》第 704 条就规定："恶意

---

① 参见台湾地区"民法"第 179 条。

受益人，须于附加利息返还其所得利益。如另有损害时，负其赔偿责任。"据此规定，在乙为善意时，乙即使没有任何理由，他在6个月期间保有1000万元，仅据之而得利。但是，因作为基础的合同无效，所以回复所实施的给付，尽可能使双方当事人的利益状态回复到原来的状态，应是不当得利返还制度的旨趣。在受损人所给付的金钱在受益人的手中的期间，当然发生法定利息。无论乙为善意抑或恶意，原则上均不应有不同的处理或对待。易言之，此期间的利息，其作为不当得利应返还给甲。

2. 设例2：甲以1000万元购买乙所有的房屋并签订买卖合同，双方约定：登记与交付房屋的日期是3月31日，支付房屋价款的日期是12月31日。乙在所定日期将房屋交付给甲并为房屋移转登记，但是之后甲、乙之间的买卖合同被认定为无效。9月30日，乙要求甲返还房屋及注销移转登记。此种情形，甲负怎样的义务？

在此场合，返还的对象是房屋这一特定物。特定物所有权的移转须具有有因性（即具有原因）方才发生。而现今甲、乙之间的买卖合同既然无效，则由乙到甲的房屋所有权的移转并不发生。所以，在此案例中，乙要求甲作为不当得利而返还的是：对房屋的占有即其事实上支配房屋的利益与登记名义。另外，关于房屋的占有等由甲返还给乙，（1）甲在返还前由于对房屋的使用而现实获得的利益，应以金钱评价后，将之返还给乙；（2）当房屋在甲的手中期间发生灭失（即该灭失系在甲对房屋的支配领域内发生）时，只要不是因可归责于乙的事由而引起，甲就应将该房屋原来应有的市价金额返还给乙；房屋发生毁损时，原样状态下的房屋所减少的价额，必须补贴（增补）给乙；（3）在甲对房屋的占有中，甲为保管房屋等而支付的费用，以及由于房屋的特性的原因，甲受到损害（当标的物是金钱时，不发生此问题）时，甲对乙享有费用偿还请求权或损害赔偿请求权。

不过，应注意的是，以上各点会因甲、乙之间的买卖合同之无效系由于甲或乙的过责程度之不同而不同。

3. 以上是有偿合同的一方的债务已履行的情形。乙向甲赠与其所有的房屋而订立赠与合同，基此合同乙向甲交付房屋后，该赠与合同被认定为无效时，乙对甲可要求返还房屋。在此无偿的合同情形，也同样发生一方请求返还不当得利的问题。甲的返还义务的内容大体与上述设例2的情形相同。

二、双方的给付不当得利

设例3：在前述设例1的情形，甲、乙各自在约定的期日完成了其债务的履行后，该买卖合同被认定为无效，此种情形甲、乙之间发生怎样的法律关系？

对此情形，关于房屋的价金，由甲对乙，关于房屋的占有，由乙对甲，成立两种给付不当得利返还请求权。而且，此两种请求权相互间并无关系，而是基于同一个表见的买卖合同而所为的给付。在该买卖合同中，两个债权可以说是在正面的方向上相互间存在牵连关系，而这两个给付不当得利返还请求权则可以说是在负面的方向上相互间具有牵连关系。此两个不当得利请求权的分别行使，其旨趣在于实现恢复原状。

上述的考量和分析，被称为两请求权对立说。另外，应指出的是，此两种给付不当得利返还请求权，系立于履行上的牵连关系，一方当事人就自己的不当得利返还义务不为提供的情形下，其要求他方履行不当得利返还义务时，他方可予拒绝。

三、给付不当得利的返还内容的多样性

给付不当得利的返还义务的发生原因，即使仅限于基于表见性合同的情形，其也是非常多样的。成为给付的动因的表见性合同的种类、内容等是千差万别的。分述之如下。

（一）给付不当得利返还义务的内容

成为给付不当得利返还义务的该给付的基础的表见性合同的种类是多种多样的。它既包括有偿合同、无偿合同，也包括交换型抑或租赁性合同。

（二）表见性存在的合同而实际上并无法律效力时的类型

包括合同不成立、无效、被撤销、解除以及撤回①等。而且，即使是无效抑或撤销，其可能系出于错误、违反公序良俗以及无权代理等原因；至于撤销，则可能系因为无民事行为能力、欺诈、胁迫等当中的任何一种原因而造成。并且，以这些原因而引起的利得返还义务的内容也会有差异或不同。

比如，甲、乙间的买卖合同因一方当事人乙为未成年人的原因而被撤销时，二者的返还义务之间应发生同时履行的关系。但是，乙即使为恶意，其返还义务也是仅限于"现实所受利益的限度内"。与此不同，甲的返还义务，则依一般民法规则而确定。

四、当事人过责的状态的影响

在当代比较不当得利法上，在给付不当得利，利得债务人的善意、恶意（即是否知道作为给付前提的合同只是表见上的合同）会使返还义务的内容产生差异②。但是，如果这样解释，则（1）甲被乙强迫而购买其宝石，之后该买卖合同被撤销的情形，与（2）甲自己因错误而从乙处购买宝石（甲起初并不知道买卖合同无效）之后，而主张该买卖合同无效的情形。此两种情形中，甲对乙的宝石返还及有关附随义务，在（1）的情形是重的，但是这样的结果并不妥

① 如《日本民法》第754条所规定的"夫妻间的合同的撤回"。与此不同，赠与的撤回，在已经实施履行时，其是不允许的。［日］铃木禄弥：《债权法讲义》，创文社1992年版，第654页。

② 参见《日本民法》第703条、第704条。

当。返还给付不当得利的情形，要言之，是将欠缺法律上的根据而为的给付重新颠倒过来，即回复到过去的状态。所以，无论利得债务人为善意抑或恶意，受损人向其所为的给付（或者其价额）应该被返还。比如，依《日本民法》第703条，并不是现存利益的返还，而是第704条所规定的原则上须将取得的全部利益予以返还。因此，在（2）的情形，其与（1）的情形相较，乙向甲返还的义务不应被减轻。

应指出的是，上述利得返还义务人的善意、恶意尽管对给付不当得利返还义务的内容没有直接影响，但这并不意即利得债权人方面的主观状态对双方当事人间的法律关系没有影响。比如，在上述（1）的情形，存在乙强迫甲这一侵权行为，甲对乙有损害赔偿请求权，而且就该损害赔偿请求权，可在该宝石上行使留置权。由此在结果上，甲在获得其损害赔偿前可以不返还宝石；与此不同，在（2）的情形，甲系自己因错误（提供了不当得利产生的机缘）而使乙与自己订立了无效的合同，所以其除了返还作为给付不当得利的宝石外，还必须向乙基于合同订立上的过失而进行损害赔偿。

第三节　基于合同以外的表见性原因的给付不当得利

在给付不当得利中，除上述基于表见性存在的合同而实施的给付，其被作为不当得利应予返还的情形外，还存在以合同以外的"法律上的原因"为前提而实施给付，但实际上该法律上的原因只不过是表见上的原因而不具有法律效力时，所发生的返还所为的给付的情形，它包括因侵权行为、不当得利、无因管理而生的债权、物权（比如因受建设用地使用权的设定而利用他人的土地，而建设用地使用权的设定为无效），因民法总则、婚姻家庭法、继承法这些民法的各个部分而生的权利关系，以及股权等商法中的权利关系，乃至于因行政行为、法院的判决及某些执行行为等而生的权利关系等。

第四节　给付系为履行道德上义务的情形

当给付系履行道德上的义务时，其乃是以道德上的义务作为法律上的义务，此种情形依今日比较不当得利法，给付人不得请求返还。比如，台湾地区"民法"第 180 条第 1 款即规定："给付系履行道德上之义务者，不得请求返还"。所谓道德上的义务，如对亲友婚丧的庆祝或吊唁，对于救助其生命的无因管理人给予报酬等。①

值得指出的是，《德国民法典》第 656 条（结婚居间的报酬）规定："就报告结婚的机会或就结婚成立的媒介，约定给与报酬者，不因此而生拘束力。基于此项约定，而已为给付者，不得以其无拘束力而请求返还；相对人以履行约定为目的，基于合意对居间人承认其有拘束力，即如为债务之承认者，前项规定，对于此种合意，亦适用之"。

台湾地区"民法"第 573 条规定："因婚姻居间而约定报酬者，就其报酬无请求权。"其立法理由谓："婚姻居间而约定报酬，系有害善良风俗，故不使其有效。惟近代工商业发达，社会上道德标准亦有转变，民间已有专门居间报告结婚机会或介绍婚姻而酌收费用之行业，此项服务亦渐受肯定，为配合实际状况，爰仿《德国民法典》第 650 条规定，规定居间人对报酬无请求权，但如已为给付，给付人不得请求返还。"

此外，应严格区分履行道德上义务的给付与履行道德上义务而为的赠与。其有三点差异：② （1）履行道德上的义务而为赠与，受赠人受领给付有法律上的原因，不成立不当得利；反之，履行道德上义务的给付，受领人方面本无法律上的原因，仅依法律的特别规

---

① 王泽鉴：《不当得利》，北京大学出版社 2009 年版，第 90 页。
② 王泽鉴：《不当得利》，北京大学出版社 2009 年版，第 91 页。

定（如台湾地区"民法"第 180 条第 1 款），给付者不得请求返还；
（2）在比较法上，履行道德上义务的赠与，受赠人对于赠与人有法
律所定的不义行为时，赠与人可撤销其赠与，并可依不当得利的规
定请求返还赠与物①；而给付系履行道德上义务的情形，无赠与规定
的适用，给付者即便不知无道德上义务的存在，也不得请求返还；
（3）当事人的意思究竟属于何者，应解释当事人的意思、标的物的
价值及交易习惯而加以认定。比如，对于救助生命者给予绍兴酒一
瓶，可谓系为履行道德上的义务；但给予宝马汽车，则应认为属于
赠与。

第五节　非债清偿

非债清偿虽然是以"法律上的原因"的存在为前提而实施的给
付，但是当该"法律上的原因"不存在（广义的非债清偿）时，原
则上即应返还不当得利。仅在少数例外的情形，给付者的不当得利
返还请求被否定。那就是：给付者明知不存在"法律上的原因"，但
仍然实施给付的情形。

一、狭义的非债清偿（明知无债务的清偿）

在当代比较不当得利法上，因清偿债务而为给付，于给付时明
知无给付的义务的，给付人不得请求返还。之所以如此的因由，有
学者认为"明知无债务之存在而仍为给付，实属无意义之举动，法
律上不应予以保护"，"咎由自取"②；也有学者认为系出于禁止出尔

---

① 参见台湾地区"民法"第 416、417、419 条。
② 郑玉波：《民法债编总论》，中国政法大学出版社 2004 年版，第 118 页；孙森焱：
《民法债编总论（上册）》，台湾 1979 年自版，第 169 页；邱聪智：《新订民法债编通则
（上）》，台湾 2000 年自版，第 139 页。

反尔原则（venire contra factum proprium），即明知无给付义务而为给付，再请求返还，前后矛盾，违反诚信原则，故不许之。①

应注意的是，狭义的非债清偿，即明知无债务的清偿不得请求返还的构成要件有三：② 一是须无债务存在；二是须因清偿债务而为给付；三是须于给付时明知无给付义务。

设例：甲与乙约定：甲赠与乙 100 万元，但该赠与合同无效。甲明知该赠与合同无效，而仍然将 100 万元存在了乙的活期账户中。

上例中，甲将 100 万元存入乙的活期账户，是并不存在债务但还是像债务存在那样而实施了履行的情形（广义的非债清偿）。此时，当然发生给付不当得利返还的问题。但是，今日比较不当得利法（如《日本民法》第 705 条：已知债务不存在的清偿）规定："以债务清偿提供了给付的人，在其清偿当时知其债务不存在时，不能就其给付请求返还。"在上例中，甲"以其债务的清偿而提供了给付"，且"在其清偿当时知其债务不存在"，所以甲不能就其给付请求返还。其结果，乙即有保有该物的权利，甲不得要求返还标的物。易言之，根据《日本民法》第 705 条的规定，乙取得标的物的所有权。

二、清偿期限未到来的债务的清偿

即未到清偿期限的债务，债权人虽不得于清偿期届至前请求履行，但债务人于期限届至前清偿的，也为法所许可。不过，给付者期前清偿后，不得请求债权人予以返还。

有疑问的是，在非折息清偿的情形，债务人可否请求返还中间利息。对此，《日本民法》第 706 条但书规定：仅债务人的清偿系出

---

① 王泽鉴：《不当得利》，北京大学出版社 2009 年版，第 93 页。
② 王泽鉴：《不当得利》，北京大学出版社 2009 年版，第 93 页。

于错误，不知未届清偿的情形下，其方可向债权人请求中间利息返还；《德国民法典》第813条第2项规定不得请求返还；台湾地区民法未作规定，学者通说采否定说，以避免法律关系复杂化。①

三、他人（如第三人）对债务的清偿

比如，乙对丙享有1000万元的借款债权，但甲作为第三人为清偿该债务而向乙支付1000万元的情形，即属于第三人的清偿。此种情形，乙、丙间的债权、债务消灭，仅发生甲对丙如何求偿的问题。另外，比较法上的《日本民法》第705条规定："以债务清偿提供了给付的人，在其清偿当时知其债务不存在时，不能就其给付请求返还。"不过，若甲自己本身误认为从乙那里有借款，其为清偿该借款而向乙支付了1000万元时，则该1000万元应作为不当得利而要求乙返还。

第六节　不法原因给付

一、基本概要

在罗马法上，给付人的给付具有"侮辱性"（turpitudo）时，虽无法律上的原因，法院也否认其诉权。所谓turpitudo，指违反传统的伦理观念，尤其是悖于善良风俗。例如，贿赂法官或证人；夫妻的一方与他人通奸，对发现者支付金钱；支付报酬使人为犯罪行为等。其基本理念为：任何人置社会伦理秩序于不顾时，不能请求返还其依应受非难行为而为的给付。②

---

① 王泽鉴：《不当得利》，北京大学出版社2009年版，第92页。
② 王泽鉴：《不当得利》，北京大学出版社2009年版，第94页。

在当代比较不当得利法上，基于罗马法的上述原则，《德国民法典》、《日本民法》及台湾地区"民法"皆规定：因不法原因而提供了给付的人，不能对其给付请求返还。但不法原因仅于受领人一方存在时，不在此限。比如，回赎绑票而给付金钱，黑道兄弟向厂商收取保护费，给付人即有不当得利返还请求权①。②

不法原因给付不得请求返还，其理由或正当性何在？德国判例学说曾采"惩罚说"（Strafgedanke），认为不法原因给付之所以不得请求返还，系对从事不法行为当事人的惩罚。但此种解释受到批判。因为惩罚非属私法的功能，且仅惩罚给付的人，受领人也具有不法性，或其不法性较给付之人尤有更重之时，不但不予惩罚，反而使其保有给付，与惩罚原则实有未合。最近德国多数学者采取"拒绝保护说"（Theorie der Rechtsschutzverweigerung），认为当事人因其违反法律禁止规定及悖于公序良俗的行为而将自己置于法律规范之外，无保护的必要。而此乃基于"禁止主张自己的不法"（Verbot einer Berufung auf eignes Unrecht），或不洁净手的抗辩（Unclean Hands）等原则。今日学者的通说也基本上采此见解，认为不法原因所为的给付之所以不得请求返还，乃是基于任何人不得以自己的不法行为而主张恢复自己的损失这一原则。③ 台湾学者王泽鉴认为，此拒绝保护说虽较惩罚说为可采，但亦难称圆满。实务中，法律或法院应公平衡量当事人的利益，予以适当必要的保护，不能因请求救济者本身不清白即一概予以拒绝，使权益的衡量丧失其公平。④

---

① 王泽鉴：《不当得利》，北京大学出版社 2009 年版，第 110 页。

② 参见《德国民法》第 817 条、《日本民法》第 708 条、台湾地区"民法"第 180 条第 4 款。

③ 王伯琦：《民法债编总论》，台北国立编译馆 1997 年版，第 161 页；郑玉波：《民法债编总论》，中国政法大学出版社 2006 年版，第 119 页。

④ 王泽鉴：《不当得利》，北京大学出版社 2009 年版，第 96－97 页。

二、因不法原因给付而不得请求返还的构成要件

（一）须有给付

所谓给付，指有意识地基于一定的目的所为财产的给予、权利的移转、物的交付、不动产的登记、劳务的从事等等。应注意的是，此所谓不法原因的"给付"，应解释为指具有终局性的财货移转，如移转财产的所有权等，交付支票或债务约束等尚未终局完成的财货变动不属之。应指出的是，向公务员行贿，使其从事职务上的行为，应认为给付者也有不法原因，从而其不得请求返还。①

（二）须是基于不法原因而为的给付

所谓"不法原因的给付"，指给付的内容（标的与目的）具有不法性。此所谓"不法"，理论上有四种见解：一是认为指公序良俗的违背及强行法规的违反；二是认为仅指违背公序良俗，而不包括强行规定的违反；三是认为仅指违背公序良俗，但不包括违背公共秩序及强行规定；四是认为仅指强烈地违反善良风俗的情形。对此四说，多数学者及实务见解，采第一说。②

（三）须给付人具有对不法原因的认识

排除给付人的不当得利返还请求权本质上属于一种法律上的制裁，因此通说认为须具有主观要件方可。此所谓主观要件，指须以给付人对给付原因的不法性的认识具有故意或过失。③ 公序良俗为社会一般观念，违反的，原则上应认为具有过失。④

---

① 王泽鉴：《不当得利》，北京大学出版社 2009 年版，第 98、110 页。
② 王泽鉴：《不当得利》，北京大学出版社 2009 年版，第 101－102 页。
③ 史尚宽：《债法总论》，台湾 1990 年自版，第 84 页。
④ 王泽鉴：《不当得利》，北京大学出版社 2009 年版，第 103－104 页。

三、符合上述要件时的法律效果

符合上述三项要件，即因不法原因而为给付者，不得请求返还。因给付而移转财货所有权的，比如为使公务员为违背职务的行为而赠与汽车，不得请求该车所有权的返还。因给付而移转物的占有的，比如甲出租某渔船给乙往来海峡两岸从事人口买卖，为期半年，于租赁期间内固不得请求返还，但于租赁期间届满后，则可请求返还之。①

须注意的是，不法原因给付不得请求返还的规定，对不当得利请求权人的概括承继人也有适用余地。破产管理人可否请求返还，存在争论。德国实务上为保护破产债权人，采肯定说。但在台湾地区学说上，此大多遭到反对②。③

此外，不法原因给付的受领人，以其所受者，无偿让与他人时，其原为给付之人可否向第三人请求返还？比如，甲以 XO 洋酒向乙公务员行贿，乙将该酒转赠与于丙时，甲可否向丙请求返还？对此，解释上采否定说。④

四、实例分析与判例的倾向

设例：因赌博，甲向乙支付了 100 万元的赌债，之后甲可向乙请求返还吗？

在比较法上，甲、乙之间的赌博合同在法律效力上属于无效（《日本民法》第 90 条）。甲尽管对乙并不负有债务，但其因向乙给

---

① 王泽鉴：《不当得利》，北京大学出版社 2009 年版，第 104 页。
② 参见郑玉波："不法原因给付与第三人之关系"，载《法令月刊》第 23 卷第 11 期。
③ 王泽鉴：《不当得利》，北京大学出版社 2009 年版，第 104 页。
④ 王泽鉴：《不当得利》，北京大学出版社 2009 年版，第 104 页。

付了100万元，所以依不当得利法规则，乙当然负有向甲返还100万元的义务。

但是，肯定甲的此返还请求，即意味着对甲自身的不法行为予以了肯定，因此，从"净手原则"（clean hand）的角度看，甲的该请求是不应予以认可的（《日本民法》第708条）①。此基于不法原因而为给付的制度，从另外的视角看，是一种对为不法的给付者进行民事惩罚的意味。如在本例中，支付因赌博而产生的赌债的人，不得请求返还其所为的支付，即属之。

从判例的倾向来看，以违反强行法规乃至公序良俗为理由而主张所实施的法律行为无效，其在尚未履行给付而坚持拒绝履行给付的情形，容易获得肯定；与此相反，若是已经履行了给付而要求请求返还所为的给付，则容易被否定。法院的此种倾向反映了对于实施了不当言行的人不予以救助的基本态度，是合于今日比较不当得利法上的规则的（如合于《日本民法》第708条的规定）。

五、不法原因给付制度的适用范围

（一）不法原因给付制度的功用

不法原因给付制度的主要功用是：基于不法的合同而实施了给付的情形。无论如何，基于不法的合同，是不能进行强制履行的。但是，对于已经实施的给付（即履行给付）是否认可予以返还，常常会因不法的原因是违反公序良俗还是违反政策的禁止性规定而有差异，分述之如下。

（1）因基于违反公序良俗的合同而实施的给付，其作为不法原因给付的恰当例子，除基于赌博合同的情形外，还有关于卖淫等的情形，卖淫者不能请求实施卖淫的对价（《日本民法》第90条）。但是，在

----

① 《日本民法》第708条规定："因不法原因提供了给付的人，不能对其给付请求返还。但不法原因仅就受益人存在时，不在此限。"

实施金钱的交付（给付）后，则不能请求该给付（交付）的返还。

（2）不法原因给付制度，其本身是对为丑陋（丑恶）行为的人之要求恢复原状国家（如其组成部分的法院）不能予以助力这一旨趣的；而违反政策的禁止性规定的合同之履行，并不能说是丑陋的，所以实施了给付的人之要求返还的请求不能作为不法原因给付而封死。

（二）基于不法原因的给付返还请求的禁止

基于不法原因的给付的返还请求若依当代比较不当得利法的规定（如《日本民法》第708条），是被禁止的，即不予认可。此时，给付物保留在受领人手中，与给付人处于同等不法的受领人实际上保有了利益。这样，二者的不平衡就发生了（不过在有偿合同中，若双方的给付已经履行，则即使不认可返还请求，多数情形也不会发生不平衡）。此不平衡，是对不法的人国家不应给予助力这一原则的副作用而获得正当性的。但是，当从不法原因给付制度的立场来看时，若"不法原因仅就受益人存在时"，此不平衡就难以维系了，于是在此种情形，应认可给付的人之有不当得利返还请求权。[①]

不过，尽管不法原因给付在严格的意义上仅是当事人的一方存在"不法的原因"。但实际生活中，往往双方均存在不法性，只是双方的不法性在程度上存在差异。比如，一次也没有赌博过的甲，受到经常赌博的乙的执拗的劝诱而进行赌博，并向乙支付赌金的情形，甲也并不是一点不法性都没有，所以甲不能请求乙返还该赌金。但是，该赌金保留于存在更大的不法性的乙之手是不妥的，所以，当"不法的原因"主要存在于给付受领人一方时，给付人（甲）的返还请求即应获得准许。[②] 在这样的情形，在结果上，它就变成了与并非不法原因而为给付的相同的结局。晚近以来各国比较判例法对此点的立场大多一致，即在结果上大都认可给付人的返还请求。

---

① 参见《日本民法》第708条但书。
② 此系对《日本民法》第708条但书的扩张解释，参见最判昭和29.8.31，民集8.8.1557；铃木禄弥：《债权法讲义》，创文社1992年版，第664页。

甲明知进行赌博而在法律上并无支付赌债的义务，但在这样的情形下，甲仍然向乙支付了赌债时，由于符合"已知债务不存在的清偿"的规定（《日本民法》第705条）①，所以它作为非债清偿，甲不能请求乙返还该支付的金额。但是，给付者是知道不法原因的，且给付受领人方面的不法性是非常大的。所以，"因不法原因提供了给付的人，不能对其给付请求返还。但不法原因仅就受益人存在时，不在此限"（《日本民法》第708条）中的但书的规定不能启用。即甲因明知系不法原因，所以不能对乙请求返还。《日本民法》第705条是就一般情形所作的一般规定，作为基础的合同因不法的原因而无效时，由作为特别规定的《日本民法》第708条予以规范。当不法性主要存在于给付受领者方面时，依《日本民法》第708条但书的规定而允许返还请求时，就排除《日本民法》第705条的适用。

六、不法被给付的物的所有权的归属

因赌博而欠乙的"债"的甲，依约束（约定）将自己所有的宝石交付给乙，那么试问：该宝石的所有权属于甲、乙中的何人呢？

对此，虽然实施了宝石的交付，但作为其基础的甲、乙之间的约定则是因违反公序良俗而无效的，所以所有权还是属于甲。但是，甲不能请求返还该宝石②，所以宝石的所有权尽管属于甲，但其对宝石的占有、利用则永续地由乙为之。依对《日本民法》第708条的适用，当给付人不能请求返还给付物时，作为其反射的效果，标的物的所有权即脱离给付人之手而归属于受领人。③ 由此，乙即使将该宝石转让给丙且实施了交付，丙即便是恶意的，其也取得该宝石的所有权。从而，甲自当不能向丙请求返还该宝石。

---

① 该条规定："以债务清偿提供了给付的人，在其清偿当时知其债务不存在时，不能就其给付请求返还。"

② 参见《日本民法》第708条。

③ 日本最判昭和45.10.21，民集24.11.1560。

第十八章　多数当事人间的不当得利

第一节　多数当事人间的不当得利的
基本概要

不当得利，尤其是给付不当得利，多发生在两个当事人之间。当事人一方或双方利用代理人订立合同或利用辅助人履行债务的，仍属两人的给付关系。例如甲授权乙，以其名义与丙订立修缮房屋的承揽合同，丙派遣工人丁前往工作。若甲以乙受丙欺诈为因由而撤销承揽合同时，不当得利关系的当事人为甲与丙。①

概言之，前述各章研讨的不当得利，是发生在两个当事人之间的问题。但是，发生不当得利而与利得债权人、利得债务人以外的人有关联的情形也是不少的。以下即就包含利得债权人、利得债务人及关系者的三人之情形展开讨论，并将此种情形称为不当得利中的多数当事人之间的不当得利或三角关系的不当得

---

① 王泽鉴：《不当得利》，北京大学出版社 2009 年版，第 61 页。

利①。易言之，所谓多数当事人间的不当得利，即因第三人参与给付关系或侵权关系而发生的不当得利。

第二节　多数当事人间的不当得利的主要类型

多数当事人间的不当得利类型在晚近学界中于分类上存在分歧，以下分别考察台湾地区学界与日本学界的认识及其分类。

一、台湾地区学界的认识及其分类

在今日比较不当得利法上，依台湾地区学者的意见，多数当事人间的不当得利主要可以分为以下两大类：②（1）追索型不当得利。即第三人代替债务人有效地向债权人为给付，之后第三人向债务人追索，学理上即称为"追索型不当得利"（Rueckgriffskondiktion）。（2）第三人收受的不当得利。即债务人不向债权人为给付，却有效并具有免责效力的向第三人为给付，债权人为求均衡而向第三人追索，学理上称为"第三人收受不当得利"（Drittempfaengerkondiktion）。具体分析如下。

（一）追索型不当得利

1. 追索型不当得利的要件③

（1）须得利人获得利益

在追索型不当得利，得利者之得利表现为自己的债务或其他负担消灭，或由于他人承担了自己的负担而使自己节省了支出。尽管他人之承担负担通常以给付为之，但绝不直接向得利人支付，而是

① [日] 铃木禄弥：《债权法讲义》，创文社1992年版，第670页。
② 黄立：《民法债编总论》，台湾元照出版公司2006年版，第222页。
③ 参见黄立：《民法债编总论》，台湾元照出版公司2006年版，第225页。

向第三人支付。

(2) 为给付的他人受有损害

即在追索型不当得利，得利人因他人承担了给付负担，由此得以节省了自己的支出。此时，为给付的他人（即承受负担的人）受有损害。

(3) 得利人的得利与为给付的他人（承担负担的他人）之受损害间存在因果关系

应注意的是，在追索型多数当事人的不当得利中，直接因果关系不会发生。由于他人代自己实施了给付，使自己的债务或其他负担消灭，因果关系总不是直接的。它是经由作为他人的第三人的给付，债务人的债务自动消灭，而作为他人的第三人的财产减损，以及债权人的债权获得满足。此种由作为他人的第三人所实施的给付所产生的"三重效果"，是此种追索型多数当事人的不当得利的基础或特色。

(4) 无法律上的原因

在追索型多数当事人的不当得利，其也仅于"无法律上的原因"时，方可返还。此处的"无法律上的原因"，系指欠缺有效的基础行为，不过其基础行为也可是婚姻家庭法（如扶养费）上的。凡给付人对得利人负有给付的义务时，其向第三人的给付，不得向得利人请求返还。

2. 追索型不当得利的类型①

追索型三角关系的不当得利的类型包括：

(1) 因不知自身欠缺义务而为他人给付债务的追索。

(2) 为寻求自身利益而清偿他人债务的追索。例如合伙人甲清偿合伙人乙欠丙的债务，以避免合伙关系因乙的股份被扣押、拍卖而致合伙解体。此时，甲对乙有不当得利返还请求权。

---

① 本部分的写作，依据并参考黄立：《民法债编总论》，台湾元照出版公司2006年版，第222—225页。

（3）真正或非真正的连带债务的追索权。在此两种情形，给付人虽有给付的义务，但非全部或非确定系其应承担者。分述之如下。

①真正的连带关系的情形。即只要给付者所为的给付多于其应承担者，该给付者自应有均衡请求权。例如台湾地区 1985 年台上字第 1376 号判决："因遗产而生的捐税及费用，应由继承人按其应继份分担之，此为继承人间的内部关系，从而继承人之一人代他继承人垫支捐税及费用者，该垫支人得依不当得利规定向他继承人请求返还其应负担部分。至于民法第 1150 条规定得向遗产中支取，并不阻止垫支人向他继承人按其应继份求偿，尤其于遗产分割后，更为显然。"

②非真正的连带关系的情形。在损害赔偿责任的情形，数人有给付的责任，但只有一人应负完全的责任，其他人的责任可以转嫁。此时数个有责任人之间，并无相同利益的拘束，给付人对最终负责人有不同的追索机会。票据的追索也有相同的情况。

（二）第三人收受的不当得利

1. 第三人收受的不当得利的含义

第三人收受的不当得利，指债务人对债权人以外的第三人为给付，发生免责的效力，之后债权人可依不当得利规则，请求第三人补偿。换言之，对第三受领人的不当得利返还请求权，是指如一债务关系消灭，第三人而非债权人受领了给付时，此第三人负有将其所得返还于债权人的义务。[①] 例如《德国民法典》第 816 条第 2 项规定："向无权利人为给付，而该给付对权利人为有效者，无权利人应将其所受领的给付，返还于权利人。"

2. 第三人收受的不当得利的法律构成

第三人获得利益而使债权人受到损害，其基础多系保护债务人的规定。债务人的给付须具有对三方财产有影响的"三重效果"。受益人（第三人）获得债务人的给付，对债务人而言，视同其对真正

---

① 黄立：《民法债编总论》，台湾元照出版公司 2006 年版，第 226 页。

权利人为给付，实际上此给付本应归属于他人（债权人）；在他人（债权人）与收受的第三人之间，不得有使第三人有权收受给付的法律关系（如委托合同关系），有法律上的原因（即有收受的法律上的关系）时，不发生第三人收受的不当得利问题。唯此法律上的原因将可能使第三人负有义务：将所取得者返还于债权人。此所谓法律上的原因，如雇用合同、委托合同、适法的无因管理等。①

二、日本学者对多数当事人间的不当得利的认识及其分类

日本学界认为，多数当事人间的不当得利应自给付关系、补偿关系及对价关系进行考察②。例如 P 基于与 Q 的法律关系而向 R 为给付，其后 P 对 Q 请求返还不当得利。此即三个当事人之间的不当得利（三角关系的不当得利）。此三方当事人的法律关系中，对于有无"法律上的原因"应如何判断？另外，此三方当事人之间的不当得利若使用"为第三人利益的合同"（第三人利益合同）的术语，则是：为给付的 P 与利益的返还成为问题的 Q 的关系，称为"补偿关系"，受给付的 R 与 Q 的关系，称为"对价关系"。图示如下即是：③

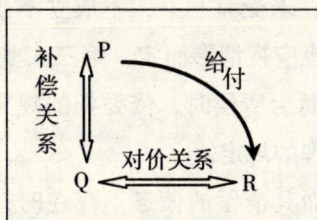

具体言之，依今日日本学界的意见，多数当事人间的不当得利

---

① 黄立：《民法债编总论》，台湾元照出版公司 2006 年版，第 226 - 228 页。
② ［日］加藤雅信：《新民法大系Ⅴ无因管理·不当得利·侵权行为》，有斐阁 2005 年版，第 51 页以下。
③ ［日］内田贵：《民法 2 债权各论》，东京大学出版会 2011 年版，第 580 页。

应作与双方当事人间的不当得利相同的分类，即分为：① （1）给付利得型；（2）侵害利得型。在以下篇幅，系依此种分类具体分析多数当事人间的不当得利的具体案型。

第三节　多数当事人间的不当得利的具体案型分析

一、多数当事人间的"给付利得型"不当得利②

（一）第三人清偿

1. 基本理论的释明③

依当代债法规则，债的清偿，可由第三人为之，但当事人另有约定或依债的性质不得由第三人清偿的除外。第三人的清偿，债务人有异议的，债权人可拒绝其清偿，但第三人就债的履行有利害关系的，债权人不得拒绝。因第三人清偿所生的不当得利关系，分为债务存在及不存在两种情形。

第三人为清偿，而其清偿的债务存在时，债权人虽取得给付，但其债权也因此消灭，未受有利益，不成立不当得利。为清偿的第三人与债务人的关系也应视情形而定。第三人基于赠与而为清偿时，无求偿权；基于委托而为清偿时，依委托的规定；基于无因管理而为清偿时，依无因管理的规定。

第三人为清偿，而其清偿的债务不存在时，究竟应对债权人抑或对债务人行使不当得利请求权？台湾地区学者王泽鉴认为，应对

---

① ［日］石崎泰雄、渡边达德：《新民法讲义5：无因管理、不当得利、侵权行为法》，成文堂2011年版，第51页。

② 本部分的写作，除注释说明者外，主要依据并参考王泽鉴：《不当得利》，北京大学出版社2009年版，第62–89页；［日］石崎泰雄、渡边达德：《新民法讲义5：无因管理、不当得利、侵权行为法》，成文堂2011年版，第51–63页。谨此说明。

③ 王泽鉴：《不当得利》，北京大学出版社2009年版，第86–88页。

债权人主张不当得利。其理由有三点：（1）第三人为清偿，乃基于自己的决定，而非基于债务人指示，不能认系债务人的给付，而应解为系第三人本身的给付。（2）债务既不存在，不发生债务消灭的情事，债务人并未受有利益，其受利益的，是债权人。

2. 实例分析①

设例：A 与 B 订立金钱借贷合同，A 借 100 万元给 B。由于 B 对 C 负有 100 万元的债务，所以 A 就受 B 的委托而将 100 万元交付给 C。试问：（1）A、B 间的金钱借贷合同无效时，谁对谁得请求返还不当得利？（2）B、C 之间的债权不存在时，谁对谁可请求返还不当得利？图示如下即是②：

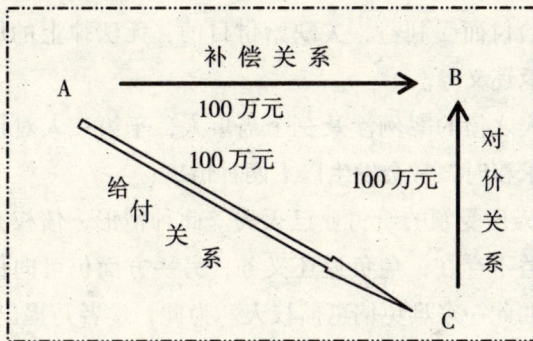

（1）补偿关系中的合同的无效

A、B 间的金钱借贷合同无效时，C 因第三人 A 而受给付，由此使 C 对 B 的债权得到满足（实现）。另外，A 对 C 的给付，其本来是 B 自 A 处受给付，然后再将之给付给 C。本案例中，尽管 A、B 之间的金钱借贷合同无效，但 B 对 C 的债务发生了消灭，这对 B 而言就是一种利得，所以 A 对 B 可请求返还不当得利。

（2）对价关系的不存在

---

① ［日］石崎泰雄、渡辺达德：《新民法讲义5：无因管理、不当得利、侵权行为法》，成文堂 2011 年版，第 52 页。
② ［日］石崎泰雄、渡辺达德：《新民法讲义5：无因管理、不当得利、侵权行为法》，成文堂 2011 年版，第 52 页。

本案例第（2）问题中，A、B 之间的金钱借贷合同有效，A 向 C 为给付。但因 B 对 C 不存在债务，所以 C 获得了利益，B 遭受了损失。因此，B 对 C 可请求返还不当得利。①

（二）误偿他人之债②

非债务人而误认他人的债务为自己的债务，并以自己名义为清偿的，为误偿他人之债。例如丙误以为自己的狗咬伤甲，为赔偿后方发现甲为乙的狗所咬伤；遗产占有人丙对甲清偿遗产债务后，方发现乙为真正继承人；甲超市误寄乙的账单给丙，丙未察而为清偿。在此等案例中，误偿他人债务的第三人丙，并无为债务人乙清偿债务的意思，不成立第三人清偿，债务人的债务并未消灭，债权人甲因第三人的给付而受利益，欠缺给付目的，无法律上的原因，应依不当得利负返还义务。

误偿他人之债的案例涉及三个当事人，于第三人对债权人行使不当得利请求权时，常会发生以下两种情事：

1. 债权人所受领的给付业已灭失。此种情形，债权人一方面可主张所受利益不存在，免负返还义务，另一方面仍可向债务人请求履行债务，如此一来难免偏惠债权人。为此，学者乃提出一项见解，认为误偿他人债务之人，得将其原为清偿自己债务的意思变更为有为他人（真正债务人）清偿债务的意思，溯及发生第三人清偿的效力，从而可转向债务人主张不当得利请求权。唯台湾地区学者王泽鉴认为，此见解赋予误偿他人之债的人以选择权，故不应赞同。

2. 债权人因第三人误为清偿，常会发生毁弃债权证书、抛弃担保、债权罹于消灭时效，或债务人破产等情事。在此诸种情形，债权人于误偿的第三人向其行使不当得利请求权时，可依民法规定，主张应仅就现存利益负返还义务，即保留其受领的给付，而将其对

---

① 日本大判大昭和 15. 12. 16 民集 19 卷，第 2337 页；日本最判昭和 28. 6. 16 民集 7 卷 6 号，第 629 页。

② 王泽鉴：《不当得利》，北京大学出版社 2009 年版，第 88-89 页。

债务人的请求权让与给不当得利请求权人。①

（三）向第三人的清偿②

设例：A 以 100 万元从 B 处购买其汽车，B 因对 C 负有 100 万元的债务，所以 A 接受 B 的委托而将其价金 100 万元交付给 C（如下图所示③）。试问：（1）A、B 之间的汽车买卖无效时，谁对谁可请求返还不当得利？（2）B、C 之间的债权不存在时，谁对谁可请求返还不当得利？

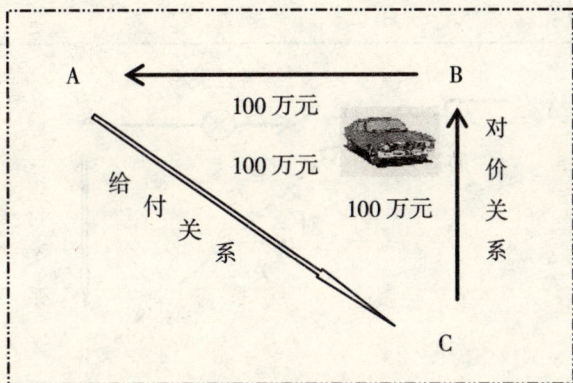

1. 补偿关系的合同无效

在本例第（1）问题中，当存在补偿关系的 A、B 间的合同无效时，应认可 A 对 B 有不当得利返还请求权。而且，A 向 C 的给付，是以 A、B 之间的买卖合同（补偿关系）之有效为前提的，所以也可认为是一种广义的非债清偿④。

2. 对价关系的不存在

即使 B、C 间的对价关系不存在，基于有效的 A、B 间的合同而

---

① 郑玉波：《民法债编总论》，第 124 页。

② ［日］石崎泰雄、渡辺达德：《新民法讲义 5：无因管理、不当得利、侵权行为法》，成文堂 2011 年版，第 53－54 页。

③ ［日］石崎泰雄、渡辺达德：《新民法讲义 5：无因管理、不当得利、侵权行为法》，成文堂 2011 年版，第 53 页。

④ ［日］滝沢昌彦等：《民法 4 债权各论》，花本广志执笔，法律文化社 2007 年版，第 217 页。

实施的 A 之对 C 的给付也不受影响，是有效的。因此，对于本例第
（2）问题，其答案是：尽管 B、C 间的对价关系不存在，对于获得
利益的 C，B 可请求返还不当得利。

3. 二重欠缺（补偿关系的瑕疵＋对价关系的不存在）

设例：Y 受 A 的胁迫而与出借人 X 之间订立金钱借贷合同，指
示 X 将借款打入 B 的银行账户中（如下图所示①）。Y 以 A 的胁迫为
理由而撤销金钱借贷合同时，X 对 B 之行使不当得利返还请求权是
否应予认可？

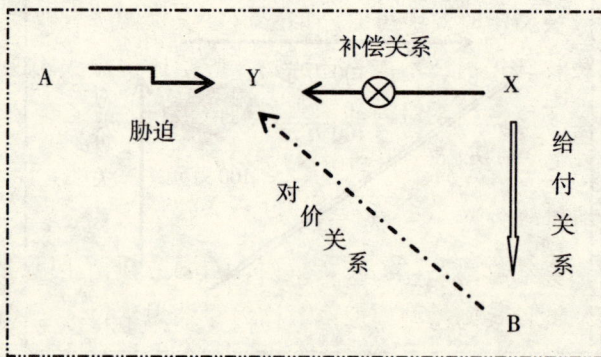

本例中，X、Y 间的补偿关系，X、Y 之间的合同因受第三人 A
的胁迫而撤销，如果 B、Y 之间无对价关系，则 X 对 B 应有不当得
利返还请求权②。

（四）给付连锁③

比如甲出卖瓷器给乙，乙转卖于丙。此为两个给付关系，但因
连续以同一标的物为给付客体，理论上称为"给付连续"（Leistung-
skette）。此例中，涉及三个问题：（1）若仅甲与乙之间的买卖合同
被撤销时，甲得对乙主张不当得利请求权；（2）若仅乙与丙之间的

① ［日］石崎泰雄、渡辺达德：《新民法讲义 5：无因管理、不当得利、侵权行为
法》，成文堂 2011 年版，第 54 页。
② 日本最判平成 10.5.26 民集 52 卷 4 号，第 985 页。
③ 王泽鉴：《不当得利》，北京大学出版社 2009 年版，第 63－65 页。

买卖合同不成立时，乙得对丙主张不当得利请求权；（3）甲、乙间及乙、丙间的买卖合同均不成立、无效或被撤销时，即构成所谓的"双重瑕疵"（Doppelmangel）。此即三角关系的不当得利。

在上述情形，应就个别给付关系成立不当得利，即在甲与乙，乙与丙间分别成立两个不当得利请求权。具体言之，甲可依不当得利规则向乙请求返还的，是乙对丙的不当得利请求权，即双重不当得利请求权（Doppelkondiktion, Kondiktion der Kondiktion）。此说的推理过程为：甲基于买卖合同移转瓷器的所有权给乙，买卖合同不成立、无效或被撤销时，甲可对乙请求返还该瓷器所有权，乙已将该瓷器所有权移转于丙，不能返还原物，应偿还价额。乙现尚存的利益而应返还于甲的，系对丙的不当得利请求权。故乙应依债权让与的方式，将其对丙的不当得利请求权移转于甲。

（五）缩短给付①

比如甲出卖某物给乙，乙转卖给丙，乙图方便，让甲将该物直接交付给丙。此种案例类型，理论上称为"缩短给付"（abgekürzte Lieferung, Durchlieferung）。即在通常情形，系由甲对乙为给付，再由乙对丙为给付，但当事人为图简便，让甲直接将标的物交付于丙，以缩短给付过程，由此形成三角关系。

依我国《物权法》的规定，基于法律行为的动产物权变动系依交付而生效力。因此，在缩短给付的情形，不能认为物权变动系发生于甲、丙之间。乙让甲交付某物给丙，甲不能由此而得知乙所要使丙取得的，究竟为物的所有权抑或仅其占有而已（甲不知乙、丙间的法律关系，或虽知其为买卖，乙也可能保留所有权），故难以认定甲与丙间有移转标的物所有权的让与合意。在解释上应认为甲依让与合意将该物所有权移转于乙，并依乙的指示将标的物交付于丙，乙复将该物所有权让与给丙。换言之，即在一个所谓法律上的瞬间（juristische Sekunde），该买卖标的物的所有权因甲对丙的交付，由

① 王泽鉴：《不当得利》，北京大学出版社 2009 年版，第 65－67 页。

甲移转给乙，由乙移转给丙。

综据上述，甲将某物交付于丙时，发生两个物权变动，并由此完成两个个别给付关系。就利益状态而言，缩短给付与给付连锁基本上并无不同，其不当得利关系也应作相同的处理。即：（1）甲与乙间的买卖合同不成立时，甲对乙有不当得利请求权；（2）乙与丙间的买卖合同不成立时，乙对丙有不当得利请求权；（3）甲与乙之间、乙与丙之间的买卖合同均不成立（双重瑕疵）时，甲对丙无不当得利请求权，其不当得利请求权分别存在于甲与乙、乙与丙之间。

（六）指示给付关系

1. 溢付票款①

甲对乙支付货款，签发以丙银行为付款人、面额 10 万元的支票。丙银行职员因疏失误付 12 万元。就该溢付的 2 万元，甲并未对丙银行为付款指示，自始欠缺有效的指示。丙银行对该溢付款项自不能对甲发生给付的效果而归由甲负担。丙银行仅可对乙主张不当得利请求权。

2. 票据的变造②

票据变造，指变更票据上记载的内容，其最常见的是对票据的金额予以变更。比如某甲签发以某银行为付款人、面额 1000 元的支票交付某乙，某乙将该纸支票的面额变造为 1 万元后背书交付不知情的某丙以抵付所欠货款。届期某丙向付款银行如数兑现。之后，发票人某甲发现该支票系经某乙变造，于是依不当得利规则对丙提起诉讼，请求返还 9000 元的差额。

关于变造支票所生的不当得利关系，台湾地区学者王泽鉴认为，应由付款的银行依不当得利规则对受款人请求返还其差额。变造者将变造的支票交付不知情的丙以抵付货款时，不发生丙善意受让的问题。银行对变造的支票付款，难谓依发票人的委托而付款，其支

---

① 王泽鉴：《不当得利》，北京大学出版社 2009 年版，第 73 页。
② 王泽鉴：《不当得利》，北京大学出版社 2009 年版，第 74－75 页。

付该付款所生的不利，不能归由发票人负担之。

3. 撤销付款委托①

撤销委托付款所生的不当得利，为各国判例学说面临的难题。它是指发票人撤销委托付款，银行职员疏于注意而仍予以付款的情形。从信赖保护和危险分配的利益衡量看，其原则上应由银行对发票人主张不当得利请求权。台湾地区学者王泽鉴认为，撤销付款委托的情形，有下列四点须予注意：

（1）发票人开具票据于持票人时，原具有一定给付目的，其后再为撤销付款委托，善意持票人应受保护。

（2）银行职员疏忽大意，未注意付款委托已经撤销，仍对持票人付款，其错误存在于发票人与银行之间，宜在银行与发票人之间求其解决。

（3）为维护票据交易上的安全与便捷，应尽量避免使受款人的法律地位受到发票人与银行间关系的影响。

（4）在溢付票款的情形，原则上应由银行对受款人主张不当得利；而在撤销付款委托的情形，之所以应由银行对发票人主张不当得利，其理由主要在于：发票人原有给付的指示，而其后再予以撤销，其对指示的欠缺与有原因，故应承担其危险，维持持票人的信赖。

（七）第三人利益合同

1. 基本概要②

第三人利益合同，指当事人一方约使他方向第三人给付时，第三人即因之而取得直接请求给付权利的合同。在第三人利益合同中，有三个当事人：债权人（要约人）、债务人（受约人）及受益人（第三人）。在第三人利益合同，存在两个法律关系：（1）补偿关系

---

① 王泽鉴：《不当得利》，北京大学出版社2009年版，第75-77页。
② 王泽鉴：《不当得利》，北京大学出版社2009年版，第77-78页。

(Deckungsverhältnis)①。即债务人与要约人间的法律关系。（2）对价关系（Valutaverhältnis）②。即要约人自己不受给付，而约使第三人取得权利的要约人与第三人间的原因关系。比如乙向甲购买某画，转售（或赠与）于丙，其后乙与甲约定，丙得向甲直接请求给付时，甲与乙间的买卖为补偿关系，乙与丙间的买卖（或赠与）为对价关系。此种类型的第三人利益合同，具有缩短给付的功能。

2. 第三人利益中的保险合同

在此特别需要指出的是，此种不当得利类型在保险合同中的运用。第三人利益合同多用于保险合同③。台湾地区 1999 年台上字657 号判决谓："保险契约如约定第三人为受益人，使受益人享有赔偿请求权，即属附有第三人利益契约之保险契约。又第三人利益契约之要约人，所以约定由债务人向第三人给付，常有其使第三人受利益之原因，此原因即对价关系，第三人受领给付，即系基于其与要约人间之对价关系。故要约人与债务人之基本契约纵经解除，如第三人与要约人间之对价关系仍然存在，第三人受领之给付，即与无法律上之原因而受利益或虽有法律上之原因而其后已不存在之情形有别，不生不当得利之问题。"

应特别说明的是，在人寿保险合同，于补偿关系不存在（如保险人因受要保人欺诈而撤销保险合同）时，应使保险人可对受益人主张不当得利。其主要理由系此类保险合同约定仅第三人有直接请求权，其对价关系为无偿，且自始即以使第三人受有利益为其固有目的④。

在此需要说明的是，学理上关于多数当事人间的不当得利的具体案型的论述已有一些，尤其是不同国家、地区的学者更有不同的

---

① ［日］松坂佐一：《民法提要》，有斐阁 1981 年版，第 29 页。

② ［日］松坂佐一：《民法提要》，有斐阁 1981 年版，第 29 页。

③ 王泽鉴：《不当得利》，北京大学出版社 2009 年版，第 80—81 页。

④ Canaris, Festschrift für Larenz, 1973, S. 833ff.；Koppensteiner/Kramer, Ungerechtfertigte Bereicherung, S. 47；Medicus, Bürgerliches Recht, Rdnr. 682. 转引自王泽鉴：《不当得利》，北京大学出版社 2009 年版，第 81 页注释 1。

主张，比如，台湾地区学者王泽鉴就将多数当事人间的不当得利的具体案型还细分为债权让与、债务承担中的不当得利和保证中的不当得利等，鉴于这方面的相关内容已有较成熟和稳定的成果，因此本书不予赘述。

二、多数当事人间的"侵害利得型"不当得利

（一）骗取（诈骗）金钱的清偿[1]

先看如下例子（如下图所示[2]）：X 因受 M 的欺诈而被诈取金钱。M 据之向作为自己的债权人的 Y 清偿。试问：X 可对 Y 请求返还不当得利吗？

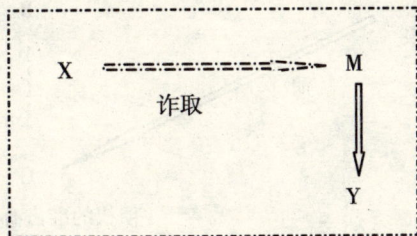

本案例中的金钱与"物"不同，它是没有个性的抽象化的价值存在的东西，占有金钱的同时，其所有权即移转于他人。本案例中，Y 自作为其债务人的 M 那里受其债权的清偿，并无构成不当得利的要件（"利得性"、"不当性"）。由此，X 对 Y 不得提出返还不当得利的请求。

应注意的是，在早期的比较不当得利判例法上，例如日本以往的大审院就以"因果关系的直接性"作为判断标准。[3] 易言之，其认为 Y 的受益与 X 的损失之间，因介入了 M 的独立行为，所以不存

---

　　[1]　［日］石崎泰雄、渡辺达德：《新民法讲义 5：无因管理、不当得利、侵权行为法》，成文堂 2011 年版，第 55 – 56 页。

　　[2]　［日］石崎泰雄、渡辺达德：《新民法讲义 5：无因管理、不当得利、侵权行为法》，成文堂 2011 年版，第 55 页。

　　[3]　日本大判大 8.10.20 民录 25 辑，第 1890 页。

在"直接的因果关系",从而否定不当得利的成立。

与上述不同，日本晚近的最高法院以"社会一般观念上的因果关系"这一判断标准，认定 X 对 Y 得请求返还不当得利。其判示："在社会一般观念上，以 X 的金钱来谋取 Y 的利益，应认为存在对于不当得利来说必要的因果关系"。①

（二）对债权的准占有人的清偿②

先看如下例子（如下图所示③）：B 对 A 银行有存款债权，C 自B 那里盗取了存款存折、密码，由此其成为债权的准占有人，A 银行向 C 进行了支付。若 A 的清偿为有效④时，谁对谁可请求返还不当得利？

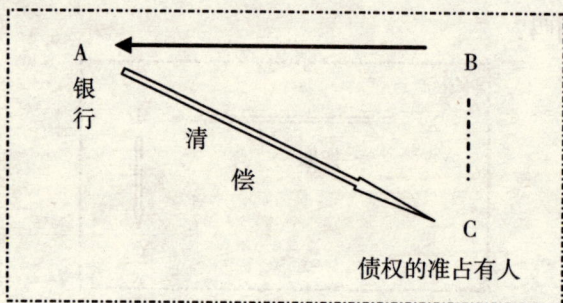

比较法上，《日本民法》第 478 条规定："对债权准占有人做出的清偿，以其清偿为善意且无过失为限，具有效力"。据此比较法上的规定，上例中，作为 B 的债务人的银行 A，以善意、无过失对债权的准占有人 C 为给付时，应视为有效的清偿，从而 A 银行对 B 的债务消灭。遭受损失的债权人 B 对不当地接受受领清偿的 C 可请求返还不当

---

① 日本最判昭和 49.9.26 民集 28 卷 6 号，第 1243 页。
② ［日］石崎泰雄、渡辺达德：《新民法讲义 5：无因管理、不当得利、侵权行为法》，成文堂 2011 年版，第 57 – 58 页。
③ ［日］石崎泰雄、渡辺达德：《新民法讲义 5：无因管理、不当得利、侵权行为法》，成文堂 2011 年版，第 57 页。
④ 比较法上，《日本民法》第 478 条规定："对债权准占有人做出的清偿，以其清偿为善意且物过失为限，具有效力"。

得利。但是，作为返还请求权人的 B 对 A 的清偿是否有效（A 是否善意并无过失）不能判明而对 A 请求支付存款时，A 可提出并证明自己系善意且无过失。因此，B 对 C 可请求返还不当得利时，C 可主张 A 有过失，所以 A 的支付（清偿）是无效的；对 B 而言，因系判断银行 A 是否善意且无过失，所以其负有选择诉讼上的对象的诉讼上的负担①。此外，A 银行对债权的准占有人 C 请求返还不当得利时，即是给付利得型的返还请求，晚近比较法上的判例也对此予以认可②。

（三）实行并不存在的担保权③

先看如下的例子（如下图所示④）：A 为担保 Y 对自己的债务，其实际上不是 X 的代理人但仍作为 X 的代理人而将 X 的房屋 a 为 Y 设定抵押权，该抵押权被实行，依民事执行规则 B 买受并取得 a 房屋的所有权。试问：丧失 a 房屋所有权的 X 可对谁请求返还不当得利？

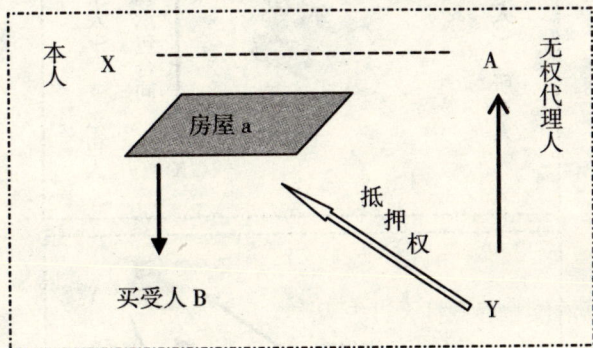

对于上述案例，依日本最高法院于 1988 年的一则类似判例⑤中的判示立场，X 对 Y 可请求返还不当得利。

---

① 日本最判平成 16.10.26 判时 1881 号，第 64 页。
② 日本最判平成 17.7.11 判时 1911 号，第 97 页。
③ ［日］石崎泰雄、渡边达德：《新民法讲义 5：无因管理、不当得利、侵权行为法》，成文堂 2011 年版，第 58 页。
④ ［日］石崎泰雄、渡边达德：《新民法讲义 5：无因管理、不当得利、侵权行为法》，成文堂 2011 年版，第 58 页。
⑤ 日本最判昭和 63.7.1 民集 42 卷 6 号，第 477 页。

（四）转用物诉权

转用物诉权，其由来于罗马法的 actio de in rem verso，指合同上的给付，不仅合同的当事人而且第三人也有利益时，为（实施）给付的合同当事人对该第三人有请求返还利得的权利。①

先看如下例子（如下图所示②）：M 从 Y 处租赁一推土机（压路机），由于发生故障而让 X 修理。修理结束后，将该推土机交付给 M。其后因 M 破产，Y 将被修理了的推土机从 M 处收回。未受领修理费用的 X 对 Y 以修理费用作为不当得利而请求支付（返还），可以吗？

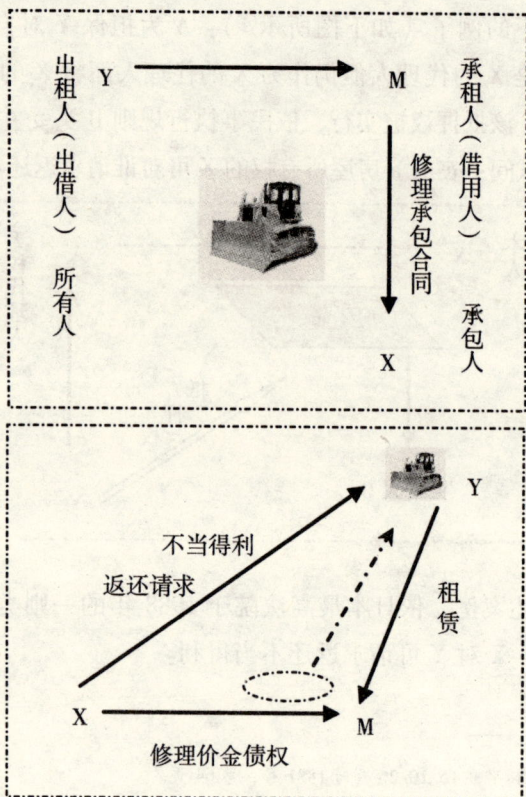

---

① ［日］7 内田贵：《民法 2 债权各论》，东京大学出版会 2011 年版，第 589 页。

② ［日］石崎泰雄、渡辺达德：《新民法讲义 5：无因管理、不当得利、侵权行为法》，成文堂 2011 年版，第 61 页；［日］内田贵：《民法 2 债权各论》，东京大学出版会 2011 年版，第 589 页。

　　对于上述案例，依晚近比较法上的类似判例①的立场，X 对 Y 的不当得利返还请求（本案中的支付修理费用）应当然无限制地予以认可。

---

①　日本最判昭和 45.7.16 民集 24 卷 7 号，第 909 页。

后　记

　　债法各论，也称债法分论，主要涵盖合同、侵权行为、无因管理及不当得利。本书即是以此四者的基本法律问题为研讨对象的著作，为笔者撰写的《债法总论》（中国法制出版社 2012 年 5 月出版）的姊妹书。

　　写作本书的计划早在数年前就有了，唯本书写作的真正之开始，实际上是起于大约两年前。从那时以来，坚持每天写作积累、打磨甚至翻译一点，这样坚持下来，遂于近日大体完成本书的初稿。

　　本书的写作着重参考并译述了日本学者的著述，此外也参考了我国台湾地区与国内一些学者的相关著述，所参考与译述之处均以注释一一注明，并于书末以"主要参考文献"列出。在此，谨对各参考著述的作者致以谢忱和敬意。另需要说明的是，本书的内容写成后，博士研究生辜江南、闫黎丽，硕士研究生岑雨杨、蔡定桓、吕哲、李子薇五位同学预先通读全书，自细微处查找疏漏并校对清样，于此一并致谢。

　　本书由中国法制出版社出版，感谢该社的策划编辑王佩琳在出版过程中做出的重要贡献，并对她在该书的编辑过程中付出的辛勤劳动表示衷心感谢。

陈华彬

2013 年 10 月 9 日于北京

主要参考文献

1. ［日］石崎泰雄、渡辺达德：《新民法讲义5：无因管理·不当得利·侵权行为法》，成文堂2011年版。

2. 王泽鉴：《不当得利》，北京大学出版社2009年版。

3. ［日］内田贵：《民法Ⅱ债权各论》，东京大学出版会2011年版。

4. 程啸：《侵权责任法》，法律出版社2011年版。

5. ［日］铃木禄弥：《债权法讲义》，创文社1992年版。

6. ［日］藤冈康宏、矶村保、浦川道太郎、松本恒雄：《民法Ⅳ债权各论》，有斐阁2011年版。

7. ［日］平野裕之：《民法Ⅴ契约法》，新世社2011年版。

8. ［日］后藤卷则：《契约法讲义》，弘文堂2013年版。

9. ［日］吉村良一：《侵权行为法》，有斐阁2010年版。

10. ［日］松坂佐一：《民法提要》（债权各论第4版），有斐阁1981年版。

11. 王泽鉴：《债法原理：基本理论、债之发生、契约、无因管理》，台湾兴丰综合印刷有限公司 2012 年版。

12. 黄立：《民法债编总论》，台湾元照出版公司 2006 年版。

13. 姚志明：《契约法总论》，台湾元照出版公司 2011 年版。

14. 刘心稳：《债权法总论》，中国政法大学出版社 2009 年版。

15.［日］田山辉明：《日本侵权行为法》，顾祝轩、丁相顺译，北京大学 2011 年版。

16. 韩世远：《合同法总论》，法律出版社 2008 年版。

17. 曾隆兴：《现代非典型契约论》，台湾三民书局股份有限公司 1988 年版。

18.［日］圆谷峻：《判例形成的日本新侵权行为法》，赵莉译，法律出版社 2008 年版。

19. 全国人大常委会法制工作委员会民法室编：《中华人民共和国侵权责任法条文说明、立法理由及相关规定》，北京大学出版社 2010 年版。

20.［日］幾代通、德本伸一：《侵权行为法》，有斐阁 1993 年版。

21. 崔建远：《合同法总论（上卷）》，中国人民大学出版社 2008 年版。

22. 孙森焱：《新版民法债编总论（上）》，台湾 1979 年自版。

23. 邱聪智：《新订民法债编通则（上）》，台湾 2000 年自版。

24. 史尚宽：《债法总论》，台湾 1990 年自版。

25.［日］加藤雅信：《契约法》，有斐阁 2008 年版。

26. 林诚二：《民法债编总论——体系化解说》，中国人民大学出版社 2003 年版。

27. 王家福主编：《中国民法学·民法债权》，法律出版社 1991 年版。

28.［日］石外克喜编：《契约法》，法律文化社 1996 年版。

29.［日］西村峯裕、久保宏之：《民法 4 债权各论》，中央经济社 2012 年版。

30. ［日］谷口知平、甲斐道太郎编：《新版注释民法（18）债权（9）》，有斐阁 2003 年版。

31. ［日］田中英夫等编集：《英美法辞典》，东京大学出版会 1991 年版。

32. 山田晟：《德国法概论（2）》，有斐阁 1987 年版。

33. 王伯琦：《民法债编总论》，台湾正中书局 1993 年版。

34. 陈敏：《行政法总论》，台湾三民书局 1998 年版。

35. ［日］滝沢昌彦等：《民法 4 债权各论》，法律文化社 2007 年版。

36. ［日］泽井裕：《无因管理、不当得利、侵权行为》，有斐阁 2001 年版。

37. ［日］広中俊雄：《债权各论讲义》，有斐阁 1994 年版。

38. ［日］森岛昭夫：《损害赔偿的范围》（日本侵权行为法研究会"日本侵权行为法系列教科书"），有斐阁 1988 年版。

39. ［日］山田卓生编集：《新现代损害赔偿法讲座》（第 1 卷·总论），日本评论社 1997 年版。

40. ［日］平井宜雄：《债权各论Ⅱ》（侵权行为），弘文堂 1992 年版。

41. ［日］前田达明：《民法Ⅵ2》（侵权行为），青林书院 1980 年版。

42. ［日］森岛昭夫：《侵权行为法讲义》，有斐阁 1987 年版。

43. ［日］平野裕之：《民法综合 6》（侵权行为法），信山社 2009 年版。

44. ［日］四宫和夫：《无因管理、不当得利、侵权行为》（上卷、中卷、下卷），青林书院新社 1981－1985 年版。

45. ［日］泽井裕：《无因管理、不当得利、侵权行为》，有斐阁 2001 年版。

46. ［日］近江幸治：《民法讲义Ⅵ无因管理、不当得利、侵权行为》，成文堂 2007 年版。

47. ［日］我妻荣：《债权各论下卷一》，岩波书店 1972 年版。

48. ［日］加藤一郎：《侵权行为》，有斐阁 1974 年版。

49. ［日］窪田充见：《侵权行为法》，有斐阁 2007 年版。

50. ［日］森岛昭夫：《侵权行为法讲义》，有斐阁 1987 年版。

51. ［日］伊藤滋夫编辑、藤原弘道、松山恒昭编：《民事要件事实讲座民法Ⅱ物权·不当得利·侵权行为》，青林书院 2007 年版。

52. ［日］远藤浩编：《基本法评释：债权各论Ⅱ（无因管理、不当得利、侵权行为、产品责任）》，日本评论社 2005 年版。

53. ［日］前田达明：《民法Ⅳ2（侵权行为法）》，青林书院 1980 年版。

54. ［日］末弘严太郎：《债权各论》，有斐阁 1920 年版。

55. 马维麟：《民法债编注释书（一）》，台湾五南图书出版公司 1995 年版。

56. ［日］山田晟：《德国法律用语词典》，大学书林 1995 年版。

57. ［日］前田达明、原田刚：《共同侵权行为论》，成文堂 2012 年版。

58. 陈华彬：《债法总论》，中国法制出版社 2012 年版。

图书在版编目(CIP)数据

债法各论 / 陈华彬著 . —北京:中国法制出版社,2014.1
ISBN 978 - 7 - 5093 - 4893 - 2

Ⅰ.①债…　Ⅱ.①陈…　Ⅲ.①债权法 - 研究 - 中国
Ⅳ.①D923.34

中国版本图书馆 CIP 数据核字(2013)第 255495 号

策划编辑　王佩琳(editor_wangpl@163.com)　　　　封面设计　周黎明

债法各论

ZHAIFA GELUN

著者/陈华彬
经销/新华书店
印刷/三河市紫恒印装有限公司
开本/640×960 毫米　16　　　　　　　　　　印张/21.5　字数/228 千
版次/2014 年 1 月第 1 版　　　　　　　　　　2014 年 1 月第 1 次印刷

中国法制出版社出版
书号 ISBN 978 - 7 - 5093 - 4893 - 2　　　　　　　　　定价:56.00 元

北京西单横二条 2 号　邮政编码 100031　　　　　　传真:010 - 66031119
网址:http://www.zgfzs.com　　　　　　　　　　编辑部电话:010 - 66038139
市场营销部电话:010 - 66033296　　　　　　　　邮购部电话:010 - 66033288